实际控制人法律制度研究

以上市公司为中心

徐　来／等著

SHIJI KONGZHIREN FALÜ ZHIDU YANJIU

YI SHANGSHI GONGSI WEIZHONGXIN

知识产权出版社
全国百佳图书出版单位

图书在版编目（CIP）数据

实际控制人法律制度研究：以上市公司为中心/徐来等著. —北京：知识产权出版社，2016.10

ISBN 978-7-5130-4558-2

Ⅰ.①实… Ⅱ.①徐… Ⅲ.①上市公司—控制权—公司法—研究—中国 Ⅳ.①D922.291.914

中国版本图书馆 CIP 数据核字（2016）第 261373 号

内容提要

本书围绕上市公司实际控制人展开，分六章分别对其界定及类型化分析、一般信义义务、在信息披露中的义务、在资产重组中的义务、违信责任、上市公司实际控制人信义义务的法律体系构建进行了详细阐述。

责任编辑：崔 玲　　**责任校对**：谷 洋
特邀编辑：鲁 轲　　**责任出版**：刘译文

实际控制人法律制度研究
——以上市公司为中心
徐来 等著

出版发行：知识产权出版社有限责任公司　　网 址：http：//www.ipph.cn
社 址：北京市海淀区西外太平庄 55 号　　邮 编：100081
责编电话：010-82000860 转 8121　　责编邮箱：cuiling@cnipr.com
发行电话：010-82000860 转 8101/8102　　发行传真：010-82000893/82005070/82000270
印 刷：北京科信印刷有限公司　　经 销：各大网上书店、新华书店及相关专业书店
开 本：720mm×1000mm 1/16　　印 张：15.75
版 次：2016 年 10 月第 1 版　　印 次：2016 年 10 月第 1 次印刷
字 数：250 千字　　定 价：45.00 元
ISBN 978-7-5130-4558-2

前　言

公司实际控制人是我国公司和证券法律制度中的重要概念，它的出现是为了对那些事实上享有权利、但在原有的法律框架内却不承担义务的人进行规制。从这个意义上说，实际控制人与其他掌握着公司控制权的主体一样，在公司治理结构中处于核心的法律地位。实际控制人的规制对于预防和遏制公司控制权的滥用，维护公司、股东和债权人的权益具有重要的理论和实践意义。

2009年以来，在有关公司制度的各种理论研究中，无论是作为对原有股权结构下简单的股东与经理层双重结构的颠覆，还是作为证券市场上愈演愈烈的操纵市场、内幕交易的助推器，“公司实际控制人”及其相关概念与制度规范问题已处于理论争鸣与立法探索的热点之上。本书对实际控制人的内涵进行了重新界定，厘清了实际控制人控制的性质，对实际控制人的类型进行了创新性分类，提供了现代经济模式下构建规范实际控制人行为等各方面制度的基本理论前提。此外，本书对公司实际控制人的一般义务和在控制权交易中的义务作了深入的研究，初步构建了实际控制人的责任体系。以上关于实际控制人的义务和责任的研究，为完善公司治理制度、规范实际控制人的行为提供了理论支撑。

在实践层面，公司实际控制人与众多利益相关者的关系已经超越了传统单一公司内部的委托代理关系，实际控制人的行为对公司股东、债权人、广大投资者等利益相关者的利益产生了重大影响，实践中实际控制人损害利益相关者利益的现象屡见不鲜。然而目前我国公司法对实际控制人的行为规范较为粗糙，直接针对实际控制人行为的规范只有一条，且两个证交所发布的上市公司行为指引效力层次不高，处罚措施力度不够，各自为政。因此，迫切需要加强对实际控制人法律制度的研究。本书针对目前上市公司存在的实际控制的种种热门问题进行探讨，针对司法活动提供了实际控制人的具体审查标准，为我国实际控制人法律制度的健全和完善提供了参考。

目　录

第一章

上市公司实际控制人的界定及类型化分析

公司作为市场经济环境下最为重要的市场主体，其发展演变并非同步于市场经济的形成与发展，虽然与之密切相关的法人制度在古老的罗马法时代早已有之，但真正意义上的公司制度的形成，却是随着晚近资本主义市场经济的萌芽和形成而逐渐萌发的。与公司制度相关的概念，无论是“有限责任”“股东”“公司治理”还是“公司社会责任”，都如同“公司”这一概念的形成与发展一样，经历了一个从实践争议到理论争鸣，最后到普遍承认的渐进过程。

与之相类似，“上市公司实际控制人”这一概念在最初的公司法规范和理论研究中并未直接涉及，这一概念逐步获得关注并最终引入各国规范体系与实践应用当中，是晚近伴随近现代经济模式的发展演变，特别是证券市场的勃兴带来的公司形式及其股权结构、治理结构等变化而出现的新发展。

我国的公司制度发展虽然也已经历了上百年的历程，但改革开放三十余年来特别是伴随着以两个证券交易所为代表的证券市场的发展，我国理论界和实践界对于公司制度的重视才真正达到了一个前所未有的高度。而在当下，有关公司制度的各种研究和讨论中，无论是作为对原有股权结构下简单的股东与经理层双重结构的颠覆，还是作为证券市场上愈演愈烈的操纵市场、内幕交易的助推器，“公司实际控制人”及其相关概念与制度规范问题已处于理论争鸣与立法探索的热点之上。对“何为上市公司实际控制人，何为其存在类型样态”这一命题的探讨与结论，构成了现代经济模式下公司法、证券法及市场竞争法等各法律部门构建规范“实际控制人现象”各方面制度的基本理论前提。

本研究报告对上市公司实际控制人信义义务的体系构建的探讨，也自当以此为始。

一、“上市公司实际控制人”的定义背景

作为本研究的基础，我们对上市公司实际控制人信义义务进行研究的前提是：首先必须明确作为义务主体的“上市公司实际控制人”在理论和实践中具体内涵所指与明确外延所涉。这是我们研究的前提所在，也是明确之所以将“上市公司实际控制人”作为公司法和证券法领域中有别于既有的股东义务体系和董事、监事、其他高级管理人员义务体系的原因所在。

通过检索既有的主要立法资料，《公司法》涉及“实际控制人”这一概念的条文共计 3 条，《证券法》涉及“实际控制人”这一概念的条文共计 12 条。就这两部基本法律中关于“实际控制人”这一概念的安排来看，《公司法》首先在第 216 条“有关概念定义”第（3）项对“实际控制人”作出了直接的界定：“实际控制人，是指虽不是公司股东，但通过投资关系、协议或其他安排，能够实际支配公司行为的人”，这一条文对于实际控制人的界定，也基本为后来的公司和证券立法、规定所沿袭。最为明显的例子即上海证券交易所 2010 年 7 月 26 日发布的《上海证券交易所上市公司控股股东、实际控制人行为指引》（以下简称《上交所指引》），在该指引的第 6.3 条中，实际控制人被定义为“虽不是公司股东，但通过投资关系、协议或者其他安排，能够实际控制、影响公司行为的人”。从上述条文对于实际控制人的定义中，可以明显看出，我国既有的成文法规定对于实际控制人的界定倾向于将“公司股东”和“公司实际控制人”这两个概念

并列，而不主张承认二者之间的包含关系。

这一倾向从《公司法》《证券法》上其他涉及“实际控制人”概念的条文安排上也可一现端倪：《公司法》第16条、第21条分别将“实际控制人”与“股东”和“控股股东”并列；《证券法》所涉及的12条规范中，也无不将“实际控制人”与“股东”（第148条、第222条），“持有公司股份最多的前十名股东”（第54条、第66条）、“持有公司5%以上股份的股东”（第67条、第74条、第129条）和“控股股东”（第26条、第68条、第189条、第193条、第194条）相并列。

上述基本法律的法条逻辑结构安排，为我们研究“上市公司实际控制人”提供了一个基本的理论方向：上市公司实际控制人，应该是与上市公司股东有所区别的一个概念。虽然我们在后文有关上市公司实际控制人与上市公司股东之间是否一定不存在交叉关系还会重新加以讨论，但“上市公司实际控制人”有别于“股东”特别是“控股股东”，则是一定的。

另一方面，通过上文中对“上市公司实际控制人”的检索，特别是所述及的《公司法》和《上交所指引》中对实际控制人的直接界定，可见“（上市公司）实际控制人”的定义都以“能够实际支配公司行为”或者“能够实际控制、影响公司行为”为其认定的核心。这一定义的方式则为我们指明了另一条研究上市公司实际控制人的概念的理论指向：不仅从形式的身份，更要从实质，即实际控制人与公司行为之间的关系上，来认识和界定“上市公司实际控制人”的概念。

以下，我们就将沿着上述有关“上市公司实际控制人”所涉及的形式与实质两条主线，从“上市公司实际控制人”的基本语义逻辑出发，探究“上市公司实际控制人”的概念内涵与外延。

（一）“实际控制人”的语义逻辑*

由上文的基本介绍可知，“实际控制人”的实质核心落实在其对于公司行为的“支配”或者“实际控制、影响”上，而前述两种情形虽然在用语

* 由于上市公司实属公司发展的经济形态在法律上的具体反映，故我们对上市公司实际控制人的概念进行有关“实际控制”的一般讨论时，为论述方便，除非经特别说明，并不严格区分“上市公司实际控制人”与“其他非上市公司实际控制人”。

上有所区别，但实际并无本质的不同，故我们对于实际控制人的语义逻辑讨论，以“控制”这一要点为基础。

“控制”一词作动词时，惯用语义为：①掌握住不使任意活动或越出范围；②使处于自己的占有、管理或影响之下。❶ 上述三个义项虽然有所区别，但无论哪一项对控制的界定，都可见所谓“控制”的核心是控制一方对被控制一方施加了强大的支配性影响力的状态，控制一方或直接占有、所有，或严格控制被占有一方意志——如果被控制一方是具有意志的人的话。

而“实际”一词作形容词或副词含义时的惯用语义为：①客观存在的事物或情况；②实有的、具体的；③合乎事实的。❷ 从上述三个十分相近的义项可见，所谓“实际”，在现实中的用法即是在外在的表象之下本质性的真实状态。

从上述对“控制”和“实际”两个要素的现实含义的介绍中可见，在词语现实的一般使用意义层次上理解“实际控制”的现实含义，其核心不在于控制一方与被控制一方是否存在所有或占有关系，也不在于控制一方与被控制一方相互关系有何外在表现，其关键在于双方之间是否存在控制一方对被控制一方存在支配性力量而被控制一方基于控制一方的支配性力量而“不得不”或者“自然要”依之而行事的本质性关系。

从上述有关“实际控制”现实含义的定义中可见，“实际控制”所强调的本质上的支配性意志关系已经明确了实际控制关系双方相互的地位及其联系。以此而论之，从语义上理解“实际控制人”的现实含义即具有了最直接的依据——按照词语结构分析，所谓“实际控制人”即为在“实际控制关系中”处于控制地位一方的控制人，而这种控制地位的存在状态可能出现了让人难以从表象上直接确定其控制地位和身份的因素，故以“实际”二字修饰之，从而强调其意志才是具有对被控制一方绝对支配地位的存在，进而在具体的控制关系可能存在的纷繁复杂的表象中一语道破其独特的地位以及与被控制一方以及可能影响其控制地位判断的其他可能的“表面控制人”之间的关系以及地位。

---

❶ 中国社科院语言研究所词典编辑室．现代汉语词典［M］．6 版．北京：商务印书馆，2012：744.

❷ 中国社科院语言研究所词典编辑室．现代汉语词典［M］．6 版．北京：商务印书馆，2012：1179.

实际控制人的现实含义在语义的理解上实际已经能够直观地反映出实际控制人本身所具有的特征，这一点对于一般人在日常的语言环境下理解“何为实际控制人”已经提供了有效的语言材料。但是，“实际控制人”之所以成为晚近公司形式发展以来理论界争论不已的命题，正在于其虽然具有浅近的现实含义，但在具体的法律适用当中却经常存在判断标准上的模糊性和法律概念构建上的矛盾性——在丰富的实践中，公司形式发展多样性和经济关系的复杂性，让“实际控制关系”的存在具有极为丰富的样态。除了极少数在操作中直接以指令文件、当场授意方式实行控制的情形，一般人对于“何为实际控制人”的判断往往只能以空守着其简单的语言含义而迷惘于知其然而不知其所以然的状态当中。此时，对于“实际控制人”这一法律规范性要素作出符合法律人专业判断标准的界定就在实践中具有重要的指引意义。

（二）“控制问题”产生的经济学基础

我们要讨论“实际控制人”的概念所需要明确的“控制关系”在法律上的具体内涵，就绕不过对“控制关系”所产生的基础的讨论。而法律作为人类在漫长的历史长河中选择的用以规范自身各类社会关系的重要手段，其对于人类社会经济、社会关系的反馈作用虽然仍然存在具体的激烈争论，但就二者之间的关系而言，仍然已经有了大致的定论。故此，我们认为，正如讨论其他法律关系离不开对作为其产生基础的经济、社会基础关系的把握一样，对于“控制关系”的法律界定同样也离不开首先对于其所产生的经济基础的讨论。

而要讨论“控制关系”产生的经济基础，则应首先将其置于公司制度的框架之中加以审视，探求公司制度发展之所以会产生出不同于一般股权关系的“控制关系”的原理所在。

公司的产生，源自两个基础：一是始自古罗马时代的法人制度对并非自然人的法人人格的拟制，二是进入商品经济下资本扩张时代后投资者对于扩大投资所带来的风险成倍放大后规避风险的需要。而后随着经济的发展和公司规模的逐步扩大，原始的股东直接经营公司所有事务，事必躬亲处理所有事宜的管理模式已经远远不能胜任具体的公司运营需要。另外，随着知识大爆炸时代的到来，公司经营的专业性需求也呈现出几何倍数的增长，没有任何人敢于声称自己单凭一己之力就足以掌握所有公司经营所需的专业知识，公司管理层次上的知识分工趋向更是日趋明显，特别是掌握公司资本的股东出于分散风险的需要可能将自己所掌握的资本投向不同领域、不同公司，其对于具体的公司事务操作的掌握更呈现出弱化的趋势，而作为受托于资本所有者的股东的公司经理层逐渐职业化、专业化，最终演变为职业经理人，其对于公司具体运营的掌握和决策，逐步呈现出独立化不断加强的趋势。这便最终形成了“公司所有者与经营者的二元分离”问题的产生。

在这一基本关系的框架下，“公司治理问题”应运而生：产生这一问题的基础在于人的经济理性——出于投资者地位的股东与处于管理者地位的公司管理层之间虽然因“公司”这一媒介而联系在一起，但由于彼此相互之间具有的经济理性，股东与管理层之间的利益永远不可能一致，股东当然希望公司管理层的行为能够最大化其投资收益并最小化其投资风险，而管理层自然也希望通过进取性的投资行为获取更高的薪酬和福利并降低因管理公司对自己精力的消耗。这一矛盾的长期存在导致了公司治理问题的产生，并且在不断的理论和实践探索当中，仍然会继续在投资者观点与管理者观点之间摇摆——无疑，这是基于最基本的人性需要。

但是，无论公司治理问题如何作出界定，不可否认的一个事实都是无论作为投资者的股东还是作为管理者的经理层，他们利益的根本维系基础仍然还是公司本身的存续与发展，失去公司的存在，他们一切的利益诉求都会成为画饼。而在这一前提之下，首先是股东利益的满足才能够促使资本所有者产生将自己所拥有的资本投向公司的基本动力，离开这一前提，管理层的存在也将成空中楼阁。这便产生了一个有关公司存在基础的基本前提假设：公司的主要目标是使股东财富最大化——这便是著名的财务理论（Finance Theory）。这一理论的存在基础，从有关的调查研究中也可以获得直观的体现：在对机构投资者进行的一项著名问卷调查中，有关“公司治理是什么的定义”各个选项下，认为“公司治理是监督和控制过程，以保证公司管理层的行为同股东的利益相一致”的定义获得了完全的同意。❶

---

❶ 吉尔·所罗门，阿瑞斯·所罗门．公司治理与问责制［M］．李维安，周建，译．大连：东北财经大学出版社，2006：12-13.

在财务理论的分析框架下，各方学者对于公司治理的有关目标以及相关安排的经济理论讨论大致形成了三种通行的观点，即代理理论、交易成本理论和利益相关者理论。

代理理论作为公司所有权与控制权分离的产物首先出现，其基本的理论假设即建立在认识到公司所有权结构下作为资本所有者的委托人（股东）和作为公司经营者的代理人（管理层）之间存在不同利益的目标差异问题。而在这一前提下，委托人想要检验、核实受托人的行为是困难的，并且这种成本也很高，因此需要通过公司治理来寻求适当的方式以解决上述冲突，从而避免因为公司治理不善导致的代理人退出，最终两败俱伤的危险出现。在代理理论框架下，股东可以通过多种方式监管管理层以及帮助他们解决代理冲突，如通过在股东大会上行使表决权影响公司重大决策或是通过对董事选举权的形式影响董事会的构成；或是通过接管机制——直接以投票换人的方式接管公司，剥夺原来管理者对于公司的管理权；除此两种常规渠道外，股东还可以通过以“院外活动”的通过或是撤资或者“一对一会议”等方式，解决他们所关心和不满的管理层利益冲突问题。

与代理理论主要从股东和管理者的视角观察公司治理不同，交易成本理论侧重于从完全宏观的层面审视公司：交易成本理论认识到了市场交易形式的资源配置模式是具有成本的，而这一成本在以公司内部组织的命令方式取代时可以抵消，由管理层协调和控制生产可以取代市场交易。因而，公司不再是完全市场和均衡态势下无人格的经济单位，而应试着将公司看作一个由持有不同观点和不同目标的人构成的组织。这一组织方式决定了公司对交易的控制。与代理成本相同，交易成本理论同样绕不开对经理层“有限理性”的承认。另外，在交易成本理论框架下，交易成本经济学同时也看到经理层为了追求更大的公司效益会具有投机性的倾向。在上述“有限理性”和“投机倾向”的双重假设下，产生出对公司控制的呼唤：缺乏这种对于有限理性的经理层投机倾向的控制，公司的运行将反过来阻碍潜在投资者对公司的投资。

与上述两种理论不同的是利益相关者理论。与上述两种理论只把视野自觉局限于公司内部不同，利益相关者理论认识到随着经济发展公司在市场和社会中所起到的作用已经远远超过了之前单纯经济个体领域，公司发展所关涉到的各方利益日渐广泛，其发展不仅关系到股东、经理层、债权人利益，更多时候还直接影响到雇员、社区、环境等多方面、多角度的各方利益。因此，利益相关者理论的最突出特征就是承认利益相关者参与了“交换”关系，他们不仅受到公司的影响，也会以某种方式影响公司。他们拥有的是公司的“利害关系”，而不仅仅是股份。在这一前提性的假设之下，也即产生了一个问题：利益相关者理论所主张的公司利益相关者对公司所拥有的“利害关系”将如何在公司的运行当中得到实现，如何让谨慎的秉承财务理论的公司股东和公司管理层承认利益相关者所拥有的“利害关系”进而在公司运营中考虑并实现其利益？问及于此，利益相关者理论便与代理理论之间豁然贯通——利益相关者-代理人关系和委托人-代理人关系都包含了一种显性或者隐性的契约关系，目的在于协调利益分歧，而这两种关系都是由治理机构来管理的。[1] 在这一前提之下，因为公司在现代社会作为重要的社会成员除了实现股东利益这一基本的经济目标外，同样不能忽视自身所应当对社会财富和总体幸福所负担的社会责任——这一社会责任虽然仍然有待通过持续的讨论加以进一步明确，但却已经成为我们社会发展的共识，公司管理者必然需要选择公司社会责任的方式来使股东财富最大化。这便是财务理论基础之上通过公司治理框架下对于公司控制权的配置实现利益相关者“利害关系”的途径。

通过上述关于公司发展带来的“所有权与管理权分离”所带来的公司治理问题追问，不同经济学理论对于公司治理问题的阐释，我们可以看到，公司发展带来的“所有权与管理权二元分离”的基本事实，以及公司发展涉及的社会方面越发广泛，所带来的影响已经不仅仅局限于公司自身及其内部股东与管理者之间，公司的存在及其发展已毫无疑问成为一个具有广泛社会性的公众问题。在这一大背景下，涉及公司的各方，无论是资本所有者的股东、资本具体运作者的公司管理者、资本交易对象的公司债权人以及资本运行利益相关者的社会其他利益相关者，都希望通过公司治理的过程来实现对公司运行利益的分享。而他们分享公司运行利益的途径，便是通过各种方式影响，乃至于支配公司运行各个环节的行为，从而通过这些受其影响和支配的行为最终实现其利益诉求。

而这一背景下，各方对于公司行为的影响和支配，导致了“控制公司”

---

[1] Hill&Jones，1992，p. 134.

的现象自然而生，这就是“公司控制问题”产生经济基础之所在。而这遵循上述经济学理论研究路径的阐释，用之于投资者范围更加广泛、所涉及的社会资本更多，公司所有权与控制权二元分离结构更为明显和突出的上市公司，用之以解释“上市公司所存在的实际控制问题”所产生的基础，也就具有更为契合的意义。

二、“上市公司实际控制人”的界定原则

（一）“实际控制人”的法律意义

首先应明确，“实际控制人”这一概念并非公司法本身固有，在早期的公司法规范体系下，由于公司存在形式较为简单，法律规范的重点聚焦在股东之间、股东与公司之间以及股东、公司与债权人之间关系为主的各方关系上。彼时的公司实际控制的情形更多出现在大股东与小股东之间，故而早期的公司法并未将“实际控制人”的问题纳入考虑当中。

随着经济规模的不断扩大和技术革命不断推动的产业细致分工，传统的公司模式已经不能满足公司实现经济利益的需要，为了顺应市场发展和产业分工的需要，公司经营业务范围开始出现向产业上下游扩张以降低运营成本，进而又向水平方向扩张以扩大市场影响力的趋势。原有的为从事专门事业而成立的公司在这一趋势下开始将自己所持有的资本通过投资、购买发展所需资源等各种方式将自身影响力扩散出自己原有的经营范围。这让公司的存在和运行不断突破原先的自营事业，置身于与其他公司企业相互联系的链条之中。随着现代全球性产业分工的深化和各国经济开放持续提升，金融技术、金融工具不断创新，资本的全球流动，跨区域、跨行业经营，让部分公司逐渐发展成为具有强大影响力的公司集团，在这种公司集团体系下，最初的母公司通过多种投资方式掌握其他区域、行业的其他公司，并通过投入资本、参与运营等方式对其他公司的经营作出影响，形成控制——这一潮流最为直接的表现即是各种形式的母子公司的出现，虽然各国对于母子公司之间控股比例等相互关系类型的定义存有差异，但母公司对于子公司具有控制关系则是各方不争的事实。

除了以上述及的因为资本流动产生的控制情形外，还有一种不容回避的情形形成了相较投资关系更为隐晦的控制情形，即公司运行中非基于直

接的投资关系所形成的控制。形成这一类型控制的情形有多种因素，但本质而言，都因于“人”才是资本的最终控制者这一根本事实。

虽然“法人”早在古罗马时代就已经因法律的拟制而初步具有独立的人格，并在“如果什么东西都应该付给团体，它不应该付给团体所属的个人，个人也不应该偿还该团体所欠之债”的隽语下享有了独立承担责任的地位，❶ 并伴随漫长的岁月逐渐发展起投资兴业的能力。但无论法人如何作为投资主体，其基于拟制方才具有人格的事实决定其本身不可能具有独立的意思能力，其意思能力的形成和实现都必须要靠具体的自然人完成。“人”这一客观的存在，在自然意义上受身为万物之灵长的七情六欲左右，在经济范畴内具有因经济动机驱动行为选择的本能属性——这两大因素构成了人之为人最基本的人性。而这样的人性落实到经济生活——具而言之，落实到公司的具体治理问题上，就会出现也许并非基于投资关系而天然获得对公司控制权力者通过人事安排、与对公司享有事务管理实际权力者（具于控股地位的股东、董事、经理及其他高级管理人员等）之间的特殊关系——如代理关系、利益关系甚或亲缘关系等而对于公司的管理运营具有了真正的控制能力。在这一类情形下，享有真正控制能力的控制一方与被控制一方控制关系的存在更加难以辨明，但此类控制关系却不容否认的长期存在，并在实践中更为广泛地存在。此种情形下实际控制人的出现与其说是资本流动和公司扩张的结果，毋宁说是人性自然选择的结果。

上述两个方面的因素只是形成公司实际控制的两种客观原因和情形，更多属于资本流动和公司治理自身发展的必然结果。除了上述两种原因以外，形成实际控制关系还有适应法律制度安排从而追求利益最大化的主观原因存在。具体而言，在关涉公司的法律制度日益完善的条件下，不仅公司法，还有证券法、市场秩序法、税收法等多部法律法规都对公司的发展在各自领域内施加规制。这样的法律框架一方面有利于追求立法者预设的法律秩序状态，但从资本本身的属性而言，却在另一方面容易提高公司运营成本，影响资本利润最大化的实现。在这一背景下，越来越多的投资者通过以其自己控股的公司作为股东的方式向其他行业和领域进行投资，从而通过投资目的公司营利以获得股息、利息等方式让作为出资方的公司获

---

❶ 沈四宝．西方国家公司法原理［M］．北京：法律出版社，2006：7.

得利益并最终实现自身资本收益的最大化。这样的投资模式下很容易产生投资者控制公司，而公司又通过投资控制投资目的公司，进而最终实际由投资者通过作为投资方的公司的指令实际控制投资目的公司的情形。因此，应该认识到，在产生实际控制关系的诸多原因和情形中，出于投资便捷性和投资成本考虑而产生的实际控制关系也是不容忽视的重要情形。

综合上述三种情况，公司实际控制情形的出现实际上是资本流动性和追求利润最大化属性的自然发展结果，也是公司经营者和利益相关者作为人的本性错综发展的结果，是一种经济和公司发展的正常产物。这一现象的出现也许并不符合立法者对于规范秩序的期待，但并非绝对从先天上就欠缺正当性。正如法律社会学所强调：不论是现在还是其他任何时候，法律发展的重心不在立法、法学，也不在司法裁决，而在社会本身。[1] 既然如此，我们研究和规范的重心就不应再简单放到“公司实际控制”和“公司实际控制人”现象的存在是否具有合理性的纠结之上，而应该更多将关注的焦点置于如何为公司实际控制和公司实际控制人的存在设置一套有效的规则，从而满足这一现象自身存在和发展的价值需求与法律规范秩序所体现的社会价值取向之间的平衡之上。

在这一视角下对“实际控制人”进行界定就有了基本的价值出发点。一方面，实际控制关系的存在会造成原有的股东权利结构的失效，易于因为实际控制人一方的自利行为罔顾公司独立人格的基本原则进而伤害其他股东、公司债权人以及其他利益相关者的利益，因此需要对实际控制人的行为作出规范，使其公司控制权的行使不能逾越“法律不得滥用”的基本原则，不至于因为其控制行为损害公司和他人利益；另一方面，也应该正视实际控制关系的形成是公司发展和资本逐利性的自然结果，其在经济生活中有其存在的合理性，尤其利于调动投资者的投资热情，降低投资成本，因而不能一概施以否定的态度，采取高压的法律规范态度，从而降低投资积极性。故此，对实际控制人这一概念，有必要从法律上加以界定，从而为公司法、证券法以及竞争法等相关法律针对这一现象作出规范时提供基本的法律前提；但也不宜将该范围界定过宽，以免影响由实际控制行为所带来的经济活力的实现。

---

[1] 尤根·埃利希．法律社会学基本原理［M］．北京：中国社会科学出版社，2009：卷首语．

（二）“上市公司实际控制人”相关概念分析

1. 控股股东的“过度控制”

对“实际控制人”的“实际控制行为”展开讨论时，自然会首先想到控股股东这一概念。股东以其出资构建公司，公司营利的最终目的是满足股东投资兴业以获取经济回报，故而从本质上讲，只有股东才是能够对公司施加最终控制的主体。与此相对应，公司治理结构的法律框架体系也正是以此为基础构建。具体而言，各国公司法律制度都在所有权与经营权分离的基本法律框架下将董事会作为公司经营的决策机构，并由董事会安排具体的公司经营事宜。但董事会的产生却无一例外地由股东会——股东通过选举决定，即股东虽然并不直接参与公司经营决策，但却从前提上决定了公司的经营决策权。而无论哪一种公司形式，都以“资本多数决”作为股东表决的基本原则，❶ 在这一背景下，股东当中持有公司股份或出资额（股权）❷ 占 50% 以上或虽然持有股份不到 50% 却足以对股东会决议产生重大影响的控股股东，实际上就成为能够决定董事会人员构成并由此假借董事会决议而实际对公司经营管理产生支配和控制的控制人。

但是，能否就以此认定公司控股股东就是公司的实际控制人或者公司控股股东属于公司实际控制人的范围呢？从目前的立法实践来看，答案是否定的。我国 2005 年颁布的《公司法》第 216 条第（3）项规定，实际控制人，是指虽不是公司股东，但通过投资关系、协议或其他安排，能够实际支配公司行为的人。上海证券交易所 2010 年发布的《上交所指引》第 6. 3 条对实际控制人所作出的定义虽然对控制行为的定义从“能够实际支配公司行为”放宽到“能够实际影响、控制公司行为”，但对于实际控制人身份的描述仍然为“不是公司股东”。

立法对实际控制人的界定之所以排除控股股东，应当从立法的制度背

❶ 虽然我国《公司法》第 43 条规定有限责任公司股东投票原则由章程规定，章程未做规定的才依照资本多数决原则，但从实践上看，资本多数决原则仍然是最为主要的公司股东会表决形式，即便是公司章程的订立，大多数时候也是按照资本多数决的方式产生。故本书中除专门说明外，均不再讨论这一资本多数决原则的例外形式。

❷ 由于本书讨论范围为“上市公司实际控制人”，故为表述方便，下文中除做专门说明外，均表述为“股份”。

景和法律语言逻辑两个方面进行判断。一方面判断现在的实践当中引入“实际控制人”概念的制度背景，另一方面对“控股股东”和“实际控制人”不同的法律语言逻辑体系进行辨析，从而为进一步明确“实际控制人”的制度内涵，找到界定实际控制人的详细依据。

首先，“实际控制人”概念及相关法律规制被引入公司、证券法律制度体系中是晚近伴随着经济形式和公司股权结构、公司治理模式不断丰富，而因为投资关系、协议关系以及其他关系使其他原本并非公司控股股东的人也能够对公司的行为施加支配和影响进而实际地控制公司这一总体趋势而出现的因应之策。而控股股东的存在自公司制度产生开始就随着股东出资能力和水平的个体差异而相伴发生，是一种自然的经济现象的直观表现，可以说有公司之时起即有控股股东存在之可能。由此可见，“控股股东”早在“实际控制人”这一现象出现之前即已经成为公司法和证券法调整和规范的对象，而“实际控制人”则是在公司发展已经有了相当历史之后，为了适应原来较为简单的公司治理模式下不曾有过的、并非控股股东地位的实际控制人支配影响公司行为，对正常的公司控制方式的异化所作出的对应措施。因此，“实际控制人”这一概念虽然与控股股东这一概念有所联系，但就其所指和适用的法律制度背景而言，已经属于一个新的范畴，故二者之间应该在立法上加以区分，否则容易出现简单地将实际控制人等同于控股股东或者单纯地以控股股东的标准对一个主体及其行为是否符合实际控制人的标准进行判断，这两种可能的误区无论在立法上还是在实践上，都将导致偏离规范实际控制人的制度目标。

其次，从法律语言逻辑的角度来看，之所以将控股股东排除在“实际控制人”这一概念的范畴之外，主要因为控股股东虽然和实际控制人一样具有对公司行为施加支配和影响的能力，但就控股股东本质而言首先具有的仍然是公司股东身份，而公司法和证券法等相关法律在设计公司治理权力结构时已经就大股东与中小股东利益平衡、证券市场上的大股东与其他不特定的社会投资者的利益保护作出了较为完善的规定，并按照公司法和证券法的一般原理将上述规定纳入股东权利保护和股东会表决机制的相关规定当中。然而，“实际控制人”的有关规定，却是随着上述公司法和证券法法律制度的发展而逐渐被纳入法律规范框架内的新问题，如若在有关实际控制人的相关规定中再将控股股东纳入，无疑将会造成立法上的重复。

并且，将控股股东纳入实际控制人范畴当中，不可避免地会造成立法语言上的逻辑矛盾：在有关股东会表决规则等相关规范当中既已就控股股东作出认定，那在处于相同法律规范体系内同等位阶的有关实际控制人的规范中，该如何界定此类既属于控股股东，又是实际控制人的主体的行为？另外，还必须注意的问题是，实际控制人过度控制行为引发法律专门介入的基本原因在于既有的公司、证券法律规范中有关股东权利和公司治理的有关规则不能够对其施加调整，而实际控制人过度控制公司行为和现象的存在对于其他的股东和利益相关者造成的损害又是如此之严重，特别是在公众性更高的股份有限公司以及上市公司当中，如果不对实际控制人施加更加详细的规范，则更有可能伤害广大无从详细获知公司具体信息的社会投资者，因此才需要专门引入实际控制人的概念对这一现象作出规范。而控股股东本就属于原来既有的股东会治理结构规范之下，若再将其列入实际控制人范畴之内，“实际控制人”这一概念反而容易被一般的控股股东概念所模糊。

再次，就上文中对实际控制人本质的分析而言，将控股股东纳入实际控制人范畴内也有定义不准确之虞——如上所论，实际控制人的本质无论在现实含义还是在法律意义上讲，都应当以其所实施的“实际控制行为”为核心，而非以是否具有特定身份或地位为凭据。例如，当自然人 A 作为 B 公司之控制人，而 B 公司又作为股东投资 C 公司并在 C 公司成为控股股东时，C 公司在决策中应遵循 B 公司之意志，受其控制无疑，但是，此时 B 公司控制 C 公司之行为实际遵循并执行自然人 A 之意思——当此之时，在身份上与 C 公司并无关系的自然人 A，实际上才是真正能够支配和影响 C 公司行为者，即此时 C 公司之实际控制人实为与公司并无股东关系的 A，而非其自己的控股股东 B。上述关系只是控股股东并非成其为实际控制人的关系结构之一，当真正的实际控制人与公司控股股东之间存在代理关系、债权关系甚或是亲属关系等特殊的关系，该实际控制人能够左右控股股东意志进而控制公司时，公司的实际控制人都并非是公司控股股东，而是其他非控股股东之人。

故此，综合上述分析，控股股东虽然在多数情况下具有公司控制权，但不应将控股股东纳入实际控制人范围之内。对实际控制人概念的界定，应该是在排除控股股东之后在其他主体当中进行判断。而判断是否为公司实际控制人的关键，仍然不在具体主体之身份如何，而在其是否对公司具有实际控制权并在实际上支配和影响了公司行为。

2. 公司法人人格否认下的“过度控制”

虽然上文中论证了公司实际控制人不应当包括公司控股股东，但在构建实际控制人制度的有关体系时，仍然有必要对设计控股股东过度操控公司的有关行为及其相应制度作出检视，从中汲取有益的借鉴，从而更加准确地把握实际控制人制度。在上市公司实际控制人制度构建仍然较为散乱的时候，对规制公司控股股东的相关制度作出梳理，寻求其中具有共通性的制度资源，显得尤为重要。这其中，公司法中随着实践发展起来的公司法人人格否认制度显得尤为重要。

公司法人人格否认制度始自对公司有限责任的反思。自19世纪有限责任原则形成后，虽然对保护和促进投资热情起到很大作用，但就公司有限责任导致的可能因股东和董事滥用公司人格进而造成公司股东与债权人、其他利益相关者之间利益关系的失衡创造了空间。在这一背景下，公司法人人格否认制度于1905年的美国诉密尔沃基冷藏运输公司案中正式通过判例以“揭开公司面纱原则”的形式得以确立，❶ 并在继之以后的实践中不断丰富其内涵与形式。

虽然各国具体的公司法人人格否认制度无论是在名称上还是在具体的适用路径上都有所区别，但总体而言，在以承认公司法人人格为前提而以公司法人人格否认为其例外和适用补充，只为善意第三人而非股东的责任而主张并要求第三人承担十分严格的举证责任等多个方面具有共性。上述特征无不体现出公司法人人格否认制度是为对公司股东和董事滥用公司法人人格所作出的反制，是为对公司股东有限责任的突破的本质。一方面，公司法人人格否认并不是彻底抛弃公司法人人格和股东有限责任原则，仍然承认二者为公司法人制度的基础；另一方面，又认为股东和董事对公司法人人格的滥用造成了其与公司债权人和其他利益相关者之间的利益失衡，长此以往将会反过来危及公司法人人格和股东有限责任原则的存在基础，故而需要对其加以修正。故此，现代各国公司法普遍采用了在个案当中就特定法律关系下对由于滥用公司法人人格造成的利益失衡进行矫正正

---

❶ 沈四宝．西方国家公司法原理［M］．北京：法律出版社，2006：20.

义——要求该特定法律关系下滥用公司法人人格的股东、董事等责任人不得以有限责任原则为抗辩的调整方法。

在此背景下，各国公司法人人格否认的适用依据存在一定的理论差别：英美法系下主要有代理说（the Agency Doctrine）、工具说（the Industumentality Doctrine）、另一自我说（the Alter Ego Doctrine）、同一体说（the Identity Doctrine），德国法上主张直索责任（Durchgriffshaftung）并分别有滥用说、法规适用说和折中说作为该责任适用依据。[1] 这其中工具说尤其值得注意。工具说在两个经典案例 Lowendahl v. Baltimore & Ohil Railroad（1936）[2] 和 Collet v. American National Stores Inc.（1986）[3] 中被法院严格固定下来。具体而言，工具说以过度控制（Excessive Control）；不良动机（Improper Motive）和行为与损害或损失之间存在直接因果关系（Proximate Causation）的三要素测试（Tripartite Test）或曰 Collet 公式（Collet Formulation）作为判断是否适用公司法人人格否认的基本要素。这其中，纽约州法院在 Lowendahl 案中对“控制”一词作了精辟的分析，其认为控制远不限于资本（股权）上的控制，更重要的是对其资金、经营政策和业务活动各方面施加绝对控制，从而让子公司独立意志在交易中荡然无存。虽然后来的其他法院判例对此仍然存有一定争议，但几乎都把“过度控制”作为了能依工具说适用公司法人人格否认制度的基础。另外，德国法上用以论证可以对公司股东、董事施以“直索责任”的法规适用说也值得注意，该学说的核心即在于坚持实证主义的观点，将公司人格独立和有限责任制度均置于法律规范的体系之下，认为无论是股东、董事证明自己适用二者的正当性还是第三人主张对其施加依公司法人人格否认施加直索责任，都必须以存在相应法律规定为基础进行处理。进一步的，该学说认为如果公司法人人格制度立法不断完善，直接通过明确的规定就能规范本来适用公司法人人格否认才能够解决的问题，就无须再通过公司法人人格否认来调整失衡的利益关系。可见，该学说坚持了“规范第一”和“公司法人人格为前提”的价值立场，只以明确纳入规范体系之内的具体公司法人人格否认作为最后救济手段。但是，德国法中的“法规适用说”有一个重要的关键点

---

[1] 沈四宝．西方国家公司法原理［M］．北京：法律出版社，2006：25-33.

[2] Lowendahl v. Baltimore & Ohil Railroad，247 App. Div. 144，287，N. Y. S. 62，1936.

[3] Collet v. American National Stores Inc. 708 SW 2d 273（Mo. App.）.

需要特别注意，即在以成文立法为特色的德国法体系中，公司法人人格否认制度领域却形成了以判例为主，以民法为辅的独特模式。[1]

上述公司法人人格否认的有关介绍中，可见公司独立人格和股东有限责任原则下股东过度控制公司的问题已经被给予了相当的重视，并围绕如何救济因为股东、董事等过度控制公司从而使原有的公司独立人格在实践中被架空和异化所造成的公司利益相关者遭受的损失而展开了一系列的价值平衡和制度构建。这其中，对公司被过度控制的高度关注和以法律规范严格控制公司法人人格否认适用范围的制度要求，对于探讨上市公司实际控制人的界定问题具有重要的借鉴意义。首先，虽然适用公司法人人格否认所针对的主要对象是公司股东，这一范围包含但不止于公司实际控制人的有关范畴，但就核心意义而言，无论是滥用公司法人人格的股东，还是公司实际控制人，其核心都是对公司原有的治理结构和控制权分配机制的破坏——对公司实施了过度控制，以自己意志左右公司独立意志，从而让公司行为实际上成为自己的个人（少数人）行为。这一问题的存在，让公司法人人格否认制度中的“过度控制”与实际控制人的“过度控制”有了可以比较的逻辑前提。其次，在上述前提下，将公司法人人格否认中的“过度控制”重点置于对控制行为本身的考察，即坚持该过度控制是为对公司资金、经营政策和业务活动方面所施加控制从而让公司失去交易中的独立意志的观点，而非从施加控制的股东身份，即对公司资本（股权）的控制，把握住了正常经济发展中必然形成具有控股地位的股东与公司实际控制人之间存有区别的核心：具有控股地位的股东并非一定会过度控制公司造成其自身与利益相关者之间利益失衡的局面，进而亟须有别于原有的公司独立人格和股东有限责任原则的新的规则体系介入，或者是即便股东通过投资等股权结构安排具有了控股地位，但其控股地位的存在并不必然导致其一定有能力真正对公司行为施加控制。这一范畴的确定，对于理解“上市公司实际控制人”这一概念存在和界定的立法逻辑前提以及具体制度构建的价值前提，具有相当重要的借鉴意义。最后，德国法中的法规适用说以及德国法上公司法人人格否认制度领域以判例为主的重要例外也值得我们在构建上市公司实际控制人规则体系的过程中，特别是对上市公司实

[1] 沈四宝．西方国家公司法原理［M］．北京：法律出版社，2006：23.

际控制人进行立法界定时给予注意和借鉴。一方面，应当认识到上市公司实际控制人制度的构建，虽然对于平衡因为上市公司实际控制人的存在导致的证券市场上少数而强大的实际控制人与广泛而弱势的社会投资者之间极不平衡的利益格局，将实际控制人借助控制公司而谋取不正当利益，损害社会投资者、扰乱证券市场的冲动纳入法律规则的约束当中，实现法律对弱者差别保护的微妙平衡，但就资本市场自身发展的规律和上述对于资本追求不断增值的本性以及人进行理性经济思考的正常人性而言，实际控制人的存在首先是一个客观存在的经济事实，在不逾越基本市场伦理和社会道德的情况下，不宜对其体现施加过度的限制从而扼制社会存续发展最需要的经济活力，因此应当严格限制对上市公司实际控制人进行认定的情形，避免动辄扣以“实际控制人”的高帽过度干预公司内部事务的局面损害经济活力，因此对“上市公司实际控制人”的界定应该严格以明确的法律规范为适用前提。另一方面，由于经济发展具有难以穷尽的丰富内容，实践当中的“实际控制”存在的方式和形态也不可能以简单的规范条文就完全予以穷尽，因此对上市公司实际控制人进行界定的法律规则体系应当具有必要的开放性，从而保证能够随着不断发展的经济形势以及公司法司法发展不断出现的新问题作出实际的调整和补充，从而保证规则发展不落后实践太远，以此维护“上市公司实际控制人”制度在实践当中的有效性。虽然在我国的立法体系下不大可能以法官创造判例法的形式确立实际控制人的外延范围，但通过我国独具特色的司法解释制度和部门规章、自律规则等法规、文件体系，仍然可以不断紧跟上市公司实际控制人实践发展的需要。

（三）“上市公司实际控制人”的界定原则

如上所论，对实际控制人的界定应该综合考虑保护投资者需要和保护其他利益相关者的需要。因此一方面不宜对实际控制人的界定范围放之过宽，另一方面的确应当加强对实际控制人控制行为的规范，将其控制权的行使纳入合理的规范体系之内，从而实现既不过分打击投资积极性，又保护广大利益相关者的法社会效果。具体而言，对“实际控制人”这一概念进行界定应当把握以下两方面原则：

一方面，应当以承认公司运行过程中发展起来的实际控制人存在其自身的合理性，从而在构建相关法律规则体系的时候正视这一问题，摒弃以往对于实际控制人及其控制行为动辄加以否定的态度，并且为实际控制人的权利保障提供相应的制度保证。从 2011 年 12 月出台的《最高人民法院关于适用〈中华人民共和国公司法〉若干问题的规定（三）》第 25 条到第 27 条关于代持股协议关系下名义股东与实际股东关系的调整，在坚持股东资格认定仍采形式要件的基础之上，承认了实际股东的地位，加强了对实际股东权利的保护。虽然这一规范意在调整股东出资关系，并未涉及公司实际控制权的相关问题，但实际也已经向着这一立法价值取向迈出了一大步。

另一方面，在承认实际控制人客观存在的同时，需要明确实际控制人毕竟是对经营权与所有权分离的正常公司治理结构的突破，并且因其控制行为极可能假借被控制公司或公司中具体实施控制行为之人的行为而逃避相应的违法、违规责任，从而获取与成本投入极其不相称的巨大利益，诱发极大经济风险和道德风险。特别是在证券法领域内的上市公司实际控制人，因为其所处上市公司相比一般的封闭性公司具有极大的公众性，往往牵涉到的利益相关者众多，且因证券市场上公众投资者投资的目的普遍是为通过投入股权或债券对价以借助公司营利而获取资本收益，并不关注也大多无能力关注公司本身的经营事项，这一背景进一步加剧了证券市场上上市公司实际控制人与以公众投资者为代表的利益相关者之间信息能力和市场判断能力的不平等，一旦其滥用控制地位，对上市公司实施过度控制，更容易产生严重的市场风险、金融风险和社会风险。因此，尤其需要对上市公司实际控制人滥用其控制权，实施过度控制的行为作出严格的规范。我们注意到，在反垄断法律部门的发展过程中，对于“垄断”的界定和规范就经历过类似的发展历程，从最初对“垄断地位”的严厉排斥，逐渐发展向承认“正常的市场地位”是市场发展、优胜劣汰的正常选择，从而将规范的重点由原先一概而论的反对垄断的身份到规范“滥用市场支配地位”的行为，实际与我们今天主要在公司法和证券法范畴内讨论对“实际控制人实施过度控制行为”的规范具有异曲同工之妙。

由此，我们认为，对“上市公司实际控制人”的法律界定应该以“是否掌握控制权，并且对上市公司实施了过度控制”为核心价值取向。以此为中心，对上市公司实际控制人实施其控制权的行为所涉及的股东与债权人利益保护、上市公司及其关联企业、关联人之关系以及关联交易行为判断、因为滥用控制权所应当适用公司法人人格否认，以及实际控制人在其他部门法领域中所涉及的公平竞争关系、反垄断关系等问题作出规范。

综上所述，以“公司控制权”之判断为出发点，判断上市公司实际控制人是否存在对公司的过度控制行为，是为本书对“上市公司实际控制人”这一法律概念进行界定的基本原则。

三、“上市公司实际控制人”的概念重构

（一）“上市公司实际控制人”的立法技术分析

通过上述对公司控制问题产生的梳理和关于上市公司实际控制人现象的价值评析，我们逐渐接近心目中对于“上市公司实际控制人”进行概念界定的目标。在得出我们的结论之前，我们有必要再次对我国目前既有的立法文件进行梳理和评析，从而明确我们对“上市公司实际控制人”这一概念进行重新界定的意义所在。

1. “上市公司实际控制人”身份辨析

从研究之初对《公司法》和《证券法》这两部基本法律对于“实际控制人”的定义的检索我们得知，我国目前的基本法对于“公司实际控制人”的界定，排除了股东作为实际控制人的情形，是为从身份上对上市公司实际控制人进行限定。然后，这一界定是否科学？我们仍然需要加以辨明。

从法律语言学的角度，《公司法》第216条第（3）项“实际控制人，是指虽不是公司的股东，但通过投资关系、协议或者其他安排能够实际支配公司行为的人”所定义的公司实际控制人包含两个层次：第二个层次即其后半句“能够实际支配公司行为”，已经在我们上文的讨论中得到了证明；但第一个层次，即“不是公司的股东”，却大可商榷。

第一，此句语言表述方式为描述性表述，而非定义性表述，即此句之义的逻辑关系为“实际控制人不是公司股东”，而非“公司股东一定不是实际控制人”。我们认为，《公司法》以及之后的《上交所指引》之所以如是定义，主要意图在于表明其规制的实际控制关系的目的在于对实践当中

众多的非因所掌握的股权优势而对公司施加控制进而损害其他投资者利益的行为人的特殊身份的强调，而不在于要将“股东”与“公司实际控制人”的概念完全地对立起来。

第二，上文中我们已经论及，“公司控制问题”的产生和“公司实际控制人”的形成，本身是一种正常的经济现象在法律关系层面的自然反映，我们所应该讨论和规制的重点也并非“实际控制人”的身份，而是实际控制人这一群体当中过度滥用其公司控制权从而破坏原有的公司治理结构下权力关系平衡，进而损及其他投资者利益的行为。故一概以是否具有股东身份而不再问是否掌握实际控制公司权力即将讨论对象剔除出“公司实际控制人”范畴的定义方法是不容易经受住实践检验的。

第三，用之于我们讨论“上市公司实际控制人”的领域内，上述“公司实际控制人”唯“非股东”而论“实际控制人”的做法在实践当中必然经受猛烈的冲击：证券市场上投资的分散性和投资者身份的复杂性是毋庸置疑的客观存在，实践中当然容易出现某些投资者因为持有某上市公司少量股权而成为该公司股东，又因为其他间接投资关系或者其他协议、甚或人事安排等情形而对该公司具有强大的实际控制力，支配公司行为、损害其他投资者利益的情形——试问，此时唯“非股东”之名而否定其人“非上市公司实际控制人”，进而自缚手脚，削弱对其过度控制行为的规制，将何其荒谬！

故此，我们认为：《公司法》以及《上交所指引》等规范中对“实际控制人”的定义遣之以“不是公司股东”之句多有不当，值得在今后的立法工作中进一步完善。

就如何从立法上完善的问题，我们再结合其他证券法规和规定进行讨论。目前，证券市场发展形态复杂多样，在我国尤其处在不断探索的持续过程当中，各类证券法规更新的速度惊人，我们主要通过证监会近年来涉及上市公司实际控制人和两个证券交易所颁布的交易规定进行梳理。

在众多的法规以及监管规定中，中国证券监督管理委员会于 2006 年 7 月 30 日公布的《上市公司收购管理办法》第 5 条对“收购人”取得上市公司控制权的方法所做的描述尤其值得注意，在该条中，收购人控制上市公司的方法被细分为成为上市公司控股股东和成为上市公司的实际控制人两种：“收购人可以通过取得股份的方式成为一个上市公司的控股股东，可以通过投资关系、协议、其他安排的途径成为一个上市公司的实际控制人，也可以同时采取上述方式和途径取得上市公司控制权。”从本条规定来看，证监会对于上市公司实际控制人的态度已经较《公司法》和《上交所指引》更为开放：通过将“控股股东”与“实际控制人”进行并列的方式，缓和了将“股东”和“实际控制人”并列所带来的理论与实践的紧张关系，承认虽然并非控股股东但却能够实际控制公司的情形的客观存在。这一条文安排必将有利于应对实践当中出现的非控股股东通过其他非股权安排实际控制公司的情形。

这一变化也在其他证监会的相关监管规定中得到印证：2007 年 1 月 30 日公布的《上市公司信息披露管理办法》第 9 条、第 21 条、第 22 条、第 30 条中，都将上市公司的实际控制人与“持股 5% 以上的股东”或者“控股股东”相并列；《上市公司重大资产重组管理办法》第 43 条也将“实际控制人”置于与“控股股东”平行的位置。可见，监管机构通过大量的实践积累，越来越认识到实践当中对上市公司实际控制人进行规制的重心应着重于其控制公司行为而非其是否具有股东身份——上市公司实际控制人，只是在面临对控股股东进行规制的手段无法依照身份认定的逻辑类推于非控股股东，但却能够依照控股股东以其股权又是滥用公司控制权进而损害其他投资者利益的情形时，所采取的特别规制手段。

因此，我们现在可以清晰地看到，上市公司实际控制人的概念界定，不应该一概地将身为股东者排除在外：上市公司实际控制人，应该是不包括控股股东的，能够实际控制公司的包括非控股股东在内的人。

2. “上市公司实际控制人”控制行为

通过上述对上市公司实际控制人身份的辨析，我们明确了上市公司实际控制人实际应当是与上市公司的控股股东相平行的概念，二者的核心都在于能够对上市公司的运行产生控制。但是，二者在控制公司的方式上是否完全等同呢？对这一问题的讨论需要我们重新审视“公司控制权”以及由此产生的“公司控制方式”问题。

无论从上文中对“控制”一词的语义解释还是从公司治理问题下的“公司控制问题”产生的经济基础解释上讲，公司控制和公司控制权的核心，其实都是围绕着公司运营利益的分配所展开的。这一点在财政部于 2006 年 2 月 15 日所公布的《企业会计准则第 36 号——关联方披露》第 3

条的规定中有直接的印证："控制，是指有权决定一个企业的财务和经营政策，并能据以从该企业的经营活动中获取利益。"可见，对于公司的控制核心在于对公司的经营决策以及对作为公司存续命脉的财务的决定权上。

从我国《公司法》所规定的公司权力结构来看，我国公司内部决策权力结构秉承的是股东会-董事会-经理的三层权力层级体系。就公司的正常运行而言，股东会、董事会以及经理层分别掌管公司重大经营决策权及董事任免权、公司日常经营决策权及经理任免权以及公司日常经营权——这一三层式的权力层级体系构成了公司日常运行的常态体系。是为公司常态控制形态。一般而言，控股股东对于公司的控制，主要就通过行使其在股东会所具有的绝对表决权优势，控制公司重大经营决策并尽量安排符合自己利益需要的人选控制董事会进而又控制公司的日常经营，形成控股股东"赢家通吃"，从上到下层层控制公司的模式。

但是，在实践当中，同样存在这样一种情形：股东会的控股股东(们)、董事会的董事以及高级管理人员由于受到投资关系、协议关系或者其他如人事安排、利益安排等关系的影响而听命于并非控股股东的其他人，而在其行使自己所享有的公司权力的过程当中为该人所控制，进而实现其人实际控制公司的目标。此时，就出现了并非控股股东，也并不一定完全遵照如同控股股东那样完全按照公司权力的三层式结构控制公司的情况——此即对公司的常态控制的异化现象。

(二)"上市公司实际控制人"的概念

结合上文中所有对"上市公司实际控制人"产生的基础和实践中的价值判断的分析，我们由此可以得出我们的定义。

首先，由于"上市公司实际控制人"这一问题的提出是因应日渐普遍的上市公司的非控股股东通过其他非股权安排方式控制上市公司进而滥用其控制权危害其他投资者利益和社会公共利益的产物，那么我们对于"上市公司实际控制人"的界定就应该从"公司控制权"这一基本型的概念出发，探讨为何会产生"公司控制"，以及公司控制的常态运行机制。

其次，在以经济学方法讨论公司所有权与经营权二元分离结构下公司治理所产生的公司控制产生的基础之后，我们明确公司控制权的核心在于对公司行为的控制以实现自己的利益追求。这一现象本身并不具有非难性，乃是正常的经济发展结果在法律制度上的反映。因此我们关注的重心并不是一般的公司控制行为，而是应该结合证券市场所具有的高度公共性，对那些滥用公司控制权、过度控制公司行为进而损害其他投资者利益的现象进行关注和规制。

最后，结合我国目前既有的法律规定，为了实现跟现有法律制度的结合，我们认为我国对“上市公司实际控制人”的界定应该采取与“控股股东”这一概念相平行的方法。并且，在讨论了我国《公司法》和《上交所指引》有关“公司实际控制人”的定义过后，我们得出此二者有在实践当中遭逢尴尬之虞，应予补正的结论。另外，我们还结合上述对“公司控制权”和“公司控制方式”的探讨，对上市公司实际控制人与上市公司控股股东的区别作出了明确，提出上市公司实际控制人与上市公司控股股东应予并列规制，但二者在控制上市公司的方式上仍然存有不同的主张。

综上，我们认为，所谓“上市公司实际控制人”，其定义是：通过投资关系、协议或者其他安排，能够实际支配公司行为的除控股股东以外的人。

四、上市公司实际控制人类型化

为了更加明确实际控制人为何物，需要进一步对上市公司实际控制人的外延[1]进行确定——对实际控制人进行归类。通过不同的标准对上市公司实际控制人进行类型化，更直观地表现上市公司实际控制人的具体范围。不同国家在理论和立法上对实际控制人范围的界定宽窄不一，实际控制人有广义和狭义之分。为了更加全面地剖析实际控制人的外延，分类将在广义实际控制人概念之下进行，即只要控制人基于事实而非法律与被控制人存在控制与被控制的关系，那么这个控制人就是实际控制人。在此大前提之下，实际控制人是没有将股东排除在外的。通常意义上股东、董事、经理等公司内部人员可能成为实际控制人，处于外部的人员也可能成为实际控制人。例如，债权人、专利许可人、特许经营权人等。由于国内法学理论界对实际控制人分类问题研究较少，所以分类标准并不统一。不同的研

[1] 由于客观对象本身纷繁复杂，人的认识具有局限性，故而对象的外延在有限的认识之下具有模糊性。

究者对分类都有其不同的分类标准。通过对现有研究成果的分析以及现有实际控制人案例的考察，上市公司实际控制人依据不同的分类标准，大致有以下不同种类。这些分类各有其积极意义，但是由于此研究尚处于初级探讨阶段，故而均有其不完善的地方。

（一）以实际控制权产生基础为标准的实际控制人

此种分类标准可以说是现在对实际控制人种类研究中普遍采用的标准。此标准有多种表达方式，典型的是用“控制权来源”或者“基础法律关系”来表述。在“控制权来源”表述语境之下，有学者将实际控制人分为：基于投资关系的实际控制人、基于协议关系的实际控制人、基于垄断形成的实际控制人以及其他关系形成的实际控制人。

我们认为，将通过实际控制权来源的不同作为实际控制人的分类标准是科学的。因为，这符合我们的思维路径：之所以要规制实际控制人的行为，是因为实际控制人的存在是偏离了公司法的规定的。公司法的理想状态是公司设立并取得合法的经营主体资格，其实际的经营主体和公司法规定的经营主体是一致的。公司是其经营行为的完全自主控制人。但是，当公司按照公司法预定的轨道实际运行时，常常出现实际经营人和名义经营人之间发生轨道偏移。那么，为何公司法和公司经营现实间会存在此种差距，换言之，公司实际控制公司运行的人何以能够控制公司？回答这个问题，首先想到的就是实际控制人基于何种法律关系取得对被控制人的控制权。

另外，之所以要对实际控制人的行为进行规制，根本原因在于实际控制人的控制行为常常会对公司和不特定的第三人造成侵害。也就是说，实际控制人容易发生侵权行为。被侵权人要想寻求司法上的救济，首先要考虑的就是基于何种基础法律关系进行救济。从而，基于不同的请求权基础取得请求权，从而使实际控制人为自己的侵权行为付出法律上的代价。所以说，追根溯源寻求实际控制权取得的基础，并依此来对实际控制人进行分类具有很强的合理性。

但是，基于此种标准来分类具有十分复杂的种类。之所以产生此种困境是因为实际控制关系产生的基础法律关系具有多样性和复杂性。从广义的实际控制人内涵上来说，不仅被控制人内部人员，例如，股东、董事、经理等可能形成，而且被控制人的债权人、专利许可人、特许经营权人等“外人”也能够成为实际控制人。如果单单用“其他”就将不能够列举完或者不能够归类进前几种实际控制人的情况一概论之，难免有“偷懒”之嫌，并且这个看似很周延的分类其实是不能够完全涵盖全部实际控制人的情况的。

为什么会产生这种尴尬的情况呢，笔者认为这是因为其在对实际控制权产生的基础到底有哪些上并没有作出很明确的确定。通过仔细检索审查公司实际控制权产生的基础可以看出上述的分类是我国立法条文的重新阐释。并未完全覆盖在分类标准下的实际控制人产生类型。通过现有情况归类，在实际控制权产生的基础这一分类标准之下，将实际控制人作如下分类：

1. 大股东越权行为下的实际控制人

这类实际控制人，其取得实际控制权的基础是投资关系。通常在公司法预设情况下，公司的股东与公司是两个独立的法律主体。股东的所有权与公司的经营权是相互分离的，也就是说公司的经营是要贯彻分离原则的。股东虽然对公司资本投入了份额，并在公司法人财产中享有份额，但股东仅享有股权，对公司的财产不享有支配权。这一点，无所谓大小股东，所以如果将这一种类表述为“投资关系下的实际控制人”没有对不同种类的股东进行区分。实际的情况是，中小股东通过其取得的股份以及与股份相对应的表决权是不足以达到实际控制公司的。也就是说，中小股东在通常情况之下❶是无法取得实际控制权的。

大股东和中小股东很大的不同就在于大股东很容易取得公司的控制权。在理想的制度设计层面，股权中的表决权作为一种决策权，每一个股东无论所持表决权份额大小均可以对公司决策作出表决。但是，在实际的公司运作过程中，大股东确实可以通过股东（大）会层面，按照股东（大）会的会议程序和议事规则行使自己掌握的多数表决权，从而对公司的重大决策（包括董事、监事的任免等）产生决定性、实质性影响。从实际产生的效果来看，大股东通过自己的这种控制权和控制地位来实施越权行为，来对公司人事任免、董事会运作等进行操纵，事实上行使公司的经营管理权

❶ 对于一些中小股东在表决中起到决定性作用的极端案例不做讨论。

力，从而自己成为公司的实际控制人。

值得注意的是，我国现行公司法语境之下控股股东和实际控制人并不是包含的关系。这是因为，我国公司法将股东排斥在实际控制人之外，采用的是狭义的实际控制人定义，通过立法定义："实际控制人是指虽不是公司的股东，但通过投资关系、协议或者其他安排，能够实际支配公司行为的人"。目前，关于实际控制人的规定散见于《上市公司收购管理办法》、两个交易所的《股票上市规则》《中小企业板上市公司控股股东、实际控制人行为指引》等文件。

归结而言，有下列情形之一的，将被认定为"能够实际支配公司行为"，并被认定为实际控制人：单独或者联合控制一个公司的股份，表决权超过该公司最大登记股东行使的表决权；单独或者联合控制一个公司的股份，表决权不低于（含本数）30%；通过单独或者联合控制的股份，表决权能够决定该公司半数以上董事会成员的任免；能够决定一个公司的财务和经营政策，并能据此从该公司的经营活动中获利的；有关部门根据实质重于形式原则判断某一主体事实上能对公司的行为实施控制的其他情形。

但是，如上文所阐释，我们认为实际控制人是需要个案审查的情况，更多的是看是不是实施了对公司的控制行为，并且这种控制行为对公司和第三人造成了侵害。故而，在广义的实际控制人语境之下，大股东越权行为下的实际控制人当然地成为实际控制人中很重要也是比较普遍的一类。至于"控股股东"和"实际控制人"的关系等，在不同的语义环境之下有不同的状态，需要具体问题具体分析，此不赘述。

2. 基于人力资本优势成为的实际控制人

在解释此类实际控制人之前，有必要对实际控制权取得的背景及基本过程做一个探究。从公司历史发展进程来看，普遍都遵循着所有权和经营权日趋分离的规律。也就是说随着当前股权持有越来越分散，股权控制力日趋减弱，即产生了资产的管理者与所有者相分离。实际控制公司资产与在法律之上对资产占有相比，实际控制公司更具有意义。在人力资源作为第一生产力的当今竞争环境之下，生产力系统日趋向人力资本倾斜。在此演进过程中的主导要素转化，引起了企业内部相应的权力关系变动。换言之，从公司这个微观角度讲，在公司创立之初，物质资本基于其重要性与确定性，在这个时期会起到很大的作用。与此同时，物质资本的占有者会对人力资本在公司控制权静态分布中拥有优势。但是，一旦公司运行起来而且运行规模越来越大，公司原始积累已经完成，此时的管理层精英在对公司的控制上表现得越来越强势。也就是说，在公司运行到一定阶段时，管理精英拥有的人力资本的重要性则往往上升并占据优势地位。由于企业内部权力配置结构是动态形成的，[1] 在公司权力动态博弈的过程中，物质资本与人力资本的所有者进行合作博弈和调整，控制权得到重新分配。而在人力资源作为第一生产力的当今竞争环境之下，拥有对人力资本的优势，无异于可以很大程度地控制公司，取得公司的实际控制权。这也正是有人预言的：无论是在私有部门还是在国有部门，社会都将为由训练有素的技术专家所组成的经理精英所统治。[2]

如前所言，在公司股权所有者越来越分化，股权集中日趋减弱的当下，或者说在具有这种情况的公司中，物质资本的控制作用日趋衰微，而管理层基于其被授予的管理权更有力地控制公司。一旦管理层违背其肩负的信义、忠实义务，公司的控制权当然地会旁落。甚至可以说，公司股东就此被架空，公司内部权力关系变动，而决定这种变动的权力当然地被取得人力资本决定权的管理精英所占据。管理精英在博弈过程中，享有了掌控公司内部权力、人力变动的大权，这种权力就是实际控制权。作为实际控制权这种事实权力的取得者，管理精英当然地成为公司的实际控制人。

之所以将此类定义为“基于人力资本优势成为的实际控制人”而不是直接列举为公司高级管理人员是出于以下的考虑：在表达上更能够揭示出以“实际控制权的产生基础”作为分类标准的具体内涵。具体言之，基于人力资本优势很直观地就能够看出来，实际控制权的取得是因为控制主体在公司中享有了人力资本的优势。主体只要享有了这种优势，并且取得了实际控制权这一事实权力，他就当然地成为实际控制人。这样分类，可以达到更加周延的表达列举效果。反面来看，直接将高级管理人员作为一种分类可能会造成不能涵盖所有基于人力资源优势而取得实际控制权的情况。毕竟，不是所有的公司高级管理人员都享有人力资本这一优势，当然地也不是所有的高级管理人员都是公司的实际控制人。从公司今后的发展来看，

---

[1] 马尔科姆·沃特斯．现代社会学理论［M］．杨善华，等，译．北京：华夏出版社，2000：241.

[2] 周小虎．企业理论的社会资本逻辑［J］．中国工业经济，2005（3）.

虽然高级管理人员可能成为公司实际控制人中重要的一种，但是不能够排除会产生其他主体基于同样的基础取得实际控制权的情况。故而，私以为作出此种定义一方面使得表述更加直接、严谨周延，另一方面使得分类尽量具有适当前瞻性。

3. 表决权分离工具*及异化产生的实际控制人

表决权被不少学者认为是公司控制权争夺的工具。[1] 公司的实际控制人除了可以通过拥有大多数股份或者表决权对公司的重大经营决策产生实质性影响形成实际控制之外，还可以通过其他途径实现“少数所有者控制”。所谓的少数所有者控制是指公司的实际控制权并不掌握在有多数份额股份的所有者手中，而是掌握在大量的少数股权人手中。要实现这样的实际控制权，即获得较大的少数股权要通过一定的方法取得。表决权分离工具就成为很好的选择。少数股东或者经营者通过表决权分离工具的集中及动员其他少数股东持有的表决权汇集形成较大的表决权。这个表决权占所有表决权的多数，进而少数股东或经营者实现对公司决议的决定性、控制性影响。

少数股东或者经营者及其代理人集中运用所掌握的较大少数表决权来操纵股东大会的决议。这一实际控制权的运用，具有极大可能性引起公司控制权的异化，即公司的控制权不再按照公司法及公司章程的配置来进行分配、运作，而受到较大少数表决权的干扰。这就是有学者提出的：本来公司法所预设的控制权配置是股东通过股东大会控制经营者，然而，现在经营者享有的这种实际控制权反而控制了股东大会，即控制权异化导致控制者被控制。[2]

4. 处于交易优势地位的实际控制人

这一类型其控制权的取得并非如前两类那样或是基于股权或是基于经营，其取得可以说仅仅是因为其自身的存在即可能成为公司的实际控制人。主要包括了垄断和市场支配地位以及在具体交易中处于优势地位的实际控

* 表决权分离工具是指，通过一定的安排，股东将其股份所代表的表决权交由其他人行使。一般分为表决权信托和表决权代理。

[1] 梁上上．论股东表决权——以公司控制权争夺为中心展开［M］．北京：法律出版社，2005.

[2] 郭富青．公司权力与权力二元配置论［M］．北京：法律出版社，2010：178.

制人。

垄断最早作为一个经济学的概念，反映的是某一主体在市场中独占或具有控制地位的情况，“如果一个企业是其产品的唯一卖者，而且其产品并没有相近的替代品，这个企业就是垄断”❶。而在法律上，垄断的基本含义是指垄断主体对市场运行过程进行排他控制或对市场竞争进行实质性限制、妨碍公正竞争秩序的行为或状态。❷ 垄断是市场竞争必定会形成的一种现象，但是处在垄断地位的市场主体很容易对市场上存在的其他同类型竞争企业起到排挤和操控的影响力。不仅如此，与垄断主体存在交易或者关联关系的公司也同样受到这样的威胁。一旦垄断企业运用其垄断地位，则很容易取得相关公司的实际控制权，处于垄断地位的公司当然地成为实际控制人。

市场支配地位是指企业在市场中对交易价格和交易条件能够独立决策而无须考虑其他经营者，足以影响市场竞争的优势地位。❸ 和垄断经历了结构主义向行为主义转变的过程一样，市场支配地位也经历了这样的转变。故而，市场支配地位本身本不会造成对公司的实际控制，但其一旦滥用其支配地位则很容易对相关市场上的公司造成实际支配，成为实际控制人。具体而言，主要包括了垄断价格行为、掠夺性定价行为、差别待遇行为、拒绝交易行为、强制交易行为、搭售和附加不合理交易条件的行为、独家交易行为。由于实际控制人在市场中处于绝对优势的地位，其对交易主体享有绝对的选择权，而市场的其他主体和交易相对方处于弱势地位。其想谋求经营甚至生存空间必须“仰人鼻息”，只有受到控制。

另外，在具体交易中，处在优势地位的主体也有可能成为实际控制人。其实际控制权的取得仅仅源于其本身的优势，以及其利用这种优势谋求对交易相对方的控制，成为实际控制人。

值得一提的是，由于处于市场优势地位的主体滥用其优势地位经过了结构原则到行为主义的转变，所以其是否具有实际控制权，成为实际控制人更多的是看其所实施的行为，及看其是否对“被控制人”实施了实际控

---

❶ 曼昆．经济学原理［M］．梁小民，译．北京：生活·读书·新知三联书店、北京大学出版社，1999：316.

❷ 李昌麒．经济法学［M］．北京：法律出版社，2008：242.

❸ 李昌麒．经济法学［M］．北京：法律出版社，2008：250.

制的行为。不应该单纯地看其具有垄断、市场支配地位或者交易优势地位而判定其拥有实际权，成为实际控制人。这也从另一个方面反映出，实际控制人问题更多的是个案审查问题，也就是说要根据不同的行为来判定是否是拥有了实际控制权，进而是否该履行实际控制人的相关义务。

5. 依合同安排形成的实际控制人

这一类实际控制人实际控制权的产生是基于一些特定的管理性质的合同或者合同条文。由于管理性质的合同在文义表述上有多种表达，其合同文本具有多样性和未来的多变性。如果将合同类型直接限定为特定管理合同，则可能造成未来不断修正合同限定词的可能，故而就从最广义的合同约定来阐明控制权的取得基础。在这种合同之中，合同条款对公司的权力进行了人为的重新配置，公司权力的配置偏离了正常的公司治理结构。在公司权力重新配置的语义之下，形成了控制公司与被控制公司之间的管理、控制和服从关系。那么这些管理性质的合同主要有哪些呢？我们认为，一般是指管理协议、租赁经营协议、承包经营协议、委托经营协议和托管经营协议等。[1] 可以看出，这些协议的条文都是具有一方对另一方的管理内容的，在合同规定的范围以内控制方对从属方具有实际支配的权力。但同样要明确的是，不是所有冠之以管理类协议的合同都可以造成一方对另一方的控制，具体是否达到实际控制的程度还需要对具体条文进行解读。不仅要对合同文本进行解读，更要对现实的控制状态进行分析，只有达到实际控制的程度才能够予以认定为实际控制人，受到实际控制人规范的约束。

有一点值得我们注意，《公司法》附则中对实际控制人下了如此定义：实际控制人，是指虽不是公司股东，但通过投资关系、协议或者其他安排，能够实际支配公司行为的人。在此定义中，用了“协议”一词，但对于“协议”到底指什么却没有了进一步的说明。基于“协议”用词的广泛性和不确定性，可以见出我国公司立法对此不尽严谨。虽然立法上对此不太规范，但是分析此定义本身来看，其列举出的“投资关系、协议或者其他安排”其实就是根据实际控制人取得实际控制权的基础法律关系而进行的不完全列举。其分类标准和本书采取的此种分类标准是具有一致性的，故而我们有理由推断出“协议”具体就是指经营管理类协议。针对这一点立

[1] 郭富青．公司权力与权力二元配置论［M］．北京：法律出版社，2010：180.

法“漏洞”，我们希望随着对实际控制人问题研究的不断拓展和深入，在今后的立法中可以得到一定的精确。

6. 基于特殊的市场环境而形成的实际控制人

所谓的特殊的市场环境主要是指市场经济体制不充分的市场环境。在一些市场经济体制不发达的国家和地区，国家权力部门有可能对公司的经营及决策产生实质性的影响，国家在这种情况之下形成对公司的实际控制，成为实际控制人。以我国为例，在引进公司制度的清末，就形成了政府主导、政府管理和控制公司的情况。当时所谓的“总办”“督办”“官督商办”等均体现了政府实际控制公司的情况。在这种特殊环境之下，民间商人作为公司股东，对公司的实际经营等缺乏一定的经营自主权，而政府成为实际控制公司的实际控制人。

同样，在传统的宗法思想之下，家族民营企业的权力配置更多的是根据所在家族的地位决定。这就导致了处在家族尊位的人实际控制公司的运行和决策。这一惯性一直延续到当前中国的民营经济。在实行市场经济之后，企业经营自主权有了很大的回归，但是由于长期的计划经济体制的影响，一些行业的经营自主权仍未真正回归。公司的经营很大程度上受到中央或者地方政府的影响，甚至可以说中央和地方政府部门成为这些公司的实际控制人。

以上即为依据实际控制权取得基础不同而对实际控制人进行的分类。通过这样的分类可以较为明确地判断出实际控制人何以对控制公司有实际控制权。在对实际控制人实施不当的控制行为给被控制人或者第三人造成侵害时可以较为明确地找到维权的基础法律关系。但是，还是应该看到这一分类仅仅是对实际控制人进行了静态上的分类。也就是说，仅仅以控制权取得基础为分类标准不能够更直观地实现对实际控制人行为的归类。即，要想规制不当的控制行为还要找到控制权的产生基础，进而以此为逻辑起点推断出是否为实际控制人。

反观我国公司法对实际控制人的规定，可以看出其不足之处。就定义本身而言，我国公司立法对实际控制人采取的是狭义实际控制人定义。公司立法将股东明确排除在实际控制人之外，即在我国范围以内实际控制人不能是股东。对于广义和狭义问题上部分已经有阐述，在此不赘述。而对于公司法对实际控制人下的定义：是指虽不是公司的股东，但通过投资关系、协议或者其他安排，能够实际支配公司行为的人。我们可以看出这个定义是很不严密的。首先，投资关系到底是指什么样的关系，何为投资。我们知道从经济学的角度来看，公司融资渠道大致有两种：股权融资和债权融资。相对应的投资就有股权投资和债权投资，在这两种情况下都能形成投资关系。那么产生实际控制权的到底是股权投资关系还是债权投资关系，立法上没有明确的解释。有研究者认为，应该是股权投资，而债权投资应该划入协议产生实际控制人一类。[1] 至于立法中所称的“协议”也有含混不清的情况，到底指何种协议值得推敲。“其他安排”在表述上不算得上是法言法语，而且其他安排到底指什么也不甚了了。

通过前文对实际控制权取得的基础进行探讨，我们认为现行立法对实际控制人的分类也是基于实际控制权取得基础进行的分类。而立法上所称的“投资”是指前文所列的股权投资，具体包括了大股东实际控制人和通过表决权分离工具取得实际控制权的人。但是，我们不得不面临这样一个矛盾：立法条文明确了实际控制人不是股东，但是投资关系在控制权取得基础的分类标准下又是指股权投资关系。该如何理顺其中关系，值得深入探讨。“协议”是指基于合同安排取得实际控制权这种情况。我们知道一般的合同是不可能对公司造成实际控制的，但是如果是一类经营管理类的合同则可以使公司被实际控制。至于有些研究者觉得债权关系可以归类到“协议”之中，我们认为是不合理的。我们不应该把债权这种主要由合同法调整的关系盲目地归类到公司法或者证券法领域。而且，就实际情况来看，债权关系很难对公司造成实际控制，即使短期实际控制公司也能够通过其他途径摆脱这种控制。

（二）以实际控制权类型为标准的实际控制人

从各国公司法对公司权力配置来看，大致可以分为股东（大）会中心主义和董事会中心主义两种配置模式。具体而言，股东（大）会中心主义是指公司控制权的配置以股东（大）会为中心，股东（大）会是全体股东组成的对公司重大事项进行决议的会议，是公司的最高权力机关。董事会中心主义主要是指，公司股东虽然是公司的所有者但是其并不直接控制公

[1] 徐来．实际控制人类型化初探［J］．上海金融，2012（6）．

司的日常事务，而是通过集体选举出的董事对公司进行管理。从董事会中心主义在实际运行中又演变出经理中心主义。[1] 主要是指，董事会负责公司整体策略的宏观决策，经营者主要负责公司经营过程中的微观管理。[2] 通过公司立法对公司法定控制权的分配，推导出公司法定控制权的两种基本形态：股东（大）会集体控制权，董事会（经理）经营管理权下的控制权。另外，在公司资不抵债、濒临重整或破产的情况下公司债权人控制公司形成的债权人控制权。

如上义提到的，公司法定权力在运行过程中可能并不会沿着公司法预设的静态轨道运行，而会产生动态上的偏离或僭越。在法律上本应享有公司法定控制权的主体在公司的实际运行当中并不享有控制权，本来不该具有公司控制权的主体，却事实上拥有并行使着公司的控制权，形成对公司的实际控制权。基于拥有实际控制权主体的不同，我们可以将公司实际控制权分为以下三种类型：股东操纵模式、经营者操纵模式、非公司人员操纵模式。在这三种实际控制权之下形成了三类公司实际控制人：

1. 股东实际控制人

这里需要重申一下，公司实际控制人在学理上普遍认为有广义和狭义之分，虽然我国公司法采取狭义的公司实际控制人概念，但是一直以来是否将公司股东排除在实际控制人之外众说纷纭，本书中采取的是广义实际控制人概念，故而，公司股东当然可以成为公司实际控制人。

股东享有公司实际控制权的情况多表现为大股东实际控制公司。这是源于大股东或者控股股东拥有公司大份额的股权，在以股东（大）会为中心的公司权力配置体例之下，拥有公司多数股权的股东更有可能和实力，在公司股东（大）会作决策的时候行使其多数表决权，从而影响到公司的决策。在以董事会为中心的公司权力配置的体例之下，董事会的选举由股东多数选举决定。那么，占有公司大多数股权的大股东也就更有可能决定董事会的人选，从而在董事会层面实现对公司经营决策的实际控制。

当然，如前文中对中小股东在特殊情况下拥有公司实际控制权的分析。公司中小股东也可以基于众多的小份额股权集中，从而实现对公司的经营

---

[1] 郭富青．公司权力与权力二元配置论［M］．北京：法律出版社，2010：153.

[2] 胡果威．美国公司法［M］．北京：法律出版社，1999：173.

决策的实际控制。当然，不得不说这种情况具有一定的特殊性，真正形成实际控制的情况很小。为了外延的周延性，也将此种情况列出。

2. 经营者实际控制人

上文已经讲到，现代公司制度中股份日益分散，甚至有公司所有权和经营权相分离的情况，而且人力资本在公司经营中的价值日益提高。正如美国经济学家西奥多·W. 舒尔茨所言：人力因素经济价值长期持续的显著增长，在制度方面造成了深远的紧张压力，而这些立法和法律的发展，就是对这种压力之滞后的调节和适应。[1] 这使得公司的股东日益分散，集体决策成本很高，为了方便公司的经营管理，公司股东授权给部分人员，以更高效率地经营管理公司。在此过程中，公司经营者就能够实际行使公司的控制权。

董事会或者经理层依靠被赋予的权力，并不明目张胆地直接控制公司。因为这可能太明显地违背了其对公司的忠实、勤勉义务，而遭到股东的反对，从而失去已经掌握的法定控制权。但是，这些经营管理人并不是无计可施，其可以通过控制公司的重大决策，即超越其法定的经营管理权，设法对股东（大）会的决策形成控制，从而实现对公司的控制。这其中就可能用到表决权分离工具：表决权代理和表决权信托。通过这种方式，间接获得其他股东的有效表决权。

3. 非公司人员实际控制人

这一类实际控制人，主要是指其控制权并不属于股东或经营者操控的实际控制权，而是在这两种实际控制权类型之外的控制权。实际控制权的拥有者非公司股东，亦非公司经营者管理者，而是公司人员以外的人。具体是指，通过一定的法律关系或者法律状态而形成实际享有的实际控制权。

那么，值得考量的是哪些人可以成为此类型的实际控制人呢。我们认为，要想取得这一类型的实际控制权，必须与被控制人相比具有相当的优势，这种优势可能是控制公司选择交易相对人，也可以是控制公司的人事选择，当然也可以是决定公司的存亡……通过一系列的考察，我们发现大致可以有以下几种可能性：实际控制人具有相关市场的垄断或支配地位、

[1] 西奥多·W. 舒尔茨. 论人力资本投资［M］. 吴珠华，等，译. 北京：北京经济学院出版社，1990：36.

实际控制人与被控制人具有控制合同关系、被控制人处于重整、破产等特殊时期。具体为什么在这些情况下可以拥有对一个公司的实际控制权，在采取实际控制权的取得基础分类标准中已经有了详细分析，此不赘述。

通过上两类分类的阐述，我们可以看出这两个分类标准下的实际控制人类型其实是有所交叉的。究其主要原因是此两种分类都是植根于对实际控制权的分析。由于分析的起点是相同的，只是一个是基于实际控制权取得的基础，一个是基于实际控制权的类型，当然地就会有交叉的情况出现。我们认为，实际控制权的类型其实也在很大程度上取决于实际控制权的产生基础。产生基础不同，控制权的类型当然地就会有不同，故而，两者相比而言，以实际控制权产生基础为分类标准更加可以看到实际控制人的本质。当然，以实际控制权类型进行的划分，显得更加简明。

（三）以控制行为外观为标准的实际控制人

在控制权取得基础这一分类标准之下的分类，更多的是去关心实际控制人何以取得对被控制公司的实际控制权。对于善意第三人是否有能力获取实际控制人与被控制人之间的真实关系在所不问。这样的标准之下，其实是加重了善意第三人和中小投资者在维权过程中实体法和程序法上困难的。而且，正如以上分析中提到的，在同样的标准之下，理论与实务之间存在脱节并且并没有很统一的分类。故而，需要寻求一种新的标准来平衡其中的关系，来达到商事法律的终极追求。

正如实际控制人界定部分所言，“实际控制人”是一个功能性概念，是一个从结果、从行为外观推导出的公式控制权的实际行使主体。可以说，这个概念本身就是从结果或者行为外观推出的，它的提出很大一部分原因是源于成文法对于未来事件的预见性缺乏这一不足。因而，对于实际控制人的分类又多了一种分类方式——从控制行为的行为外观进行分类。之所以有此种分类，主要是基于商事外观主义出发，保护与公司交易的第三人与中小股东的利益。众所周知，商事行为注重的是效率。与被控制公司进行交易的相对人以及公司的中小股东在选择交易公司或者投资对象的过程中，更多的是从公司的行为外观出发。而对公司行为幕后的来龙去脉、因果关系并不是如此关心，也没有足够的能力去了解。因而，他们从公司行为外观上进行判断，对公司行为的具体表现就有了信赖利益。而实际控制人具有隐秘性，即相对人很有可能无法知道实际控制人是否实际参与了公司治理的决策过程，所以采取行为外观标准就能够较好地保护善意第三人和中小投资者。通常实际控制人可能的外观行为：对董事会的控制程度、对公司日常经营的参与和影响程度、是否拥有最终决策权或否决权、对公司财务或主要供货等重要资源具有控制力或决定性影响、直接或间接享有公司收益、是否是公司或公司控制董事或股东的大额债权人、是否与公司董事或股东具有亲属或投资等关联关系等。通过对一系列可能的外观行为进行整理，可能有以下几种实际控制人：表决权控制行为的实际控制人；管理权控制行为的实际控制人；经营权控制行为的实际控制人；监督权控制行为的实际控制人。

作此种分类更多的是从公司治理层主体的角度进行研究。在公司的实际运行过程中，法定控制权分配主要就是在公司股东（大）会、董事会、监事会以及经理层之间进行的分配。一方面，只要这些法定控制权的拥有者不按法律或者公司章程作为或不作为，那么他们就因为离权力更近，而掌握实际控制权；另一方面，这些主体之外的第三者基于实际控制权取得的基础而拥有实际控制权，通过法定控制权的主体为或者不为一定的行为，自然实际控制权行为的外观即表现为滥用表决权、管理权、经营权和监督权。

在这种分类情况之下，实际控制权的行为外观在一定程度上是和公司高级管理人员违背忠实、信义义务而作出的行为外观相交，甚至重合。正因如此，在具体区分二者时就要借助上文的两种分类方式，对其行为发生原因——控制权本身进行探究。如果是法定控制权，那么就属于公司高级管理人员滥用职权行为，其要对其行为负公司法、侵权法上的责任。如果是实际控制权，那么就要进行披露实际控制权以及实际控制人。从而，让实际控制人履行实际控制人义务，对其实施的实际控制行为负责。

当然，在现有的分类中还有许多不同的分类，比如：按控制主体性质进行分类，有国家、自然人两种；❶ 按控制人的层级结构：终极控制人、直接控制人等。但是，我们认为这种分类并不能给我们提供有效而直观的分

❶ 李伟．上市公司实际控制人、股权集中度与业绩之间的关系——以电子行业为例［D］．重庆：重庆大学，2006：3.

类途径。比如，将实际控制人分为国家和自然人两种，在市场经济日益发展并普及的今天已经没有什么实质上的意义。因为，在市场经济之下，参与民商事活动的主体都应该是平等的主体，其在实际的经营与管理当中，不应该因为其“出身”而有区别。

我们认为，众多的分类标准并不存在哪个更优，或者哪个最优。正如在具体分类中所谈到的那样，每一种分类都有其客观和合理性，其存在或多或少的都是对其他分类不足的弥补。那么在对实际控制人认定的过程中，就不能采取单一的标准。而应该将多种分类标准进行综合运用，确保在认定是否为实际控制人时客观公正。

第二章

上市公司实际控制人的一般信义义务

一、一般信义义务概述

（一）信义义务的演进

信义义务最早起源于英国衡平法，具有很长的历史，最早可以回溯至250年前的著名的Keech v. Sand-ford案，在此之前，它是罗马法中早已确立的一部分规则。信义义务要求受信人必须对委托人和受益人承担诚信、忠实义务，并为其利益最大化而工作。从英国信义义务起源来看，信义义务是信托法律关系当中的典型义务形式，衡平法院将这种信义义务适用于其他类似的场合。信义义务双方之间包含了特殊的关系，委托人放弃了一定的权利，将之赋予受托人，受托人事实上支配了他人的权利，在一定程度上决定了他人的利益，因此受托人处于优势地位，委托人则处于了弱势地位，因此，这就要求受托人承担信义义务，以求公平。传统信义义务是针对董事、高管的义务。董事和高管接受股东的委托，取得经营管理权，但同时需要对公司和股东负责。20世纪40年代之后，董事的信义义务逐渐扩展到控股股东的信义义务。

理清董事、高管等管理者与公司的关系有利于我们认识董事信义义务的法理来源，也为实际控制人信义义务的设定依据提供了思考路径。董事的信义义务来源于其与公司的关系，根据以往的法理学说，主要有以下几种理论界定：

1. 委托代理理论

这种学说将管理层视为代理人，是基于公司人格拟制学说而产生的。由于公司是法律拟制的独立人格，并没有意思表示能力和实际行为能力，必须依靠股东会和董事会的决策和执行行为来实现其经营目标和日常管理。董事和高级管理人员作为公司常设机构和实际操作人员，承担了公司的实际代理职责。作为代理人，董事则应当承担代理义务，遵守代理原则，为被代理人利益进行代理活动，代理的法律后果由公司承担。董事代理关系直接来源于公司股东对董事的委托，这是因为董事由公司股东选任。基于代理的法律关系，董事和高级管理人员需要为股东利益最大化而为公司经营管理。实际上，董事是公司的组成部分，董事的职责和权限皆来自公司法以及公司章程，因此董事应当对公司负责，为公司利益而行动，实现公司的利润最大化和维护公司利益。作为个体的董事以及高级管理人员也会尽力维护个人利益，在同公司利益冲突时，就需要董事以公司利益为先，不得损害公司利益而谋取个人利益。公司作为董事和高级管理人员的被代理人，也应当为管理层所实施的管理活动承担责任，不能以委托瑕疵或章程规定等作为抗辩理由。

从委托代理理论的诞生来看，制度经济学发挥了功不可没的作用。以科斯等人为代表的相关著作分析了所有者和经理人关于控制权分配的问题，经济学家罗斯、詹森和麦克林最先对公司所有者和控制者的权力分配结构适用“委托—代理”的表述，是委托代理理论的创始人。委托代理理论是在公司控制权结构研究的基础上，结合法学代理理论而发展形成的，提出了股东作为委托人和经理人作为代理人的经济关系，提出了“代理成本”问题，这也是一项核心命题。代理成本产生于两个方面：一方面公司股东为了实现公司利润最大化，改善公司管理和提高经营能力，将管理权分离出来交给经理人，经理人通过履行职责提高了公司效益，而效益总是与成本相对应，股东获得了更多收益则应当付出一定成本；另一方面，控制权与经营权分离产生了监督成本，股东将经营权交给管理层，那么股东就要对管理活动进行监督。“理性经济人”的假设说明董事和高级管理人员会实施关联交易、扩大费用等为自身利益而危害公司利益的行为。然而，如果董事和高级管理人员工作懈怠或低效导致公司股价下跌，那么市场也会选择将管理者淘汰，股东会解雇管理者而选任新的控制权主体。因此，为了避免控制权的丧失，经理人也会提高自身管理效率和促进公司效益。为了避免和防止经理人实施不当行为，股东也会通过惩罚或奖励等方式来引导和规范经理人的行为。

2. 信托理论

在英美法系理论当中，董事对公司的财产并不拥有所有权，但是基于公司运行的需要，董事必须掌握公司财产的管理权，在经营管理当中对财产起支配和控制作用，并为公司利益而运作这部分财产。虽然董事是由股东选任的，但是董事并不对股东个体负责，而是对股东会和公司负责，也就是说公司才是董事服务的对象。董事会作为公司的机关，作为公司的内部人，是公司的受信人，而不是其他第三人。董事接受股东的委任管理股东的出资以及公司在运营过程中积累的资产，并监督经理人员的活动，维护股东利益。英国衡平法严禁董事基于信托关系谋取个人利益，并将之作为最重要的原则。

3. 代理与信托关系兼有说

有学者在考察英美等国的判例和司法实践之后，认为董事同公司之间既是代理关系，也是信托关系，认为经理人具有双重身份。根据英国《公司法》的规定，董事作为公司的代理人，需要对公司诚信，因此承担注意义务；同时，董事作为公司的信托人，必须以公司和股东的利益为出发点，因而负有忠实义务。美国《标准公司法》第 35 条规定，公司的一切权力都由董事行使或者由董事会授权行使。……董事应当忠诚的、以其有理由认为是符合公司最大利益的方式，以谨慎的态度来履行董事职责，履行受托人对股东利益的维护之义务。也就是说董事通过代理关系的建立得到了授权之后，应当在授权范围之内代理股东实施管理行为，勤勉、谨慎地为代理人利益而管理，同时，通过信托关系的建立，董事应当忠实可靠地以公司利益最大化为行动标准，不得将自身利益或其他利益同公司利益相抵触，甚至利用职权作出损害公司利益的决策。因此，公司和股东利益是董事在做每项经营决策和交易决定时考虑的唯一要素和追求的根本目标。我国香港地区《公司条例》参照了英国《公司法》的规定，赋予董事双重身份，即代理人和受托人。在这种理论之下，公司董事应当履行作为代理人之义务，也要履行受托人忠诚、信用的义务，为股东和公司利益最大化而尽注意义务和忠实义务。

4. 委任理论说

委任是指一方同另一方签订合同，双方协商一致将一定事务交给另一方掌管或控制。根据委任理论，一旦就职董事职位，董事和公司的委任关系则正式形成。委任的基础是当事人之间的信赖，而委任关系的建立和存续也代表了信赖的遵守和维持。董事要对公司尽到善良管理人义务，必须对公司的事务尽到合理的注意义务，并对委任者保持忠诚。《日本商法典》第254条规定了公司和董事之间适用委任关系的规定，也有日本学者认为应当将公司同经理人之间的关系定位为代理关系或者信托关系。但是无论将董事与公司的关系定位为何种关系，高度信赖和忠诚都是必不可少的要求，属于不可或缺的基本要求。因为公司既然将关系公司发展甚至存亡的重大经营管理权交给管理层，则一定赋予了极大的信任，这种委任一定需要高度信任和忠实来保障，否则公司治理将无法发挥应有的效用。我国台湾地区也规定了公司同董事之间的关系适用民法委任关系。但有学者对此持有异议，因为基于契约关系形成的委任关系是公司法事务的委任，如果仅仅适用于民法规定而忽略其商事性质，那么是违背商法价值的。虽然民法同商法之间具有很大的相似性，商法也是由民法发展而来，但毕竟商法作为独立的法律部分已经从民法当中脱离出来，必定有其法理及现实原因，商事原则和商法实践同民法还是存在较大差异的。在公司法当中，董事作为公司的内部人，同其他委任主体存在区别，因此应当有特殊规定。我国并没有就董事和公司的关系作出明确界定，王保树教授认为，将二者关系作为委任关系处理比较符合中国的法律传统和习惯。

无论是英美法系的信托义务理论还是大陆法系的代理理论，无论是将管理者视为代理人或者受信人或者是两种身份的人，管理者都是基于信任而受到委托，成为受托人并且履行信义义务，并且通过法律的强制性规定而保证管理者信义义务的切实履行。根据国外对信义义务的研究，管理者同公司的关系特征包括两方面：一是管理者的替代责任。当管理者承担了信义义务，并在履行职务之过程中、为了公司和股东利益而实施某项行为，其导致的法律后果包括所应承担的责任都由公司承担，这就排除了管理者的个人责任。因为管理者并非代表其自身而与其他主体发生交易或者为管理行为，而是公司意思表示的执行和延伸，不仅盈利的法律后果由公司享有，同时产生的相关责任也应当由公司承担。二是对管理者权力的委托。公司职能作用之发挥必须依靠作为自然人而组成的公司机关。公司设立和运行的基础和前提就是所有权和管理权的分离，这是因为股东通常拥有资金，以各自向公司的出资而享有了公司股权，拥有公司经营方针和重大交易事项的决策权，但股东并非具有管理方面的专业能力，也并非有足够的时间和精力从事公司的日常管理。因此，为了提高公司运营效率和增加红利收入，提高股票价格，增加盈利，股东通过选任董事而将控制权交给管理层，因此管理层基于委托而拥有了管理权，对公司日常运作管理以及具体交易事项具有了控制性权力。当然这种权力是受到制约的，股东可以通过表决权决定董事的选任，在交易金额或担保金额达到一定限额时，决定权不是由董事会而是由股东会行使，在董事日常工作中，也要受到监事会的监督和制约，这些都是为了保证董事能够忠实、勤勉地履行职责，维护公司利益最大化，保障股东权益和其他利益相关者权利。

（二）信义义务之主、客体分析

1. 信义义务的主体

董事、高管的特殊地位决定了他们对公司必须承担严格的信义义务。首先，董事和高级管理人员作为公司的内部人，在公司经营管理活动中发挥了重要的主导作用。董事和高级管理人员拥有公司具体决策的执行权，对经营管理中的一些具体事项具有决定权，对公司重要文件和经营计划具有提前知晓的特权，通常属于内幕信息人，因而董事和高级管理人员应当保守公司秘密，并忠实勤勉地为公司利益为经营管理。其次，管理层的利益通常与公司和股东保持一致，但毕竟属于不同的主体，在出现利益冲突的时候，基于理性人的考虑，管理层会权衡公司与自身利益，而如果没有信义义务的规范和制约，则董事和高级管理人员则极有可能牺牲公司利益而满足个人利益。而这样就给股东和公司造成损害，违背公平原则。最后，董事和高级管理人员基于股东的委托而从事管理活动，与股东之间形成委托代理关系，根据代理原则，受托人应当为委托人的利益而行为，公司的管理层则应当为了全体股东和公司利益进行经营管理，忠实义务则体现为最基本的要求，为了公司利益最大化，需要不断提升自身的管理能力和执行能力，积极履行管理义务，尽可能地实现高效管理和增加盈利。

传统公司法认为，信义义务主要是董事、监事和高级管理人员对公司或股东的义务，而后控股股东和实际控制人也纳入信义义务主体当中，我国公司法也作出了相应规定。要求控股股东和实际控制人承担信义义务是因为控股股东的产生使股东之间产生了事实上的不平等，虽然公司法上仍然遵循同股同权的原则，但是当某一个或几个股东拥有大部分股份或者享有事实上的控制权之后，则同其他股东不再平等，损害少数股东利益和公司利益的情况随处可见。另外，控股股东和实际控制人虽然并不直接参与公司经营管理，但是从董事选任的程序和公司决策实践来看，控股股东的意志通常能够通过董事会得以实现，而董事成员也代表了控股股东的意志，在经营决策上，控股股东享有了决定权。这在公司收购、股利分配、关联交易等事项中表现突出，严重损害了少数股东以及外部债权人利益。因而，仅仅针对董事、监事、经理等的信义义务已经不能适应现代公司法的发展，控股股东、实际控制人的信义义务具有更加重要的现实意义，而时代发展也对公司法提出了更高的要求，随着经济社会的日益繁荣和潜在发展问题的多元化，更多的义务主体将被纳入这项义务当中，从而促进维护公平、保障公司效益价值目标的实现。

我们需要注意的是，就不同主体承担的信义义务而言，虽然都具有信义义务最根本的内涵，但是责任承担的范围和严格程度有所差异，而且信义义务也跟义务承担人在公司中的地位和实际作用大小有关。作为传统信义义务主体的董事、监事、高级管理人员等所承担的信义义务同控股股东、实际控制人的信义义务虽然都体现为对公司和股东的忠实义务和注意义务，但它们之间存在一定的差异，表现在以下几个方面：第一，如果控股股东或实际控制人在身份上也表现为管理者，那么此时，控股股东或实际控制人承担同管理者一样的信义义务。第二，董事、监事、高级管理人员的信义义务来自公司的委任，基于管理者的身份而承担责任，无论其是否对公司享有控制权都应当承担信义义务。基于控制权而产生的信义义务则并非由于管理者身份，股东的信义义务是由于其表决权的优势地位对少数股东造成了不公平，为了矫正公平而将信义义务附加给控股股东和实际控制人。

在这里，我们需要明确，判断信义义务承担与否的根本标准不在于控制地位的享有，而在于实际控制行为的实施。控制地位是实施控制行为的前提和基础，但是基于表决权的控制在公司决策中并不奏效，则就没有了信义义务承担的基础。例如控股股东放弃对事项的表决，那么再依据控股股东地位要求其承担信义义务甚至承担赔偿责任就不尽合理了。第三，公司法要求董事必须以公司利益为唯一目标，尽到高于普通标准的注意义务，谨慎进行经营决策，不得谋取私利。对控股股东和实际控制人而言，并不是要求其放弃自身利益，而是要求在不与公司利益冲突的前提下，追求其他股东和自身的利益，也即是说控股股东的利益是包含在全体股东利益当中的，允许甚至鼓励控股股东为了共同利益而作出交易行为或者实施某项决策。

2. 信义义务的客体

信义义务是基于当事人之间的心意关系而产生的一种单向性义务。委托人基于信任将一部分权利让与受托人，让受托人基于自己的判断为了委托人的既定目标实现而为管理性事务，受托人则对委托人承担信义义务。关于信义义务的对象问题，存在讨论和争议，有学者认为信义义务只是对公司承担，有的学者认为在某些情形下，对少数股东也应当承担信义义务。在大多数情况下，管理层只对公司承担信义义务。这是因为管理层作为公司的组成部分，其职能设置和具体运行都是在为公司服务，也是为了实现公司目标而运作。英国 1920 年 Percival v. Wright 一案当中，公司的董事向股东收购股份，而并没有告知股东公司即将出售的消息，事后证明收购价格也确实不如公司出售价格更有利，因而股东起诉董事违背信义义务。法院判决驳回诉讼请求，认为董事对股东并不负有信义义务，而只是对公司承担信义义务。虽然这项判决受到许多批评，但是董事仅对公司负有信义义务的原则始终没有动摇。英国学者戴维斯认为，这项原则具有正当性和合理性：首先，公司股东利益和公司利益具有一致性。从公司的发展和产生来看，股东之所以设立公司就是为了将资金聚集起来，以实现股东的盈利目标，获取利益，而公司只是股东实现自身利益的载体，公司被赋予抽象的法人人格，具有了相对独立性，拥有自身的财产、机构，但股东大会对重大决策和关系到公司发展的重要问题起决定作用，是公司重要的权力机构。所以，管理者为了公司的利益而实施管理活动，以公司利益和目标的实现作为出发点和行为指引，而不是以众多股东的特殊利益为关注点，那样，管理决策将无法作出和有效实施，公司经营目标无法实现，全体股东的利益也就无法实现，那么作为个体的股东也就无法实现自身利益。其次，义务的承担也必定对应了责任的落实。信义义务是管理层最为基本和极为普遍的义务，在从管理层就职那天起，就承担了信义义务，这项义务贯穿了整个管理活动，信义义务的范围是十分广泛的，当董事和经理违反了信义义务而造成公司损失时，则应当承担责任，而管理者不可能对所有股东一一承担责任，一是会造成严重的诉累，二是这种制度设计不具有可行性，会造成管理者无法将更多的时间和精力放到公司经营管理上，阻碍公司经营活动的正常开展，造成经营业绩的下滑和公司利润的亏损，最终损害公司和股东的利益。

当然，这一原则是存在例外的。例如，在董事接受股东的委托进行股权收购事宜的磋商，则董事对转让股权的股东承担信义义务，属于董事向个别股东承担信义义务的情形。再如，董事、监事或高级管理人员对公司特定股东利益造成损害，那么董事仅对这部分股东承担损害赔偿责任，而不是对全体股东的责任。另外，利益相关者理论认为，管理层应当对公司雇员承担信义义务。因为雇员对公司享有剩余财产索取权，在公司破产解散时，雇员有权利从公司取得工资等财产，如果公司利益被他人窃取和不当损害，那么雇员权利的实现就受到影响，而且雇员作为维持公司运营盈利的重要主体，也对股东实现利益起到不可或缺的作用。同理，债权人作为利益相关人，也应当要求董事对其承担信义义务，因为债权人并不参与公司的经营，处于信息弱势地位，对公司运营的监督力量十分微弱，其权利常常受到公司内部人的侵害，因此，管理层对债权人信义义务十分必要，管理层及时地将公司真实状况和重大决策向债权人披露是对债权人权利维护的重要手段，债权人有权利在获得真实信息的情况下，适时作出调整，尤其是在公司出现破产、重整或资不抵债的情形下，严重危及债权的实现，那么债权人可以采取应对措施，通过设置抵押或增加保证人等手段维护其合法权益。

（三）信义义务的内容分析

1. 信义义务的传统内容

信义义务的承担主体包括董事、监事、高级管理人员以及控股股东和实际控制人，呈外延不断扩大的趋势，但共性体现为这些主体都基于股东的信赖将权利转移给管理者，因而要求管理者承担忠实、勤勉义务，不得违背股东利益，并为公司利益最大化而谨慎勤勉地尽到管理职责。由于信义义务是判例法发展而来，因此关于信义义务具体包含哪些内容具有不同见解，最常见的是“二分法”和“三分法”。前者是将信义义务视为注意义务和忠实义务，后者则体现在一些大陆法系国家，包括了善意、注意、忠实等含义。总之，信义义务的具体内容主要体现为忠实义务和注意义务。

传统且占据主要地位的信义义务主要包括忠实义务和注意义务，其中注意义务也叫作勤勉义务。忠实义务更多的是一种消极义务，体现为董事不得为某些行为，避免利益冲突，注意义务则体现为积极义务，强调处理受信事务时尽心尽责。

（1）忠实义务

忠实义务包含两层含义，一是要求公司的经营者必须为公司利益而经营管理，在公司利益和个人利益发生冲突时，不得为了个人利益而牺牲公司利益，而应将公司利益放在首位。例如竞业禁止、禁止侵占公司经营机会以及禁止泄露公司商业机密；二是要求公司的经营者要切实保护公司的利益不受侵害，在公司利益受到损害时，通过督促或诉讼等手段积极寻求利益保护，例如监督股东出资义务、代表公司提起侵权之诉等。忠实义务作为信义义务的要义之一是有其法理基础的，我国有学者总结出以下理论：财产理论认为如果一方接受他人委托管理或控制他人财产，并为他人利益而管理该财产，由于掌控他人财产则使他人陷入不利地位，那么双方则形成信义义务关系。对于公司而言，他享有基于管理者的管理行为取得利益的权利，对于管理者而言，他负有让公司和股东利益受到保护的义务。但是财产理论也受到批判：一是财产理论将受托人的权力范围限制过多，那么会不利于公司经营业务的开展，会阻碍公司经营目标的实现；二是依据传统对财产的理解，公司管理中经理人的行为涉及的财产范围有出入，法官在审理案件时需要重新明确财产的具体含义和范围；三是当管理者为了个人利益谋取公司经营机会或造成公司丧失可得利益或遭受直接损失时，这部分财产原本并不能界定为公司财产，也就无法根据财产理论而得到解释。信赖理论认为只要在当事人双方之间存在信任或者信赖关系时，则受托一方应当负有信义义务。但是信赖理论也受到质疑：一是该理论是针对应然状态的判断，而不适合社会实践，更不适合作为公司经营运作时的判断标准；二是信赖理论只是着眼于信任基础或者信赖关系，而这一基础或者关系的判断极为抽象，因而并不具有可操作性，无法作为公司和管理者之间信义义务的判断基础；三是信赖理论中的信赖关系并非判断信义义务法律关系是否成立的标准，换言之，虽然信义义务是建立在信赖关系基础之上，但存在信赖关系并不一定就负有信义义务。不平等关系理论认为当民事行为双方当事人处于不平等之地位时，处于支配地位的一方就应当基于这种特殊关系而负有某种义务，即利用法律上的不平等来弥补事实上的不平等，而实现实质平等。在公司管理者事实上掌握了对公司财产的控制权之后，管理者就应当对优势地位的享有付出某种代价，即承担信义义务。但是，该理论也存在一定缺陷，理由在于不平等关系理论的前提是假设一方一定处于弱势地位，另一方处于强势地位，但公司股东并非一定处于弱势地位，也并非对于管理者的侵害行为无能为力，相反，股东可以遏制管理者的行为，并且也可以通过撤销董事会决议或者派生诉讼等方式维护股东和公司的利益。契约性质理论认为受托者和委托者之间的信义义务关系是一种契约关系。根据该理论，既然管理者接受了管理者的职务，那么就等同于向公司作出承担信义义务的承诺。这个契约无论是否支付对价或者报酬，接受委托一方都应当依据合同遵守信义义务。契约性质理论可操作性较强，引用也方便和灵活，因此受到法官的广泛援引。不当得利理论认为当一个人获得了本来属于他人的财产或者利益的时候，就属于不当得利，应予返还。如果公司管理者通过控制公司财产而剥夺了本来属于公司的利益时，就应当向公司返还这部分财产或利益。该理论的抽象性有利于法官灵活适用，但是不当得利理论的具体赔偿标准难以确定，公司实际损失和董事实际获得利益的数额通常并不一致，也可能存在很大差异。另外，不当得利建立在善意取得制度基础上，如果获利者是基于善意，那么就不用返还这部分利益，但是依据公司法的规定，董事无论善意与否都应当将所得利益返还给公司，所以这两种规定矛盾。

忠实义务起源于英国衡平法，强调受托者要凭借自身良心为委托人利益行事，不得为了自身利益而损害委托人利益，强调道德性和公平性。15世纪之后，忠实义务转变为法律上的义务，最终，衡平法的发展促成忠实义务具有了法律上的强制性，成为一项得到法律保障的制度。在大陆法系，仍然有忠实义务的要求，它起源于古罗马法的“遗嘱信托”制度，随着代理制度的发展和法人制度的产生，公司法上发展起来董事忠实义务。作为公司的经理人，董事和高级管理人员等不得将个人利益同公司利益相抵触，更不得为了个人利益而损害公司利益，经理人基于股东控制权的让渡，相对于公司和股东处于优势地位，容易产生对股东权利的损害行为，因而基于公平价值的实现，必须对经理人的行为进行约束和监督。虽然两大法系忠实义务的起源和发展路径并不完全相同，但其实质和目标都是一致的，即在公司经营活动中保障公平。所以，美国学者认为，在法官对案件进行判断时，起决定性作用的并不是公司法当中的技术性规定，而是公平原则的判断。如果案件明显违背公平和平等，即使在法律技术上符合规定，也不能作出有失公平的判决，这也是法官维护公平公正的历史使命和基本要求。

澳大利亚法学家芬恩教授阐释了忠实义务的八项内容：未经授权，不得从其控制的财产中获取利益；不得将自身利益同职责冲突；不得将不同的职责处于利益冲突；不得损害雇主利益；不得牟取附属财产；不得滥用保密信息；不得利用信息优势购买经营财产。可见，忠实义务通过禁止性规定来制约董事的行为，引导董事规范行事，不得实施一系列危害公司利益的行为。我们可以将上述内容概括为以下几点，即非经同意，不得牟取个人私利；不得导致利益冲突；不得滥用公司机密。

忠实义务更多地被视为一种道德义务，而非法律义务，但是为了充分保护委托者的利益，忠实义务逐渐发展为法律上的义务，并设置了行为标准。忠实义务要求公司董事为了公司利益而为行为，但关于董事忠实义务的具体标准，大陆法系大多数国家并没有作出具体界定，英美法则通过判例和制定法规定了忠实义务的行为标准。英美法系对忠实义务判断标准有主观标准和客观标准两种，主观标准要求管理者应当最大限度地为实现公司利益而履行自身职责，客观标准要求不得使个人利益同公司利益相冲突。无论是主观标准还是客观标准，立法的目的都是尽量使忠实义务是否履行的判断标准尽可能地得以量化和审查，一方面，可以避免尽到忠实义务的董事受到不公平对待，维护公司正常运营，另一方面，也可以更好地维护公司和股东的利益，鼓励管理层维护公司利益，对公司忠心不二，引导董事作出正确的价值选择，全心为公司利益而履行管理职责。除了较为抽象的行为标准之外，法律还规定了忠实义务的具体表现形式，主要包括自我交易、竞业禁止、窃取公司机会等，虽然立法者费尽心思，但是对于这些违反忠实义务的具象行为仍没有一个完全统一的标准去评判，需要法官在具体案例中作出合乎正义的自由裁量。

（2）注意义务

注意义务又叫作勤勉义务，要求管理层一方面积极提高自身管理水平，另一方面勤勉尽职地做好管理工作，以追求公司利益最大化。注意义务要求受托人像为自己事务那样谨慎勤勉，不得疏忽大意或懈怠马虎。注意义务存在于民法、侵权法、公司法等法律中，也具有广泛的法理基础，主要是依据法律的明确规定或者习惯等而产生的义务。民法上注意义务是基于习惯或者在先行为而产生的义务，通常存在一定的过失；侵权法上的注意义务通常是由于违反了注意义务而实施了侵权行为导致他人损失，从而需要弥补损失；公司法中的注意义务是管理者同公司之间的关系，管理者作为公司的代理人，就应当承担注意义务以及相应的责任。无论是大陆法系的代理制度原理还是英美法系的信托制度原则，公司的董事一旦取得董事职位，就应当将公司利益放在最重要的地位，为公司利益最大化而实施管理，履行勤勉尽职的义务。英美法系的注意义务是源自信托法和代理法，并逐步同公司法相结合，进而规定了董事的注意义务，并进一步将义务主体扩张到其他具有管理和控制权力的人员。大陆法系的注意义务是基于古罗马的委任制度，并适用民法上的代理制度，管理者的权利义务以及责任规则都适用代理制度的相关规定。

注意义务要求公司管理者尽到合理程度的注意，而如何认定董事是否做到足够的注意程度则需要一定的标准。在大陆法系当中，德国法采取客观标准，要求达到“勤奋和热诚的经理的关注”程度，我国台湾地区规定尽到善良管理人之注意义务，对于无报酬的管理者，尽到管理自己事务之注意程度。大陆法系大多数国家都采取善良管理人的标准，要求管理者尽到合理注意义务，同时注意义务的标准和程度也根据有偿和无偿作出了区分，如果是有偿的管理活动，则履行注意义务时的标准更高，这符合公平合理的立法要求。在英国法上，对董事注意义务的判断是一种主观标准，即以董事个人本身具有的经验和知识水平来断定其是否尽到了合理注意。这种董事自身经验和能力的判断也大多由公司业务性质和业务范围决定，法官也会作重要参考，因此对法官的素质要求也相当高。美国法的勤勉义务的判断标准主要是美国《标准公司法》第8.30条，该条规定董事应当符合善意、符合处于同等地位之人在类似情形下应有的谨慎程度以及合理认为符合公司利益的行事方式三个条件。

(3) 忠实义务与注意义务的比较

同忠实义务相比较，注意义务是忠实义务基础上更高的要求，不仅不损害公司利益，还要力求实现公司盈利的目标，管理层要用自身的管理才能实现高效管理，运用管理知识充分发挥管理能力，尽可能实现公司利润的增长，增强公司实力，提高市场竞争力。如果说忠实义务是要求董事和高级管理人员不得损害公司利益，消极克制自身行为，则注意义务就要求经营者充分发挥主观能动性，最大限度的为公司盈利目标的实现作出贡献。大陆法系对于董事的忠实义务和注意义务并没有作出明确的划分，也并没有对信义义务进行概括性的界定，而是运用列举的方式作出了相应规定。各国对忠实义务和注意义务的划分并没有确切的标准，但是却是对英美法的借鉴，但总体来看，忠实义务和注意义务是具有区别的：首先，忠实义务强调的是存在利益冲突，并且要求经理人不得在冲突发生的情况下选择维护其自身利益或违背公司利益的其他利益，注意义务并不存在利益冲突的含义。其次，忠实义务在主观上更经常地表现为一种“故意”，即管理者可以避免公司损失的发生，却采取了相反的措施和态度最终导致了损失发生。注意义务在主观上更多的是一种“过失”，在主观上并不希望造成公司和董事的损失。再次，忠实义务和注意义务的惩处机制不相同，忠实义务需要法官作出更为细致的考察和判断，作出是否符合公平正义的断定，从而判定董事是否承担责任。注意义务则根据商业判断规则来区分董事是否尽到谨慎注意的责任。最后，忠实义务和注意义务的法理基础和使用条件也存在较大差异。

2. 信义义务内容的新发展

随着经济社会的日新月异，我们发现传统的信义义务的含义不能满足社会发展的需要，其内涵需要扩大并加以重视，所以理论界逐渐总结出两条新的义务内容，作为对传统信义义务的补充，并日益发挥重要作用。一方面，从信义义务的适用主体来说，仅仅将此义务局限在董事和高级管理人员并不合时宜，随着公司的发展，尤其是上市公司的大量涌现，实际控制人、控股股东等公司利益相关人逐渐成为信义义务的承担主体。这是因为控股股东和实际控制人也可能会由于其支配地位而对少数股东或者公司造成损害，所以应当承担信义义务。当控股股东或者实际控制人基于控制地位对少数股东权益造成威胁或者损失时，少数股东可以基于信义义务而直接向其提起诉讼，而不必求助于派生诉讼。另一方面，从信义义务的内容来说，信息披露义务成为新的要义，尤其是针对上市公司，其公开和披露程度的要求更高。公司的法人人格独立是公司法的基本原则，禁止相关主体滥用公司独立人格谋取私利，将公司法人人格同自身混同，侵占公司盈利机会，损害公司利益，也间接损害公司股东权益和债权人利益。

(1) 信息披露义务

信息公开原则是我国资本市场的重要原则，因此应当高度重视和严格遵守。该原则要求信息公开主体应当保证信息公开的真实性、完整性、准确性。对于投资者而言，信息不足是他们最大的弱点，无法把握公司的真实情况就无法作出正确的投资判断，换言之，只有充分掌握了公司的经营状况和财务状况，投资者才能基于公司的现状推断公司的发展潜力，从而将自己的财产投入到公司。对于债权人亦是如此，在公司需要对外借款时，债权人将会对公司的财务状况和偿债能力作出仔细评估，而准确评估，尤其是对债务风险的评估就要建立在对公司真实、全面的把握基础上，因此公司董事和高级管理人员就需要积极配合，全面履行信息公开义务。如果公司相关人员作出虚假披露，或者披露不全面或者拒绝披露，就要承担民事责任、行政责任甚至刑事责任。

信息披露义务应当具有持续性。从公司成立之初，公司董事和高级管理人员就负有信息公开义务。这是因为公司的日常运作都依靠管理层实施，对公司的每个决策以及执行，经理人最了解情况，也可以第一时间掌握公司的最新动态，根据机构职能和现实特点，管理层成为信息披露义务最重要的义务主体。尤其是对于上市公司，成立之后，运营过程中的信息披露更为频繁。管理层仍然负有信息披露义务，对于公司的关联交易、并购、重大资产处理以及公司重要人员和机构的变更等都需要对股东和公众予以公开。信息披露义务直到公司法人资格终止才得以停止，但是在公司破产清算阶段，清算人仍然负有信息披露义务，甚至比公司正常运行时更严格。

信息披露有特定的范围，并非事无巨细都要一一公开，一是违背了公司法效率原则，二是这样的做法有违常理，不具有可操作性。根据信息披露的相关法律法规，上市公司及相关当事人应当适时发布定期报告，及时发布重大事件临时性报告，真实发布公司收购公告以及其他需要披露的重要事项。根据我国《证券法》《全国中小企业股份转让系统挂牌公司信息披露细则（试行）》的规定，这些重要事项包括公司订立的可能对公司资产、负债以及权益产生重大影响的重要合同、公司的重大经营决策、公司重大投资行为、公司发生重大债务、发生重大经营性亏损或者超过净资产10%的非经营性亏损、公司资产重大损失、公司经营环境重大变化、董事长或30%以上董事或总经理发生变动、5%以上的普通股股东股票增减变动、公司涉及重大诉讼等。总结起来，就是对公司股票价格可能产生重大影响的事件都应当及时、全面地公布。对于公司董事和控股股东或实际控制人，则主要针对以下事项负有信息披露义务：

首先，关联交易的披露。在大陆法上，例如，《法国商事公司》，对董事的信息披露义务要求十分严格；在英美法上亦是如此，对于披露的具体内容、时间以及方式都有详细的规定，大陆法中法国法亦是相当重视。美国示范公司法第8.60条第（4）款规定了披露包括的要素：其一是对董事利益冲突的存在及性质的披露，其二是对交易标的的所有事实加以披露。对于交易标的的所有事实的判断采用客观标准，即是基于普通人之谨慎程度从公司立场应当考虑到的事项，董事应当全面而有所选择地将客观信息告知公司，作为公司的交易相对人，董事不必向公司告知与交易无关的主观信息，而是对于公司基于董事作为交易一方的对公司是否进行交易具有重要影响和决定力的因素。换言之，作为通常理性之人合理谨慎程度可知的会影响公司交易决策的这部分信息应当积极披露，而不会对交易的具体内容、时间、标的等重要合同要素产生影响的信息就不需要披露，以免降低效率，浪费披露成本。通常认为，董事实施的交易及交易性质和具体内容需要披露，董事在交易中所处的地位和财产利益也需要披露，董事对此承担全面、真实和准确地对外告知义务。

其次，控制权的变动。公司的控制权通常掌握在控股股东手中，当控制权发生变动时，公司内部通常会发生一系列的改变，控制权的变动对于债权人和投资者而言属于重要信息，而公司控股股东和实际控制人与控制权变动具有直接关系，当控制权发生变动时，控股股东和实际控制人应当立即将变化和进展以及可能产生的影响告知公司，并积极配合信息披露工作。

第三，重大资产重组或债务重组。在公司发生重大资产重组或者债务重组时，公司面临较大的变革，发展方向和经营决策等都会随之改变，因此投资者有权根据强势改变调整投资策略。控股股东和实际控制人在资产重组和债务重组过程中掌握最直接最全面的信息，如果将这些重大信息隐蔽而不公开，暗箱操作完成整个重组过程，那么缺乏监督的程序必然暗藏权利的侵害，容易导致控股股东对少数股东以及债权人利益的损害。因此，控股股东和实际控制人在公司发生重大资产重组或债务重组时负有严格的信息披露义务，并保证披露信息的真实性和全面性。

关于信息披露的方式，原则上应当采取书面形式，一方面，书面形式能够形成全面和详细的披露和解释，为非利害关系董事和股东了解真实状况提供充足的资料，另一方面，书面形式能够形成直接的证据，对于信息披露引起的损害赔偿纠纷，易于确定责任归属，形成有力的书面材料。当然，披露的方式并不仅限于书面形式，在快节奏而全球化的时代，口头或者电子等形式也是可取的披露方式，只要这种方式能够便于相关主体了解所需披露的内容，能够有效监督并及时作出决策即可。当然，口头方式需要有一定的限制，并不是在非正式场合也被认可。例如英国公司法则要求在形式上，概括性的通知必须在董事会提出，或者是董事以合理措施确保通知会在下次董事会召开之时被公开宣布，否则通知无效。法院指出，如果董事是在非正式的场合公开信息，需要满足的前提条件是获得了一致同意，否则无效。

信息披露义务在传统上仅针对董事和高级管理人员，而随着公司法实践的发展，控股股东和实际控制人也成为信息披露义务的主体。从各国公司法的发展来看，信息披露义务主体的范围是逐渐扩大的趋势。一种情况下，控股股东和实际控制人并不是公司的董事，那么控股股东和实际控制人通过股权或者合同等方式实际拥有对公司的支配和影响力，在公司决策或者经营上能够引导甚至操纵董事会，那么基于这样的强势地位，如果在关联交易或者收购等重大问题上，不将控股股东和实际控制人的相关信息披露出来，那么权力越隐蔽，就越容易滋生侵害行为，对于少数股东和公司外部债权人而言，无疑是重大不公平。另一种情况，控股股东和实际控制人同时是公司的管理人员，兼任公司董事或者经理职务，那么双重身份就更便于利用内部信息获取个人利益。对于控股股东而言，其控制力的存在是根源，存在滥用控制力获取个人利益的可能性和动机，那么只有将控股股东可能对公司或者其他股东有害的行为纳入阳光之下，才能得到其他董事和股东的监督，实现有效控制。

从理论层面来看，控股股东和实际控制人的信息披露义务也是信义义务的要求和具体形态。忠实义务要求以信赖为前提，在所有权与经营权相分离的公司治理结构中，对经营权的监督成本产生，这也是为提高公司经营效率必须付出的对价，在股权分散型公司结构当中，董事会的权力很大，股东会需要解决对董事会的有效监督问题，监督需要付出精力和财力，因此存在代理成本；在集中型股权结构当中，大股东的替代监督在一定程度上解决了代理成本问题，中小股东寄希望于大股东的控制权对管理者形成监督，而将监督权力委托给大股东。但这也产生了另外一个风险，那就是如果大股东同管理层相勾结，共同实施损害少数股东和公司利益的行为，那么对管理层的监督问题并没得到解决，同时又产生了大股东侵害中小股东权益的问题。基于这样的认识，控股股东的信义义务必然产生，控股股东的支配力使其在公司决策和管理层的监督方面具有了强势地位，那么取得法律上认可的控制力和权利的同时，控股股东也应当承担相应的义务。控制权的滥用主要是非公开性所致，信息披露义务则可以有效减少控制权滥用行为。

（2）尊重公司独立人格的义务

公司独立人格制度是经济价值和公平价值的统一。公司独立人格制度是法律价值选择的必然，是经济价值和公平价值的统一。公司独立人格的经济价值在于：首先，公司人格独立才能发挥资本集聚作用。通常情况下单个投资人并不能筹措足够的资金实施资本运作行为，为了达到投资目标就一定数额的投资额，公司的成立可以将社会闲散资金聚集起来发挥投资作用，同时，结合有限责任制度的应用，极大的激发了广大投资者的热情，为经济活动的开展和经济建设的进行提供了资本基础，活跃和推动了市场经济。其次，公司独立人格制度推动了规模经济的发展。通过设立公司，股东将风险控制在限额范围内，能够有效地防范和控制风险。随着企业的发展壮大和生产经营扩大的需要，企业集团大量涌现。不得不说，企业集团的出现对于公司发展而言具有重要意义，通过设立子公司或孙公司，而非一味扩大原有公司的资本规模和经营规模，能够起到分散风险的作用，同时达到发展规模经济的目标。通过设立相互关联的产业链条，可以在企业集团形成内部市场，防止市场波动带来的价格冲击和成本影响，形成较为稳定的供需结构。再次，公司管理制度的不断更新推动了生产效率的提高。一般认为，19 世纪 40 年代是现代企业制度的开端，铁路的迅猛发展需要大量的资金，也需要高效管理模式，投资者开始大规模投资铁路事业，铁路公司通过发行股票的方式筹集资金，并通过雇用专门的管理人员从事公司经营活动。公司组织制度的创新具有现实必然性，由于公司股东数量众多，且大多数股东没有精力为了少数投资亲自为公司管理活动，加之股东的分散，素质差别和协调成本过高等原因，将具体管理和日常决策交给管理层则更为适宜。管理权和所有权分离成为公司制度的内在要求，使规模经济和公司内部有序运作成为现实。当然，这也产生了一些不利影响，公司的控制权逐渐被管理层掌握，出现内部人控制问题，由此产生了代理成本。公司独立人格制度的公平价值在于股东的权利义务应当统一，公司股东通过有限责任制度享受了财产分离的风险隔离，将公司与股东和债权人与公司之间形成分离，那么相应的股东就应当尊重公司的独立人格，应当保证足额出资、按时出资，不得抽回出资，以维持公司资本充实和债权人利益。股东在作出投资决定之前就应当有这样的心理准备，即需要让渡自己的财产权以及对投入公司的这部分财产的直接控制权。当股东将财产让渡之时，就应当遵守公司法的规定，并负担相应的股东义务。对于实际控制人亦是如此，实际控制人并不直接参与公司生产经营，也并不作为股东参与公司经营决策，而是以实际支配力对公司事务进行干预甚至决定。实际控制人同股东一样，通过公司的独立人格同公司债权人并不发生直接联系，却对债权人利益具有重大影响，因此实际控制人应当尊重公司独立人格，负担类似于股东的义务，不得同公司人格混同，不得利用公司逃避债务或者转嫁债务，否则会对公司和债权人造成巨大损失。在现行立法中，对股东的限制较为注重，而实际控制人往往被忽视，但事实上，实际控制人往往对公司具有重大影响力，其利用支配力对公司人格滥用的后果往往比普通股东更为严重，因此，对其权力滥用的预防至关重要，不应忽视。公平价值的要求主要包括两个方面，一个是财产权和股权的分离，另一个是财产权和经营权的分离。对于实际控制人而言，并不涉及公司股权，或者不直接涉及公司股权利益，因此，重点规制在于经营权和财产权的分离。这需要法律严格规制实际控制权人的权力行使，使债权人确信是同公司交易，而非是同公司利益相关者进行交易，以此保证交易安全。

法人人格否认制度，公司人格否认是公司独立人格制度的例外和补充，无论是英美法系还是大陆法系，都十分重视法人人格否认制度的运用，并承认公司独立人格和股东有限责任原则是公司人格制度的两个特征。公司是独立的法人，因为其具有独立的财产、机构以及其他必要构成要素。公司的财产独立于股东财产，公司对其自身的财产拥有支配和决定的权利，同时，股东以出资额为限对公司债务承担责任。将各个主体少量的投资聚集起来投资于公司，并将投资者的风险控制在有限范围之内，活跃了市场投资，为公司蓬勃发展发挥了积极作用。但是，由于股东仅承担有限责任，因此有股东利用有限责任制度滥用公司法人人格，例如通过将个人财产与公司财产混同、用公司财产偿还个人债务等方式变相侵占公司资产，损害其他股东和债权人利益。

尊重公司独立性义务是法人人格否认的必要补充，公司成立之初即具有独立法人资格，这是公司开展一系列活动的基础，也是有限责任制度和法人人格否认制度存在的前提。公司法人人格否认是为了防止公司独立人格被滥用，损害债权人及公共利益。为了实现公平正义，法人人格否认适用在滥用公司独立人格的具体案例中，当股东实施了滥用公司独立人格之行为时，股东的独立人格和有限责任就要被否定，股东就会同公司成为债权人或其他利益相关者的连带赔偿主体，而且不再以出资额为限承担有限责任。这实际上是公司独立人格制度和股东有限责任制度的弥补和完善，以实现公平正义的目标。公司法人人格否认是一种事后调整，只要股东尊重公司的独立人格，在法律规定范围之内行使股东权，那么其也会受到有限责任制度的保护。但是，如果股东通过不正当手段利用公司面纱谋取个人利益，造成其他股东和债权人利益损失，那么公司独立人格将在特定情形下被否认，该股东就要直接承担损害赔偿责任。这是一种个例的适用，而非从根本上否认公司的独立人格。这样的法律规定一方面有利于维护公司和债权人利益，另一方面也有利于公司法人人格制度的维持，对公司性质的经济实体正常开展经营活动，发挥其应有价值提供保障。一方面，股东财产与公司财产分离是股东为了实现规模投资的实现而采取的替代手段，股东在有限责任制度下实现了风险隔离，保护了个人财产，因此处于优越地位。传统公司法以保护股东利益为核心，虽然规定股东应当履行出资义务，不得抽回出资，不得侵占和随意支配公司财产。但是公司法亦规定了公司股东制定公司章程、选任董事、重大决策决定权等一系列权利，这就赋予了公司股东表达意志、获取利益的权利，由于控股股东支配权的存在，这种对公司的操纵行为就更加轻而易举。有了公司人格这层屏障，当股东将个人意志通过公司意志得以表达并获取利益时，对于外部债权人而言，则无法分清公司内部具体运作，对于重要信息的获取也会花费大量成本。虽然公司股东为了取得资金支持，承诺债权人将遵守公司的规章制度，保证资本充实并积极履行信息披露义务，但是，这些制度缺乏必要的制度保障，低标准的履行并不能维护债权人的完全利益，在公司发生亏损或者资不抵债时，债权人将遭受重大损失。有效可持续的监督机制的缺乏，是债权人监督失效的根本所在，着力加强信息披露制度的完善和实践是避免债权人利益遭受损失的根本措施。对于外部债权人而言，债权债务关系只是债权人同公司之间进行，而股东处于公司屏障之后，当股东滥用权力，操纵公司导致公司资产减少无力偿还债务时，应当将公司股东直面债权人，此时就应当适用法人人格否认制度，将股东视为连带赔偿责任人。另一方面，有限责任原则和公司法人制度存在道德风险。公司股东和债权人虽然都存有希望公司经营顺利、持续盈利、股价上涨、资产增加的共同目标，这也是为何债权人愿意将资金借给公司利用的原因，说明股东、公司与债权人之间是具有共同利益的。但是，股东以出资额为限对公司债务承担有限责任，债权人的借款通常是数额较大的资金，对于股东而言，他们不仅追求公司的资产稳定，也同时追求股东利益最大化，包括分红的多少、交易投资的利润多少，而对于债权人而言，他们更注重稳定。从理论上说，收益和风险成正比，公司法上的主体若承担了较大的风险，就应当赋予其更大的控制力或者监督效力。然而，债权人亦是重要的利益相关者，但公司的经营决策权和资产控制权属于股东所有，股东作为公司的内部控制人，尤其是对于控股股东而言更是具有信息优势和支配能力，债权人作为外部人，极少可能接触到公司的信息，或者需要花费精力和成本监督或获取。在通常情况下，股东为了公司的壮大会制定一系列的发展策略，但是股东同样是理性经济人，这就意味着股东会为了个人利益的最大化而采取一些行为，既然股东承担有限责任，那么为了取得更高的收益，股东可能采取冒险的经营决策，利用公司从事高风险投资或进行高风险、高回报的交易。但是，债权人则并不以利益最大化为追求目标，债权人以收回债权和利益为目标，对于公司的投资经营方式，他们更愿意是稳妥保守而非激进冒险，债权人更多关心的是公司资本维持和充实，而非高收益的利润。高利润必然对应着高风险，对于债权人而言，他们只追求稳定和保险，而非冒险和赌博。但是股东就可能利用债权人的这部分资金实施“赌博”行为，如果“赌博”成功，那么收益会通过红利、股票升值或者其他方式归股东所有，如果“赌博”失败，那么基于有限责任制度，公司仍将以独立法人的主体身份面对债权人的债权请求，债权人则成为这场冒险的利益损失者。因此，这对于债权人而言是不公平的，所以，这就要求公司董事、股东对债权人负有信义义务，不得滥用公司独立人格谋取私利。

对于董事和经理而言，他们的日常管理活动都是以公司名义进行，对外而言，董事会是公司的组成机构，代表公司实施经营管理，执行公司决策，同外部人发生交易行为或者各种法律行为，由此产生的法律后果由公司承担。这是基于公司具有独立人格，能够享有独立的民事权利和义务，能够承担民事责任、行政责任甚至刑事责任。但是，这种独立性是建立在公司内部机构和人员的职务行为，一方面这是为了隔离风险，维护公司机构人员的积极性和提高经营效率，另一方面也是为了区分个人行为与公司行为，维护公司利益。如果公司经理人为了个人私利而实施了关联交易或者利用内幕信息取得其他利益，那么董事或者经理就应当从公司独立人格的背后走出来，直接面对债权人，赔偿债权人损失，并将所获得利益上交公司。

实际控制人对公司具有控制力和支配力，常常能够对公司业务和决策间接施加重大影响，不乏滥用公司人格谋取私利的行为。随着市场经济的发展和公司治理的完善要求，对公司法人人格否认的主体也体现了扩大适用的趋势，从公司股东扩展到董事、经理以及实际控制人。实践当中，实际控制人滥用法人独立人格表现为设立空壳公司、逃避债务或者通过不公平关联交易损害公司利益等情形，公司实际控制人的权力是实施上述行为的根源，如何有效规制是保障公司独立人格的关键。

信义义务的全面履行要求管理层必须不负信赖，信任是委托一方和受托一方之间最重要的基础，公司董事、经理以及控股股东和实际控制人不得滥用公司独立人格，实施危害公司利益的行为。对于实际控制人而言，由于权力范围更大，因此负担的信义义务也应当更加严格。实际控制人应当尊重公司人格独立，以及由人格独立而衍生的财产独立、财务独立、经营管理独立等，不得利用其控制力出现财产混同、财务报表混淆、随意干预受控公司生产经营及交易决策等，否则，实际控制人应当直接面对债权人而承担责任，而不再享有公司风险隔离的地位。尊重公司独立法人人格是公司董事、经理、控股股东或实际控制人在行使公司管理权和控制权时必须遵守的原则，也是信义义务的重要内容，信义义务要求公司相关主体在行使支配和控制权时必须以信赖基础为基点，以公司利益为目标和追求，不得为了个人私利而滥用公司独立人格，实施损害公司或少数股东利益的行为，否则就要适用法人人格否认。

二、上市公司实际控制人信义义务的法理基础

（一）基于法哲学原理

1. “权利与义务相统一”原则的应有之意

上市公司的实际控制人虽然不是控股股东，但是通过投资关系、协议或者其他方式，实际上已经取得了公司的控制权，能够对公司的运营进行实际的支配。这种权利的取得虽然没有通过公司章程、股东名册和权利凭证等公司文件进行宣示，是一种隐性权利，但是其确是一种客观存在的权利，并且实际控制人因为它而享有其衍生的利益。一旦有了权利，它就有被滥用的可能，对它的合理限制也是权利正当行使的必要条件，这种限制在法律上就表现为相应义务的履行。博登海默就此也提出了“法律的基本

作用之一乃是约束和限制权力，而不论这种权力是私人权力还是政府权力”。权利能够给人带来利益，会使人膨胀而变得贪婪，会将人性中恶的一面进行无限的扩大，最后会为了自身权利利益的实现而不顾对他人利益的侵害，这点也正是问题的症结所在。权利的使用有其合理性，它可以实现人自身的价值以及满足人对利益的需求，但同时权利的使用也有一定的范围，即在使用权利并实现自身权利利益时，不能对他人造成利益的减损。这个恰当性的标准是客观存在，法律要做的就是强制每一个人按照这个恰当性标准去行使自己的权利而不能违反，而这个就促成了义务的产生，即在行使权力后就必须对其实施的后果负责。权利与义务是构成法律的两大最基本的要素，法是通过规定人们的权利和义务，以权利义务为机制，影响人们的行为动机，指引人们的行为，从而调节社会关系的。权利与义务对人都具有导向和激励作用，权利是通过对利益导向的正激励机制去指引人的行为，而义务则相反，它是通过其强制约束的负激励机制来规范人的行为，二者的结合正好能够使人的行为在正确的层面上行使。它们两者之间偏废任何一个方面，都难以使法律形成有效的利益调整机制。权利的行使总是伴有义务的约束，义务的履行也会同时享有权利的利益，它们两者之间是一个相辅相成的关系。同时在法律的天平上两者也是处在一个相互平衡的位置，任何一方的偏向可能都会导致整个法律权利义务体系的崩溃，法律的权威性也会因此而减弱，因此权利与义务二者必须相统一。回到实际控制人问题上，既然其享有上市公司的控制权，说明其也面临着巨大的金钱利益和其他衍生利益的诱惑和考验，这时权利的正当行使显得更为重要，一旦其自身利益与公司、股东以及债权人利益发生冲突，很难保证实际控制人的自律精神能够促使其正当行使其对公司的控制权，信义义务在此时就起到一个强有力的约束作用，通过法律赋予其承担这一义务，在实际控制人行使控制权时进行范围上的限制，从而达到权利与义务的平衡与统一。

2. 基于公平、正义原则的要求

公平，有学者将其概括为四个方面的含义：法律面前人人平等、机会均等、分配公正和结果平等。公平不等于平等，其范围要大于平等所涵盖的范围。平等包括三种类型：形式上的平等、数值上的平等以及名义上的平等。形式上的平等即是亚里士多德所描述的要实现平等对待；数值上的平等则强调一种对等性，犯了多大的错就要受到多大的惩罚；名义上的平等则是在一般原则下的相同，而考虑总体的福利状态。从这三种形式所体现的特点是平等注重对当事人行为起点的静态考察，而公平的考察面会更广，它是对行为的起点、过程以及终点的全方位覆盖，采取的是一种动态的评判方法，保证在各个阶段都能得到平等的待遇，实现机会均等、分配公正和结果平等。所以公平是比平等更难能可贵的一种法律状态，它使人们在努力过后能够得到其应该得到的结果，是一种具有可预设性的价值理念。一种法律制度要想符合公平的价值取向，就必须注重对弱者的保护，使其在制度运行中能够获得自身的利益，而不会被制度中的强权者所剥夺。在上市公司存在实际控制人的情况下，公司的实际控制权就掌握在他的手中，其通过股权信托、协议等手段可以轻而易举地控制公司股东会、董事会以及经理层，进而传达自己的意志左右公司的经营。在这种情况下，作为公司本身、中小股东以及债权人来说就处于弱者地位了，公司作为一个独立法人本身要承担以公司名义进行的商业行为的法律后果，在其股东会被架空后，很可能是实际控制人所操纵的公司行为也要公司埋单，出现“无权却要担责”的局面；而对于中小股东，其在风险承担和信息知晓程度上本来就和实际控制人存在一种不对称，同时其还面临着自身利益被实际控制人通过利用公司控制权所蚕食的风险；对于公司债权人来说，实际控制人暗中转移公司财产，也会对其担保利益造成损害，所以这三者在有实际控制人的上市公司都属于名副其实的弱者。而在一个文明国家——国家对实施市场法律负有最终责任——不能对社会的底层人民撒手不管。正是基于公平价值目标所引导的对弱者保护的导向性，必须使实际控制人承担这种信义义务，让实际控制人在行使其控制权时不会对公司、中小股东以及债权人等弱者的利益造成影响，通过法律强制的信义义务的规定平衡他们之间由于权利使用上的悬殊所造成的失衡关系，从而实现公平的价值目标。

正义与公平不同，它是人们所追求的一种理想，是人们的伦理观念，是法的评判标准和终极目标，应该说它是比公平更高层次的法律价值形态。根据罗尔斯的正义论，正义被分为形式正义和实质正义两类。形式正义是指在我们制定、依据和执行法律规则时必须一视同仁，对我们每一个人都能平等适用，强调了一种形式上的无差异性。而实质正义则不一样，它注重对法律规则所涵盖的内容的考量，在一般规则下，要考虑特定当事人适用规则的特殊性、科学性和合理性。这两种正义形态的最大差别就在于是否考虑在具体的法律制度中，各个主体之间可能存在的权利、义务和法律风险方面的差异。形式正义所要求的那种制定、适用法律规则的无差异性并不能满足实质正义的要求，所以笔者认为形式正义说宣扬的正义反而会造成一种差异，会造成一种不平等，因为其成立的逻辑前提即法律规制的对象是一样的本身就是不成立的，随着社会生产力的发展，这种差异性还会变得越来越大，因此实质正义才是现代法制社会应该追求的能够真正实现正义价值的正义。具体到上市公司实际控制人当中，由于实际控制人不属于公司的名义股东和高管，其只是因为通过各种形式掌握了公司的控制权，具有了公司股东和高管之实，出于对实质正义的追求，我们必须看到这两类主体在公司具体运作中存在的巨大差异，实际控制人借助对公司权力机关股东会、执行机关董事会的实质操纵，掌握了公司的生杀大权，已经严重威胁到了公司、中小股东和债权人的利益，如果任由形式正义所要求的大家一视同仁思想的摆布，不对强权者进行遏制，只会助长实际控制人对权利滥用的欲望，同时也间接剥削着弱小者的利益。现代公司其组织形式和结构非常多变，但不变的是商人唯利是图的贪婪，实际控制人在享有控制权时，会想方设法地谋取属于甚至是不属于自己的利益。在这时作为社会行为底线的法律，是挽回这种恶性趋势的最后稻草，它必须以实质正义为准绳，看清实际控制人和中小股东在地位和实力上的差异，坚决地施之以信义义务，将倾斜到实际控制人一侧的天平拉回到平衡的位置，保证双方利益的相对均衡，对不同的人用不同的法律权利义务关系进行调整，这才是现代正义观所引导的正确方向，是实质正义的体现。

（二）基于民法学原理

1. 公序良俗原则

公序良俗，即公共秩序与善良风俗，它是一个被世界各国广泛运用的民法原则。我国虽然在法律条文里没有对其直接承认，但在《民法通则》《合同法》以及《物权法》中有类似“社会公德”“社会公共利益”“社会经济秩序”的话语，这也就从侧面证明了我国法律对这一原则的认可。公序是指社会的公共秩序，也代表了一种社会利益，既含有国家利益，也含有普通大众所都应享有的社会公共利益；良俗则主要针对社会道德而言，包括生活伦理道德、商业道德以及良好的社会风气。公序良俗的含义是指能代表国家和社会公共利益以及体现道德良好风尚的社会秩序，在公序良俗原则下民事主体进行民事行为必须要考虑其是否会损害社会公共利益以及道德规范，只要没有触及这个底线，个人可以采取能使自身利益最大化的行为。在现代商业社会，公序良俗原则仍能发挥重要的作用，因为它能克服具体的民商事法律条文在面对现代民商事法律关系复杂性、广泛性以及不可穷尽性时所体现出来的滞后性。上市公司实际控制人作为公司治理结构异化后出现的新式控制人主体，其主要在幕后进行隐形操作，当法律在面对这种新式民商事主体时对其缺乏全面的认识，滞后性使其难以找到对实际控制人进行规制的法律依据，公序良俗原则此时就能发挥它无可替代的作用。首先，上市公司作为一个公众企业，吸引了数以万计的股民来进行投资，是他们组成了上市公司庞大的金钱帝国，同时他们也代表了一种社会公共利益。实际控制人作为上市公司的实际掌控人，决定着公司的重大战略决策和利益归属，一旦其利欲熏心，就会采取一些非常规手段侵蚀这些小股东的利益，从实质上看这就是对社会公共利益的一种侵害，是对社会秩序的搅乱，违反了公序良俗原则的要求。其次，实际控制人作为新式公司治理结构的参与者，本来应该遵守治理结构所要求的权利的制衡性，正当地行使自身所享有的控制权，搞好公司业绩，为广大投资者谋福利。但是如果其打破这一平衡，不遵守相应的商业规则，破坏商业伦理道德，做损人利己之事，这同时也是对商业社会善良风俗的违反，从这一方面来看它也违反了公序良俗原则。因此上市公司实际控制人在进行商事行为时对其科以信义义务的法理依据就可以包括公序良俗原则，信义义务规制所追求的目的与公序良俗原则的要求在本质上具有一致性。

2. 禁止权利滥用原则

禁止权利滥用原则始于近代民法，它的出现是为了防止民事个体私人利益的极度扩张，从而影响并削弱其他民事个体和组织的利益，进而破坏整个社会秩序的情况出现。作为民法的基本原则之一，它要求民事主体在行使权利时必须具有正当性目的和合法的依据，否则就可能构成对权利的滥用。日本学者末川博指出，禁止权利滥用是自罗马法以来，“传统上以法律除去权利内容有不当结果之具体化表现”。我国台湾学者林诚二则认为，禁止权利滥用的机能主要是权利范围明确化机能，即当制定法有缺陷时，使欠缺的权利内容及范围明确化。权利具有天生的利己性，它的价值需要通过使用才能体现，因此对权利的使用本身是没错的，只是必须把握一个度，即它的正当性问题。权利行使的正当性是指权利在被利用、发挥效力和产生结果时得符合法律规定的条件和程序，符合正义、公平及不损害他人利益和社会公共利益的原则，满足上述条件的权利行使行为必受法律保护。当然，权利行使的正当性的必要条件是权利自身的正当性，如果权利本身都不符合法律所规定的合法要求，权利的行使就会存在一种“原罪”，法律也不可能安排启动和推演的程序路径。从以上分析可以看出，禁止权利滥用原则包括两层意思，既是对正当行使权利的保护，也是对违法滥用权利的禁止。上市公司实际控制人所享有的控制权作为权利的一种，也可能存在上述分析的权利滥用问题。上市公司作为一种资合性组织，聚集了大量投资者的利益要求和期待，因此控制权的运行会牵连影响到广大中小股东者的个人权利损益，并且作为一种动态性权利，它的影响力还不是一时的，而是一种持续性的存在。既然上市公司控制权的影响力这么广，牵涉的利益纠葛这么深，这就给实际控制人对其使用的正当性提出了要求。首先，由于公司控制权本身的形成是通过资本多数决、表决权信托、委托代理协议等综合作用的结果，而这些手段都具有其合法的依据，所以控制权本身是合法的，这使得权利正当行使的逻辑前提有了保证。其次，实际控制人在运用控制权时是否基于正当的目的，这就是很难保证的了。就像在前述分析的一样，上市公司是利益的集合体，控制权则是利益的分类器，正当行使它进而决定公司经营策略，增强公司业绩，通过分红机制可以使实际控制人、公司中小股东以及债权人各得其所，实现多赢的局面。相反如果实际控制人只顾自身的利益实现而操纵控制权，在与公司利益发生冲突时也先为己私利，那么公司的发展就会受到阻碍，利益的走向也会失衡，同时也会失去正当性的目的。在当今处于转型期的中国，价值形态呈现多样化发展的趋势下，我们不能保证实际控制人在巨大的商业利益面前能有这么好的正当性的意念，并且法律是社会的底线，它制定针对的对象一定是恶人，善良的人是不需要法律的。基于以上两点，笔者认为禁止权利滥用原则在上市公司实际控制人处的体现就是要求其承担信义义务，通过这一义务的履行保证其恶的一面被遏制，约束其按照章程、合同等文件正当性的行使其控制权，实现利益分配机制的科学性、合理性和通畅性。

3. 诚实信用原则

诚实信用原则作为近现代民法的一项基本原则，起源于罗马法，"债务人不仅要依据契约的条件，而且还要根据诚实观念完成契约规定的给付"，在法国民法典规定"契约应依诚信方法履行"，之后的《萨克森民法典》也规定"契约之履行，除依特约、法规，应遵守诚信，依诚实人之所应为者为之"，最后《瑞士民法典》将这一原则扩展到了民商法的各个领域，实现了这一原则的普世化。它的基本含义是指当事人在市场活动中应讲信用，恪守诺言，诚实不欺，在不损害他人和社会利益的前提下去追求自身利益，要求民事主体在进行民事行为时保持给付相对方利益与第三方及社会利益的平衡。这一原则由于其高度的概括性和抽象性，囊括的法律范围之广，被称为民法领域的"帝王条款"，也是法律吸收最低程度道德要求的产物。其定义告诉我们该原则要求民事主体在追求自身利益时，必须考虑对方的利益诉求，不能减损他人和社会的利益，应该保持两者之间的一种平衡，这也体现出了整个法律导向由个人本位向社会本位的转变。诚实信用原则对实际控制人最起码的要求就是在对待公司、公司中小股东以及债权人时必须忠诚，在实现个人利益最大化的同时，要克制对中小股东、公司以及债权人的利益的损害，在自身利益最大化与公司、社会利益合理化之间寻求一条平衡路径。不能在自身的信息、地位和抗风险能力处于优势地位的时候，对中小股东等弱势一方进行欺骗、控制，进而套取他人的利益；也不能利用其在股东会、董事会的绝对控制权，排挤中小股东，剥夺他们发表自己意见、争取自身利益的权利；更不能暗中转移、变卖公司财产，侵蚀债权人的担保利益。诚实信用原则是对实际控制人最低的法律要求，同时也是最必要的，如果在商业社会连最起码的诚信也不能建立起来，彼此之间不存在信任，那作为上市公司这种带有一定人和性的组织体很难存在下去，实际控制人也只能是"空中楼阁"。而信义义务作为诚实信用原则在商事领域的延伸，本身也含有该原则所要求忠实义务的内容，除此之外还对实际控制人提出了注意义务、信息披露义务、尊重公司独立性义务等要求，可以说是诚实信用原则的"升级版"，对于保护公司中小股东、债权人等弱势一方提供了可靠的保障，因此信义义务的规定就是诚实信用原则在商事领域的具体要求和体现。

（三）基于商法学原理

1. 事实上的信义关系理论

实际控制人在形式上不属于公司的编内人员，按照传统公司治理结构的观点，他不应该承担任何与公司相关的责任与义务。但是通过伯利和米恩斯两位美国学者的研究发现，实际控制人可以通过金字塔式的投资关系成为一个公司的控制权人，他不需要成为该公司名义上的股东或者董事就能掌握公司的实际权利。这种情况的出现使得公司体制外的人或组织成为公司的主角，而公司的组织机构如股东会、董事会以及经理层等反倒成了傀儡，受实际控制人的命令和指挥。他集公司大权在握，存在利用这一控制权力获取自身“过度性”利益的可能性。现代公司法理论认为，“一个只顾及自己利益的多数股东或控制集团将会以不公平的方式管理公司”。虽然实际控制人和其控制公司是属于两个独立的法律关系主体，表面上不会存在任何的权利义务关系，但是实际控制人通过表决权信托、资本多数决以及委托协议等强有力的方式实际操纵着这个公司，其支配力和影响力的存在已俨然超过了公司名义股东和董事，这种权利上的独裁性使得实际控制人在获得自身利益的同时，很可能会挤占中小股东的利益，实际控制人的这种优势和控制地位是产生其信义义务的最直接原因。同时从另一方面来看，投资者（即中小股东）对上市公司进行投资，其目的是获取最大的经济利益，而这种盈利的保证就在于公司管理团队的正确经营，在有实际控制人存在时，中小股东就更为看重他的经营能力，这里就存在一种中小股东对实际控制人通过其对公司的出色经营进而带来丰厚利益的期待，这在事实上也形成了一种信托关系。在这种关系下，作为受托人的实际控制人自然应该对中小股东的投资负责，事实上的信义义务在这层信托关系中被衍生出来。正是因为实际控制人可以通过股东会的多数决代替中小股东作出战略决策，在实质上支配了中小股东的合理利益，所以作为一项特殊要求，实际控制人对其权利的行使应该受到信义义务的约束。正如鲁特所说：“控股股东、大股东与公司权力机关一样，负有对公司的信义义务，且不仅对公司负有信义义务，同时对中小股东、权利让渡的股东也负有公平合理运用自身权利优势的义务。此种义务是基于中小股东基于信任和制度的设计，让渡自身权利即以提高公司运作效率和公司整体利益最大化而产生的，这是大股东换取对公司影响力的‘代价’”。

2. 尊重公司独立人格

公司作为社会经济组织体的一种创新，在发挥经济的规模效应和提高经济效率方面发挥着重要作用，而在这其中它拥有的一个重要的法律制度优势即在于它拥有独立的法律人格。公司拥有独立的法律人格，它能以自己的名义参与市场活动，独立承担实施的法律行为所发生的法律责任。而公司股东只需要将其投资转移到公司名下，并以此投资额为限承担有限责任即可，并不需要其参与公司经营，公司会寻找业务能力更为优秀的职业经理人代替股东运营公司，实现公司效益的最大化，这一过程既会出现公司所有权与经营权相互分离的情形，传统的公司治理结构也就此形成，它是以公司作为一个独立的人格为基础的。但在公司组织形式日新月异的今天，股权的传递性越来越强，通过一层一层的合同关系，实际控制人可以不通过取得股东或者高管的名义也能控制公司经营，打破了传统公司治理结构的格局。实际控制人利用其在上市公司中的支配地位，通过对股东会资本多数决原则的操纵，左右公司经营策略，要求董事会按照有利于自身利益实现的方针执行经营计划，同时其还是以公司的名义来展开商业活动的。实际控制人的利益与公司的根本利益很难保持一致性，甚至大多数时候是相背离的。一旦出现利益冲突，毫无约束的实际控制人一定会损害公司利益进而保证自己获得丰厚的利润，有的交易不但是不正当竞争，甚至可能会触犯法律。这时公司作为名义上的行为人就处于不利地位，对不是自身真实意思表示的行为也要承担责任，即使利用法人人格否认制度找到后面的股东，由于其也是一个傀儡，并不具备承担连带责任的能力，而真正的责任人实际控制人却仍然能逃脱赔偿责任。这就是实际控制人利用了公司独立人格的保护外衣，作出损公司利自己的行为。公司制度的发展能够经久不衰，最大的秘诀就在于其拥有独立人格和股东有限责任，而在这其中公司独立人格又是基础，没有独立的公司人格，股东的有限责任也会虚无缥缈，因此对公司独立人格的尊重是一切公司行为所应该坚持的底线。实际控制人这种行为的出现说明公司法人人格独立制度上还存在漏洞，而信义义务的规定就恰好能够弥补这一漏洞。作为一种事前规制手段，它要求实际控制人在行使其控制权时必须受到尊重公司独立性义务的约束，不能假借公司名义暗地里作出违法勾当，给公司和债权人带来不利。总之，公司人格独立性的尊重和保护需要信义义务的支撑，同时修正和扬弃传统公司法中可能会损害公司独立人格的原则和制度。

以上是从法学的不同视角对上市公司实际控制人承担信义义务法理基础的分析和讨论，它与传统公司法中董事、监事以及高管承担的信义义务有异曲同工之妙。首先，双方义务生成的背景是大致相同的。公司的实际控制人是公司经营战略的实际制定者和间接执行者，他充当了公司管理者的角色，在这一点上与董事、监事以及高管具有一致性，甚至有时候他会替代这些传统管理者自己亲力而为，使政策能够贯彻始终；其次，两者信义义务的内容也存在相同之处。传统管理者的信义义务包括忠实义务和注意义务，而实际控制人的信义义务除了这两项以外还包括尊重公司独立性义务和信息披露义务。二者相同的这两项义务是作为管理者所必须遵守的对控制权进行约束的义务，而实际控制人的另外这两项义务则是实际控制人在公司中的特殊地位所决定的，他除了具有管理者的特质外，也同时具有股东的属性。对于这种准股东，必须履行披露其自身信息和尊重公司独立性义务，保证公司的利益不被侵犯。第三，二者信义义务针对的对象是相同的。不管是传统管理者还是实际控制人，其管理和控制的对象都是公司、中小股东以及债权人，他们利益的取得与管理和控制水平的好坏息息相关，因此为促成其进行高水平的控制管理，信义义务的履行对象也都是管理和控制的对象。以上三点体现的二者的相似性说明实际控制人作为信义义务人就是传统信义义务人（董事、高管和监事）在范围上的延伸。因为“如果董事、监事以及高管承担有信义义务，那么通过控制董事、监事以及高管而影响公司发展方向的实际控制人肩负这一义务更是责无旁贷”。“依据这样的控制地位，像享有董事、监事权限的人负有法律所规定的董事、监事的信托义务那样，实际控制人也应承担起保护公司和中小股东利益的受托人的义务即信义义务。”在市场经济如此发达的今天，股权已不单纯只是一份财产，而是一种综合性的权利，它包括股利分配请求权、剩余财产分配请求权以及股份转让权等自益权，也包括表决权、股东大会的召集权以及提案权等共益权。权利与权力之间联系非常紧密，中小股东虽然追求的是自益权，但共益权作为其实现自益权的手段，也是股东们很重视的，所以股权的行使并不是那么随心所欲的，它要受到很多的约束。这种趋势在控制权被实际控制人滥用之后表现得更加明显，它通过自己对股权控制的优势地位不断地侵蚀公司、中小股东和债权人的利益，使得学界和实务界开始反思，如果不使充当公司管理者角色的实际控制人也承担信义义务，公司的治理结构很难实现制度设计初衷，公司、中小股东以及债权人的利益也很难得到保证，所以实际控制人无论是直接以其控制的名义股东身份的影响力，或者是间接地通过对董事会、高管层的钳制来影响公司经营，只要其实施控制产生了影响力，在这同时其就应该承担起这份信义义务的责任。

三、实际控制人承担信义义务的动态适用规则

（一）对实际控制人信义义务运用动态适用规则的原因分析

1. 动态适用规则能有效提高公司运营效率

公司作为一个契约组织体能比个人和其他组织体更有优势的地方即在于对于交易效率性的高要求，现代公司法的发展方向也着重强调效率优先。效率作为一个可以量化的指标，其本身也存在一定的评判标准，这其中就包括帕累托效率和柯多—希克斯效率。帕累托效率是指对一市场行为是否具有效率的评判标准，即一个市场行为的作出在使自己获得预想的效益外，并未使他方的合理收益受损，从总体上看效益增长了，那我们就可以说这一市场行为是有效率的。柯多—希克斯效率则是指一个市场行为的作出，使自身获得了预想的效益，同时却损害了他方的利益，从社会整体的角度来看效益是多余损失的，虽然受益方并不会以任何形式化的方式对受损方进行补偿，但我们仍认可这一行为具有效率性。从这两种效率模式的定义中我们可以看出，帕累托效率是一种理想化的状态，它建立其模型的前提是内部性和外部性的完美性，不存在任何的矛盾冲突，但这在现实的商业环境中是做不到的，不正当竞争、信息不对称以及商业欺诈等行为的存在使帕累托效率根本无法实现，而柯多—希克斯效率则相对比较务实，他考虑到了一方利益的取得会对他方利益造成的损害，而强调了总体上的利益获取超过其损失，这样从总量上来看仍然是有效率的。在公司法中评判的效率，其判断就是采用柯多—希克斯效率，这正如法律经济学派代表学者波斯纳所说的：“我认为，判断行为和制度是否是好的或者公平的，在于它

们是否有助于增加社会财富。这种观念认为相互冲突的道德原则、功利、自由，甚至平等之间是可以相互协调的”。在上市公司中，实际控制人作为实际掌握股权最多的人，在股东会拥有着足够多的表决权，如果其正当有效地运用控制权，帮助公司作出正确的战略决策和经营方针，那么其效率肯定是很高的。但就像我们在进行法理分析时讲到的那样，实际控制人在权利面前的私利性使得这种设想变成了空中楼阁，没有实现的可能性。它必须通过信义义务的约束来实现权利的正确运用，在这里就会存在一个问题：是否是信义义务的静态全面适用就能保证实际控制人效率的提高进而提高公司经营效率呢？答案肯定是否定的，信义义务的静态全面使用可能会保证实际控制人正确地运用权力，但是却不能保证他运用权力的效率提高，而后者才是信义义务规制的核心目的。实际控制人由于其在上市公司的特殊地位，其利益获得的多少与公司经营业绩的好坏息息相关，其对公司自身的价值和效益的实现是最有动力的，其积极性主要体现在以下三个方面：首先，体现在对公司经营者的监督上。在伯利与米恩斯所写的经典著作《现代公司与私有财产》一书中，指出了公司组织发展的趋势即所有权与经营权的分离，这种分离的目的在于提高公司运营的效率，公司所有权人（即股东或者实际控制人）组建和投资公司是出于对利益的追求，其可能并不擅长经营，他会找来职业的经营者帮助其运营公司，让有能力者充分发挥其管理运营特长，从而建立一种委托—代理关系。但这种模式也是有风险的，由于经营者在信息的获取和业务的精通度上相比所有者具有优势，其也可能为实现自身利益最大化而采取机会主义行为，这就产生了所有者为对其经营进行监督的代理成本，它包括获取有关公司运营信息的成本、为交换意见和作出决策而沟通信息的成本以及督促经营者执行决策的成本。而承担这些成本的人就是公司所有者或者实际控制人，由于其在公司的巨大利益，他必须去降低这些代理成本，积极地监督经营者，减少其机会主义行为。其次，对股东会决策成本的降低。在上市公司中股东会是最高权力机构，它决定着公司未来发展的战略和方向，但由于各股东之间根据自身利益的需要，他们对公司未来发展的方向的看法是可能存在差异的，在这种情况下如果将投票权分散给每一位股东，将会因为意见分歧而很难作出决策，加大股东会的决策成本，在时间就是金钱的商业社会，这将极大影响公司的运营效率，因此在保证公司整体利益的情况下提高权力层的决策效率成为公司的头等大事。在实践中一般的做法就是进行股权集中并形成控制权，因为“有效的股东控制可以减少集体中的利益异质群对于决策的看法的冲突和摩擦，从而降低公司交易成本”。这对拥有公司控制权的实际控制人来说比较容易，而且决策成本的高低本来也影响其自身的利益实现，当然其积极性也会很高。第三，提高公司效益能力，从本质上来说公司作为一个营利性组织，公司效益的提高是企业生存的根本问题。实际控制人作为公司的主要所有者，企业的根本问题也就是他的根本问题，他通过对其控制股份的正当运作，在公司利益最大化方针的指导下作出正确的经营决策，提高公司的效益能力，也满足自己对利益的合理需求。因此实际控制人在提高公司效益上是积极勤奋的，因为公司和他在这一点上具有利益的同质性。以上三个方面可以展示实际控制人对公司效率提高的积极性，如果我们对其不合理地施加信义义务，可能就会打击它对公司经营管理的积极性，相反在一定场合放宽对其信义义务的要求，实现保持其积极性和义务约束的平衡，就能更好地调动实际控制人的主观能动性，提高公司运营的效率。

2. 动态适用规则能有效节约公司成本

正如柯多—希克斯效率所讲的那样，只要我们的行为产生的效益大于实施此行为产生的成本，那么这个行为就是有意义的、有效率的。但是如果反过来想，我们的行为在产生同样多的效益的时候，我们的成本能够再降低一些，那岂不是更加理想的状态，因此对成本的管理也是一个重要的课题。具体到实际控制人信义义务适用规则中，信义义务作为一种法定义务在履行过程中会产生成本，同时履行肯定就涉及对它的监督，这种监督本身也需要耗用公司的管理成本，因此一个不恰当义务的遵守和履行会引起双倍成本的产生。那么在一些场合里部分信义义务的履行本来就存在“画蛇添足”的尴尬，那么对这一义务的监督就更属于对公司监督成本的一种浪费了。这绝对不是对实际控制人引入信义义务的初衷。而动态信义义务适用规则的运用则恰恰解决了这个问题，运用辩证主义的观点来看待事物，实际控制人面临的问题都有其特殊性，特殊问题特殊解决，相应权利的行使只需要履行相应的义务即可，而不是盲目地适用所有信义义务的内容，这样就省去了不必要的信义义务履行和监管所需要支付的公司成本。例如在实际控制人与中小股东达成的公司契约中，由于公司契约属于不完备契约，在订立之初即使订立契约的各方尽可能地考虑周详，但由于预见和判断能力有限，难免也会对一些问题的约定产生疏漏、缝隙。这些缝隙是因为信息的不完全等因素，对其处理在公司契约中没有条款可依，作为拥有优势地位的实际控制人如果滥用这种缝隙机会，利用信息不对称和在表决权上的优势，事实上去侵蚀中小股东的利益，这在法律上是不允许的。此时作为信义义务内容当中忠实义务和信息披露义务就会发挥其作用，对实际控制人的行为进行规制，要求其披露由于契约约定不明而产生的信息不对称的内容，并且必须保证对中小股东忠实，不能欺诈和误导中小股东而导致其利益受损。这一例就很典型地说明了动态适用规则的运用，只适用恰当的信义义务，减少对公司管理成本的浪费。

3. 实际控制人对公司控制和影响的程度不同

实际控制人在公司扮演的角色类似于一个组织的领导角色，他掌握着公司前进的方向和节奏，同时作为一个指挥官，他也不可能事事俱细，其只会关注到利益重大的事项，而这一切都是通过其控制权来实现的。公司的控制权来源于公司所具有的独立人格，是由其派生出来的具有利益内容的经济性权利，它可以说是利益的一种新的载体形式，被公司所特有的所有权制结构创造出来。在经济学上，这种通过投资集合化形式寻求控制影响力最主要的是为了寻求更大的利益空间。首先，这种集中投资形成的垄断股权可以享受基于公司整体业绩上扬所带来的利益分红，按比例分配的基数利益越大，那么分得的利益也会上涨。其次，这种大宗股权还可以享有在分配上形成的比例优势，由于占股比例大，自然在相同利益基础的情况下，分得的股利也较多。当然除了利益的考量之外，法律对这种集中股权的正当保护也是激起投资者进行控股投资的另外一个因素，实际控制人在通过股权投资协议或者其他方式取得公司控制权后，这一事实是受法律保护的，他不仅可以对自己投资的资产进行控制和管理，而且对公司的其他资产享有相同的控制力，等于他利用这种受法律保护的股权控制制度扩大了基于自身投资资产的控制力，这是实际控制人最愿意看到的一个结果。当然这种控制权的扩大也是由于中小股东对自己投资财产的控制权让与的结果，中小股东与公司控制人的想法就有一些不一样，他们享有股份的终极目的也是获得最大化的利益，而为达到这一目的采取什么样的方式则不是很重要，所以如果将资产的控制权交由实际控制人去正确使用能够带来最大化的效益的话，中小股东也是乐此不疲的，因为控制权这种非财产性权利不是其投资股权的实质性内容，而只是实现其投资利益最大化的手段。通过以上分析可知，中小股东转移控制权是以获得期待利益为补偿的，实际控制人获得控制权的代价就是对中小股东这份期待利益的责任，其控制权利的行使必须受到信义义务的约束。当然控制权不是天生就带有“原罪”的，它并不像公司资本一样，来到人间其身上就沾满了鲜血，控制权由于自身含有的可预期的巨大的利益，在对其掌握者产生诱惑的情况下，有被滥用的危险，但同时也可能被合理、合法利用，为公司创造出更大的价值，这一线之间的差别可能就需要信义义务动态适用规则的介入。正如之前所讨论的那样，公司的实际控制人是通过控制权实现对公司的控制和影响的，当对公司控制和影响的程度较高时，其滥用控制权的风险也会较大，自然对其信义义务的约束也要越严，其全部内容可能都会用上。相反，如果对公司控制和影响的程度较低时，就不大会产生控制权滥用风险，对其信义义务的约束也会放宽，只会要求最基本的义务内容的约束。这个动态适用过程和实际控制人的认定过程是不一样的，认定只是强调控制权支配的可能性，而信义义务的适用则更多强调的是控制权支配的现实性问题。

划分这种控制和影响程度界限的标准即在于控制权本身，控制权作为利益的存在方式，其产生的利益可以分为本身利益和衍生利益。控制权的本身利益是指由公司制度规定的控制权的核心内容所产生的利益。它包括以下三个方面的内容：首先，通过控制权掌握股东投进公司的全部财产，不仅包括实际控制人自己通过各种方式投进的资产，也包括其他投资者的投资，扩大了自身的控制权范围。其次，利用控制权在股东会决策中推行符合自身利益需求的公司策略和发展方向，积累作为公司管理者的经验，通过公司实现自身发展的宏伟蓝图。第三，获取公司发展所带来的共同利益，实际控制人通过控制权对公司的实际经营，在取得良好业绩后肯定会进行分红，因为其实际控制着比例较大的股权，肯定取得不菲的投资回报。衍生利益，顾名思义是基于控制权所隐射出来其他的非财产性利益，它不能直接给实际控制人带来金钱上的利益，但对实际控制人获得较高的社会评价和个人社会价值的实现还是有间接帮助的。例如凭借其在上市公司的特殊地位和管理经验通过出版社出书、到高校讲学或者参加一些高级别的企业论坛宣传自己管理思想等，如果实际控制人为机构组织，则可能会获得政府或者企业组织颁发的荣誉奖项，获得社会对其机构发展的肯定和好评。控制权之本身利益和衍生利益的区分是作为动态适用规则施行的标准，代表了实际控制人通过对公司控制权的行使对公司控制和影响程度的大小。当实际控制人意图实现控制权之本身利益时，其对公司的控制和影响能力是巨大的，其潜在对公司利益的威胁也在加大，因此信义义务对其约束的范围和力度都应加大。相反当实际控制人只是实现控制权之衍生利益时，并不会对公司的实质利益造成任何的损害，对其信义义务的履行就可以要求的比较宽松。总之，实际控制人对公司实施控制和影响程度的不同也是运用信义义务动态适用规则的一个重要原因。

4. 基于公正性的考虑

在之前所讨论的信义义务履行的法理基础里，我们也分析了其中一个很重要的法哲学方面的法理基础就是公平正义原则，但是在这里的讨论和前者还是有显著的区别。前者的讨论关注的焦点是要不要实际控制人承担信义义务，而这里的讨论重点则是要不要对实际控制人运用信义义务的动态适用规则，在逻辑上前者是前提，后者则是对前者的进一步细化。哲学上说做任何事情都要有个度，一旦超过度的界限，量的积累达到一定的程度就会发生质变，这个质变会呈现两个极端，好的方面和坏的方面。在信义义务的履行过程中，也存在这个哲学原理的适用。实际控制人在行使自身对公司的控制权时，只需要履行与其当时控制权行使在量上相匹配的相应的信义义务的内容即可，如果一味地强调静态全面履行，则会打破其权利行使与义务履行之间的平衡，在义务的量上达到饱和进而发生不好方面的质变，即产生一种对实际控制人的不公正性，打击其管理公司的积极性。相反如果信义义务的约束太松，实际控制人所接受的监督太少，同样会产生一种不公正的局面，只是这时受损害的对象由实际控制人变为了公司、中小股东以及债权人。因此，根据量变与质变关系原理，在运用信义义务内容对实际控制人进行约束时，一定要坚持适度原则即动态适用规则，做到权利与义务匹配的相对均衡，保证其公正性。同样的问题也可以根据公司契约理论来进行解释，该理论认为公平问题是公司参与者所贡献给公司的生产要素没有得到相应的报酬时而引发的，它常常与效率作为一个对立问题而存在。传统观点认为公正和效率是市场行为中不可兼容的两个内容，但随着商业社会的发展以及人们规则意识的提高，逐渐认识到二者不但具有兼容性，而且还存在一种辩证统一、相互作用的关系。社会追求经济效率的前提是必须确保不损害或不过分损害经济公平，一旦对经济效率的追求超过了经济公平所划定的底线，那么公平要求的严苛性会影响效率的发挥效果。公正应该是效率的基础，保证了公正的效率才是有社会价值的，反过来效率提高了，产生了较好的经济效益，人们就会更加地重视公正，这种相辅相成的关系在二者之间体现得非常明显。实际控制人在行使其控制权时受信义义务的约束，这种约束一定要体现出公正性，不能让其行使权利付出高昂的成本，在倾注自己全部心血后，却没能得到应该有的回报。实际控制人对公司的投入与产出不成比例，这势必在公司的生产关系上产生一种不协调，加大生产的成本并对效率产生负面影响。因此，实际控制人控制权与信义义务的配置必须均衡，保证其公正性，在这种情况下才能激发实际控制人管理、发展壮大公司的积极性，提高公司各方面的效率，而动态适用规则恰好就能满足权利义务配置公正性的要求。

（二）对实际控制人信义义务运用动态适用规则的内容分析

实际控制人信义义务动态适用规则作为一种义务分配机制，其核心是使实际控制人行使的权利与其应当承担的义务相匹配，实现一种利益的平衡化。二者的存在在大多数情况下具有同时性，但从理论上说在其产生之初仍然在时间上存在一定的先后关系。笔者认为权利具有自主性，而义务具有附随性，权利应该先于义务而产生，现在我们在法律条文中看到的权利与义务产生的同时性是由于立法者进行了一种法律预设，而并非在实际产生时就是这样。基于此，在实际控制人行使控制权时，其在不同场合行使的控制权的内容不尽相同，根据不同的权利行使内容所相匹配的信义义务的内容也会不同，信义义务的适用规则不是静态不变的，而是动态变化着的。本书该部分研究分析的重点内容就是对这种动态适用规则进行类型化整理，大致总结出实际控制人在运用控制权的几种典型情况下，相应的信义义务内容配置。信义义务动态适用规则进行划分的依据就是实际控制人运用手中的权利对公司控制和影响的程度，这个依据的考察可以从主观和客观两个方面进行。主观上的考察是判断实际控制人有无滥用公司控制权谋取私利的故意，客观上的考察则是基于控制权行使所针对的客体本身对公司的重要性程度，这两方面缺一不可，必须结合二者进行综合分析才能作出判断。依据以上的考察，我们可以从两个大的方面进行类型化即实际控制人处于积极地位和消极地位，特别是处于积极地位时，实际控制人所掌握的控制权对公司、中小股东以及债权人潜在的威胁性更大，需要进行更加仔细的研究。

1. 当实际控制人处于积极地位时

实际控制人处于积极地位作为类型化的一个重要方面，是我们研究的重中之重，而在这个问题中最重要的一个子问题就是对“积极地位”的文意理解以及它在实践当中比较典型的类型化分类。只有分析清楚了这个问题，我们才能对信义义务分配机制的对象的情况有一个清楚的认识，在享有积极的控制权时，承担与此相匹配的信义义务的内容。就像之前进行类型化时分析的那样，对“积极地位”的判断必须从主观和客观两个方面入手。在主观上处于积极地位的实际控制人必须具有谋取私利，为争取自身利益最大化而不惜损害公司、中小股东以及债权人利益的主观动机，而在客观上则主要关注的是实际控制人实施控制权所针对的客体对公司、中小股东以及债权人产生了重大的利益影响，也就是说实际控制人对公司产生了过度控制，在这种客观情况下，实际控制人很可能损害到公司、中小股东以及债权人等弱势群体的利益，所以“积极地位”可解释为实际控制人通过对自身掌握的控制权的运用，可能为实现自身利益最大化而侵犯公司、中小股东以及债权人利益意图的法律形态。处于“积极地位”的实际控制人的一个重要特点即在于他与公司、中小股东以及债权人之间存在比较大的利益冲突。

“利益冲突”一词包括两个方面，一方面是指上文阐述的利益冲突的状态，另一方面即是指利益主体在这种利益冲突状态下所采取的行为，即利益冲突行为。在英国的学理中，此种利益冲突被称作“义务与利益的冲突”，其核心特征为公司管理者个人的利益使他的判断发生了偏移。公司作为一个法律拟制实体其本身并不能展开市场行为，而需要借助公司的管理者或者控制人代理进行。作为一种委托代理关系，管理者或者控制人的行为必须体现利公司性，但由于其自利因素的存在，其实施市场行为时可能更多地会考虑自身利益的最大化，这种由于“代理成本”产生的利益冲突就会使得实际控制人的判断在自利因素的指引下发生偏离。况且实际控制人通过自身在上市公司的特殊地位所衍生出的在公司决策、执行上的影响力本身也可能是其自身意志的体现，而非体现公司意志，所以这种利益上的冲突就存在一种不正当性，并且这个不正当性的存在反过来就会侵犯公司、中小股东以及债权人的利益。这主要体现在两个方面，一方面是对公司、中小股东和债权人资源的浪费。根据经济学的原理，有效的市场即是信息取得最廉价最可靠的市场，保持信息取得渠道畅通是市场经济资源配置完美的一个标志。实际控制人在公司具有控制地位，在信息取得上具有天然的优势，利益冲突不正当性的存在使得实际控制人可能采取误导、欺骗、截留等手段向公司、中小股东以及债权人传达错误和有缺陷的信息，使得二者之间形成一种信息上的不对称，进而导致后者在非准确信息的指引下，作出自己非最利己性甚至是错误的决策，造成自身资源的一种浪费。另一方面则是加大了公司、中小股东以及债权人参与公司行为的成本，利益冲突的不正当性对双方都会产生参与成本上的影响，对后者而言这种影响是负面的，会加大其参与成本。利益冲突的不正当性使得公司、中小股东以及债权人对公司的实际控制人产生一种不信任，为了保证其行为的利公司性和提供信息的真实性，他们必须额外增加成本对实际控制人的行为和其提供的信息进行调查核实，或者通过向保险公司投保来防止利益冲突的不正当性可能会带来的损失，而这些本身就是一种不必要的负担。通过以上分析可知，实际控制人与公司、中小股东以及债权人的这种利益冲突的不正当性其实质就在于双方由于利益的分歧产生了一种不诚信，这是问题的症结所在。现实中存在“搭便车”的问题：每一个贪婪自利的人都希望他人遵纪守法，诚实守信，而自己却可以违规欺诈，利用这种对待制度的不同态度而获取非法利益。这也反映出了为什么要对处于积极地位的实际控制人施以相应较重的信义义务内容加以约束的原因，理由就在于其与公司、中小股东以及债权人之间利益冲突的不正当性。

“积极地位”作为一个抽象的概念，很难对其直接加以限定具体的信义义务内容，所以必须将这一抽象概念在公司的治理结构中进行具体化。从“积极地位”的文意我们可以得知，它并非表现为一种法律关系，而是体现为一种控制行为方式，因此我们可以将其具体分为处于控股股东、董事和高管地位的实际控制人这三种类型。通过本书第一部分的上市公司实际控制人类型化分析可知，以上三者可以说是公司治理结构的骨架，控股股东作为公司股东会的绝对主角，通过拥有一股一权和资本多数决的制度优势，控制着公司各项发展战略的决策权，享有着公司的最高权力。董事及其所在的董事会决定着公司的经营计划和投资方案，是基于公司股东会的最高战略决策所做的细化，决定着公司具体的奋斗方向和目标，在效力上是仅次于股东会的治理机构，承担着公司经营管理的重要决策功能。高管作为经理层的组成人员，包括公司的经理、副经理、财务负责人，上市公司董事会秘书和公司章程规定的其他人员。他们负责公司的日常经营管理，执行董事会决议，直接支配公司对外的商业行为，是公司最重要的日常行政管理机构。控股股东可以掌握公司的最高决策权，董事可以掌握公司发展的具体决策权，而高管则对公司的日常经营享有直接的行政管理权。三者几乎可以涵盖公司的一个商业行为从构想到实践的全过程，其重要性可以说不言而喻，同时这三者也符合“积极地位”所要求的对公司、中小股东以及债权人存在的造成其利益减损的客观可能性，一旦上市公司实际控制人通过投资关系、协议或者其他方式取得了对这三者中任何一个位置的控制权，使其成为实际控制人的代理人、遥控器、工具，那么就会出现“事实控股股东”“影子董事”“傀儡高管”等受制于实际控制人的公司治理结构，那时实际控制人可以说就掌握了公司的生杀大权，在利益冲突和自利性因素的驱使下就很可能为己私利而损害到公司、中小股东以及债权人的利益。因此，作为“积极地位”具体表现形态的控股股东、董事、高管地位的实际控制人，由于其潜在的危害性较大，作为预防性的措施应该对其多一些限制，同时根据三者在公司当中所处的地位和拥有的具体权利的不同，给予那个地位的实际控制人与其相匹配的信义义务内容。

(1) 控股股东

控股股东作为股东会意志的操纵者，决定着公司的发展方向和未来前途，他的一举一动与公司的利益息息相关，并且董事和高管的行动都要以股东会的决策作为指引，因此如果火车头开错了方向，即使董事、监事以及高管再怎么勤勉注意也于事无补，因此对控股股东的约束显得至关重要。虽然在传统公司法里并不承认股东应该承担信义义务，这主要是基于三点：首先，股权的性质即财产权，为自身财产利益最大化无可厚非，无须对他人负责；其次，公司具有独立人格，股东除出资义务外无须再对独立的实体公司负其他义务；第三，股东的身份，他在股东会投票时代表的是自己，而非像董事在董事会投票时是代表公司，因此股东只需要对自己负责，而不应该附加或强加其他义务而使其地位发生变化。但是在现代公司治理演变过程中，控股股东对控制权的滥用使得这一传统观点已经站不住脚，1919 年布朗蒂斯大法官明确指出："控股股东掌控着决定公司经营发展的生杀大权，而当其开始运用这一权利时，无论是用何种方式使用它，基于诚信的义务也是应运而生的。"它是基于控股股东的优势地位所决定的，其能够决定公司以及中小股东的命运，自然而然也应该对他们负责，所以诚信义务（即忠实义务）的履行对象首当其冲的就应该是公司及其中小股东，必须忠实于他们，具体表现为：首先，控股股东不能虚假和抽逃出资，因为出资额是其承担公司经营风险的保障，如果擅自改变，则不利于中小股东对公司的实际盈利能力以及对风险承受能力的判断，进而损害公司和中小股东的利益。其次，不能通过非法手段私占公司财产，这个忠实义务的对象主要针对的是公司。公司具有独立的法人资格，股东出资财产以及公司后续经营所得都应该属于公司所有，控股股东不能利用其在政策制定和经营控制上的优势，非法占有公司的财产，这种行为本身就是对公司契约诚信原则的背叛。James 法官在著名的 Menier v. Hooper's Telegraph Woeks Ltd 案中也指出：如果占公司大多数股份的被告作出了一种安排，根据这种安排，他们已经从事了影响公司整体利益的行为，控股股东从事这种行为是以他们自己取得某些利益作为考虑的基点，而将小股东排除在外，控股股东就构成对小股东的欺诈。第三，不得欺负中小股东，忠实义务表现为两者之间一种平等相待，股东之间应该是一种平等相待的关系，不应该受到股权多少的影响而改变这一原则，所以必须尊重中小股东的权利，这就包括股利请求权、知情权、剩余财产分配请求权等，不能通过强制压迫、排挤中小股东或者稀释其股份的方式剥夺、蚕食中小股东的权利，保证其预期利益的实现就是最大的忠实。控股股东不仅要承担忠实义务，同时由于其在公司存在的重大利益，还肩负了一定管理职能，因此还必须承担一定的注意义务职能，这主要体现在股东会对公司经营方针和投资计划的决定以及选举董事、监事上面。控股股东作为股东会的控制者，他的意志可以直接在股东会上得到反映，出于对公司和中小股东利益的尊重和保护，对公司的发展方针和计划的制订，必须要结合市场和公司自身的实际情况来准确作出。同样在董事、监事的选择上，其作为股东会决策的执行机构和监督机构，在公司日常运行当中起着承上启下的作用，对董事、监事的职业素质、业务能力、对公司忠诚度等因素的考察就显得非常重要，这些都需要在股东会决策中占有绝对优势的控股股东需要持续进行考察监督。

（2）董事、高管

董事、高管都是作为上市公司的执行机构，区别在于前者的执行职能更为宏观，而后者则是注重公司日常运行管理中的执行，是在履行微观层面的执行机构的职能。他们与公司都存在一种委托管理关系，管理和支配的都是由股东出资属公司所有的财产，自然其所实施的行为也必须对公司和股东负责，但由于其是作为一个代理型的管理者，自身利益往往与公司的利益存在一定的不一致性容易产生代理成本，因此对其行为施以信义义务的约束也成为一种必然。董事、高管作为传统的信义义务人，忠实义务和注意义务是其承担的主要信义义务。其中忠实义务就包括禁止自我交易、竞业禁止以及窃取公司机会等，要求的是董事和高管对于公司和股东的忠诚。而董事、高管的注意义务则相对抽象，由于在我国现行法律中，对董事、高管的注意义务没有像忠实义务那样进行罗列，只是进行了宣示性的规定。但从其定义可以看出，是要求董事、高管所制定的商业方针和计划是在没有牵涉自身利益和不涉及关联交易的条件下所做的，且该项方针和计划的出台是在掌握大量商业信息的基础上科学合理制定的，其从内心能够确认该计划的实施符合公司商业利益的最大化，进而有计划地善意且适度地实施这一商业行为。也就是说，董事、高管在自己平时的工作中必须审慎、勤勉，同时表现出符合自己位置需求的技能水平，对公司的事务进行积极的作为、不懈怠，这就是注意义务的要求。处于董事、高管地位的实际控制人必须履行好以上关于信义义务的要求才能最大化地维护公司、中小股东以及债权人的利益。

从以上的分析可以看出，各个位置信义义务产生的方式是不一样的，作为控股股东地位的实际控制人，他在权利的影响力和控制力上比起中小股东具有很大的优越性，他可以代替中小股东来对公司进行决策，那么必然要对其负责，因此这个位置对公司和中小股东的信义义务法律关系是二者之间权利上的巨大差别而直接产生的。然而处于董事和高管地位则不然，因为董事和高管属于传统意义上的信义义务人，实际控制人通过对其进行控制和支配，实际行使了董事、高管职能，那么其本身也会负有他们身上相似的信义义务，这种产生方式就属于一种间接式。同时不同地位的实际控制人所承担的信义义务的内容也是有差别的，其原因就在于每个地位所具有的职能对公司的控制和影响力的程度不一样。控制权作为公司治理的核心，约束其在正确的范围内行使是保证公司可持续发展的必由之路，而方法就是通过信义义务对其进行约束。而约束的范围由董事、高管等传统信义义务人扩展到控股股东，本身也体现了对公司治理结构完善和中小股东利益保护的重视，是对传统公司法理论中的资本多数决原则和表决权自由行使的制约与修正，也是传统公司法中股东民主理念的新发展，是信义义务适用范围的埋性拓展。实际控制人在充当其中任何一个角色时，都必须承担与地位相当的信义义务内容，这也反过来印证了信义义务动态适用规则的科学性、合理性和正确性。

"积极地位"一词既是指上述所分析的实际控制人具体所处的公司地位，同时也是指在所处公司地位下实际控制人所实施的行为，即在具体"积极地位"下所实施的行为。实际控制人任何利益目的的达成都需要通过具体行为去实现，其所处的位置只能表明一种潜在的威胁，在客观上并不会对公司、中小股东以及债权人造成任何的影响和损失，因此对其的分析并不是重点，重点则是处在这一位置上具体所实施的有控制和影响力的行为，只要能对这些基于"积极地位"的具有典型性的商业行为进行动态性的约束和控制，通过实证的方式对处于"积极地位"所实施的行为进行类型化分析，根据每种类型化行为的特点，利用动态适用规则再施以相对应的信义义务的约束，就能实现对实际控制人的约束，保证整个公司、股东以及债权人的利益。根据我国实践中符合实际控制人处于"积极地位"所实施商业行为条件的就包括关联交易、竞业行为、公司并购这三种典型行为，以下将做详细分析。

首先是关联交易，它是指存在或者可能会构成相互影响或协同关系的关联方之间在组织和运营中发生的，能引起权益转移的法律后果的行为。它的交易方式包括：一般自我交易和协议、管理人员薪酬补助、占用公司或者股东财产和其他混合动机行为。从其定义和交易形式可以看出，理解清楚关联方以及关联关系非常重要，2005 年修订的新《公司法》给关联关系下了定义："是指公司控股股东、实际控制人、董事、监事、高级管理人员与其直接或者间接控制的企业之间的关系，以及可能导致公司利益转移的其他关系。但是，国家控股的企业之间不仅仅因为同受国家控股而具有关联关系。”而关联方根据沪深两市上市规则则包括自然人和法人两类，其中的关联自然人是指持有上市公司5%以上份额的自然人股东以及董事、监事、高级管理人员等，而关联法人则是指直接或者间接控制上市公司，以及与上市公司同受某一企业控制的法人。从这两个关键的子概念中可以看出无论是自然人还是法人，实际控制人都很有可能成为关联交易的主角，因为关联交易作为一种利益的转移机制，他通常需要有特殊的人员去推动其发生，并且这个人需要有强大的控制支配能力能够掌控利益输出实体即上市公司。而实际控制人恰好具备这样的能力，它利用其在上市公司的控制权优势很容易的就能同与之有利益控制关系的企业或者自然人建立关联关系，这种权益上的关联性能够保证其交易的顺畅。当然关联交易本身并不是一个贬义词，它也存在法律的公允性与非公允性之分。如果实际控制人在经过股东会审议时进行了充分的信息披露，履行了对中小股东和债权人的告知义务，并且通过实施这一关联交易，还能使公司以及中小股东从中受益，那么这种关联性交易就是公允性的，是会被允许存在的。但正是由于存在权益上的关联性，使得交易主体间有发生支配性影响的可能性，再加上有交易主体对利益最大化的追求动机的驱使，加速使这种利益朝向关联交易强势一方转移的可能性变为现实，因此关联交易在现实中是存在非公允性倾向的。同时需要强调的是我们所规制的非公允性的关联交易一定要满足一个关键的要件即实际控制人在交易中的获利并不是靠其所控制的公司在交易中的盈利，而是从与之交易的相对方或者附带结果中截取利益。也就是说，实际控制人是利用关联交易作为幌子，肆意地掏空公司财产和侵占中小股东的利益。美国的克拉克教授也认为：“关联交易是表面上发生在两个或两个以上当事人之间，实际上却由一方决定的交易”。在实际控制人参与的关联交易中，决定的这一方就是实际控制人自己，这种由单方意思表示左右的商事行为无论对市场还是公司都存在巨大的危害。最明显的就是对广大中小股东利益的攫取，上市公司在证券市场上拥有广大的中小投资者，实际控制人利用关联交易可以对其公司业绩以及盈利能力进行“美化”，赢得中小投资者和评估机构的信任，进而获得更多的投资，然后通过受其控制的交易相对方，又利用关联交易将这些利益从上市公司转移出去，达到攫取中小投资者利益的目的。同时他还会间接影响整个证券市场的“生态平衡”，我国的资本市场之所以现在这么萎靡不振，一个很重要的原因就是投资者对上市公司信心的丧失，而追根溯源就是上市公司的上市目的不纯，它们大多并不是为了通过融资扩大公司规模进而将其做大做强，而只是为了“圈钱”。当这一目的达到之后，就会通过关联交易等方式掩饰转移公司资产，而使实际控制人等少数个体受益。关联交易使得整个证券市场的利益出现了一种非正常分配，导致利益的“生态平衡”被打破，从宏观方面讲这是不利于整个证券市场发展的。综上所述，由于关联交易本身基因里充满的非公允性特质，所以在追逐利益为第一目的的商战中，在具备其主客观条件的情况下，很有可能在表面形式合法化的掩饰下释放出这种实质上不合法、显失公平的交易行为的本性，在追求实质正义的今天，这就是对其的一种“基因异化”，体现不出表面形式和实质内容的一致性。在合同法领域，这种以合法形式掩盖非法目的的行为被判定为一种无效行为，那么非公允性的关联交易行为作为一种合同行为符合无效的特征，也是法律应该否定的行为，它对上市公司和中小股东的利益伤害极大。在这种情况下，必须对作为关联方的上市公司实际控制人进行信义义务的法律约束，最大限度地减少非公允性关联交易行为的发生。

对于由实际控制人发起的非公允性关联交易，基于其危害性之大，从预防的角度应该对其主要施予忠实义务、注意义务、信息披露义务以及尊重公司独立性义务的约束。在忠实义务中，借鉴董事关于忠实义务的规定，则是要求实际控制人禁止这种自我交易行为或者与关联方的交易行为，做到对公司和中小股东忠诚，保证他们的利益不受损害。注意义务则是要求在发生这种有利益冲突的关联交易时要做到善意无过失，即一个普通的理性经济人为维护公司利益所应该达到的无过失程度，具体到实际控制人当中，就是应该对交易进行利益评估，进而再对是否进行交易作出判断。信息披露义务则是基于忠实义务所衍生出来的，这一义务是考虑到上市公司的公众性特征，“阳光是最好的防腐剂，灯光是最有效的警察”，“关联交易的受害人实质上并不是因为关联交易的‘交易’受到损失，而是因为关联交易的重要事实‘不公开’受到损失”。因此，针对中小股东对上市公司的实际控制人发起的关联交易的相关信息公开的强烈要求，有必要将信息披露义务作为单独的信义义务内容予以约束，同时也强调信息公开对关联交易正当性的重要性。在关联交易中信息披露义务是指将关联方、关联关系、关联交易内容以及关联利益等信息在事前和事中通过公司定期报告以及临时报告等形式公布给公众中小股东，保证中小股东对关联交易的知悉权。最后的尊重公司独立性义务则是要求实际控制人不能利用其独立人格，以其在公司的控制优势以公司的名义进行关联交易，将公司的利益进行输出，造成其偿债能力下降，损害公司债权人的利益。关联交易属于实际控制人处于“积极地位”所实施的最典型和危害性较大的行为，对其约束也比较严格，这样才能真正起到预防非公允性关联交易的发生。

其次则是实际控制人的竞业行为。竞业行为是指公司的控制者或者管理者，出于自身利益或者与之相关的第三方利益的考虑，与所在公司经营同类业务的行为。它是属于大陆法系商法中的一个传统法律概念，表明的也是公司内部出现的一种显性的利益冲突现象。这一行为产生的危害即在于对公司可预期利益的剥夺，在不存在这一行为时，公司在平等的市场竞争中能够争取到这一业务，并通过其良好的运营进而能从中盈利。但是当公司的实际控制人不正当地介入时，由于其对公司的运作情况、人员构成以及业务开展的优点和弱点都了如指掌，这无疑在与公司的业务竞争中处于一种非正常的优势状态，不正当地剥夺了本属于公司的商业机会，造成了公司可预期利益的非正常性损失，并且由于其在上市公司强大的控制力，还可能指使董事、监事以及高管对这一行为视而不见，致使在其不正当竞争初期不能制止这一行为，进而导致利益损失的扩大化，这种行为不仅对上市公司和中小股东利益造成了损失，同时还打乱了健康的市场竞争秩序，显然是法律所不允许的行为。同时通过之前的法理分析也可知，实际控制人对公司以及公司的中小股东存在事实上的信义义务关系，实际控制人应该对他们的正当利益进行保护而不应该滥用手中的权力对其进行剥夺，所以法律必须对实际控制人的竞业行为进行相应信义义务的约束。

对实际控制人竞业行为的信义义务约束的主要内容就是忠实义务，因为竞业行为表现出来的就是实际控制人对公司以及中小股东的一种不诚信，对他们正当利益的一种漠视和不尊重。而在大概念下的忠实义务中，最需要实际控制人履行的信义义务即是竞业禁止义务，顾名思义就是要求实际控制人不能同公司竞争业务，必须禁止这种行为，“不得为了自己的利益而损害从属公司的利益，不得将自己的利益置于与从属公司极其少数股东利益竞争的地位，不得篡夺从属公司的商机”。在英美法系与之相对应的则是“公司机会原则”，它所传达的核心要义即是：如果认为某一商业机会是公司机会，那么公司的董事、高管或者实际控制人等就不可为自己获取或抢夺这一机会。至于董事、高管或者实际控制人如何自己获取或通过独立第三人获取这一机会，都不是问题的要害。问题的关键在于：在公司与这三者之间，机会是属于公司的。公司的控制者和管理人不能为了自己的私人利益去与公司进行商业机会争夺，忠实于公司和中小股东的利益是其进行任何商业行为的前提。当然对实际控制人的竞业禁止义务还是必须有一个明确的范围来限定，除了和所在上市公司存在利益和业务上的关联之外，还可以自己独立发展其他的经营业务，如果不对竞业禁止义务进行外延的限制的话，很可能会影响实际控制人开展一些正常的经营业务，从而导致信义义务公正性的“异化”，约束过度造成了另外一种实质上的不平等，这不是施以信义义务所要达到的目的，因此明确竞业行为的内涵和外延就显得至关重要。

在开始讨论时我们介绍了竞业行为的概念，分解其概念我们首先必须明白实际控制人“出于自身利益或者与之相关的第三方利益的考虑”是指在与公司明目张胆的争夺业务或者暗地里篡夺得到了商业机会后，其最终的商业利益只要进入了实际控制人或者与其有关联的第三方手中就属于竞业行为，这与其是否在形式上符合竞业行为的成立要件关系不大甚至没有关系；其次，对“与所在公司经营同类业务”的理解理论上应以上市公司在工商局登记备案的营业执照上记载的经营范围为主，但这也并不是十分准确，在现代市场竞争如此激烈的情况下，公司有可能突破登记的业务范围以此来寻求新的利益增长点，所以必须要结合上市公司实际正在新开发的或与之有利益牵涉的业务种类来进行综合考虑，同时需要强调的是实际控制人经营的业务与公司业务还必须产生一种直接的竞争性关系，这体现为消费者对二者的需求是相同的，从而在两者之间形成一种相互排挤的关系，这种情况才能被理解为真正意义上的同类业务，如果二者之间产生的是相互依存的间接关系，比如二者是产品成品产生过程中不同阶段需要的零件，则不能算作是同类业务；第三，对竞争业务范围的限制不仅仅体现在内容上，同时也要注意在时间和空间上的限制。从时间上来看，如果在上市公司的财务报表或者定期公告中申明明确放弃或由于非系统性因素的影响不能开展某些业务的情况下，实际控制人利用其自身条件进行该类业务的开发则不能算作竞业；从空间上来看，如果实际控制人在与上市公司所开展业务毫无利益冲突的区域（国与国、大洲与大洲之间）开展相同或者类似业务，也不能算作竞业，但是“公司虽尚未在某一地方从事某一营业，但已着手准备或者计划已经相当明确的场合，就不能与公司在同一地区自营或者为他人经营相同的业务”。当然以上的这些范围的限制都需要实际控制人履行信息披露义务来予以证实，保证其真实性。总的来说竞业业务范围的判断需按照“实质重于形式”原则进行考察，这样才能显示出实质上的公平。

最后则是实际控制人的控制权转让行为，它也显示出了一种利益博弈的过程。公司的控制权实质上是权利主体对公司经济资源表现占据、把握和处分，并由之对公司事务作出决策的权能。它可以说是公司各主体之间在非对抗条件下，对为自身利益最大化而在彼此之间产生的冲突进行和平化解决的产物，公司在决策意思表示中的平均主义是不现实的，因为每个股东的利益诉求是不一致的，这种冲突性会让公司在经营管理中所投入的时间成本过高，不利于对稍纵即逝的商业机会的把握以及公司自身治理结构效率的提高。被法律所肯定的控制权在制衡利益需求的多样性方面具有积极作用，但是这针对的是控制权本身的功能而言，它的逻辑前提是支配控制权的主体在道德或者法律层面上是一个完美主义者，这种理想的假设在现实中肯定不可能实现，因此一旦掌握有公司控制权的人没有按照理性所预定的方式行使控制权，其同样会产生危害性极大的消极作用。具体到本书中，我们所讨论的控制权主体是公司的实际控制人，其作为一个利益复杂主体，它行使控制权的目的具有多样性，由于控制权能够产生扩大自身按比例出资财产所产生的支配权的功能，在产生本身利益的同时还能享有衍生利益，在这种利益导向的驱使下，其对控制权的行使很可能是以自我为中心，最后的利益归属也会与公司发生偏离，所以控制权本身并不会产生好坏之分，关键是看运用控制权的人。我们这里所讨论的控制权的转让同样是实际控制人对控制权的运用（是一种消极运用），即放弃对公司的控制权以换取支付对价或者其他利益报酬，从相反方向来说，也就是收购方通过资金、股权或者实物收购或者兼并上市公司的过程。上市公司控制权的转让与一般的上市公司股份转让存在巨大的区别，它包括了对公司决策权、经营权以及占据、把握和处分的公司各种经济资源的转让，会对公司未来产生重大影响，处理得当能够使资源得以优化配置，为企业注入新的活力使其发展壮大。如果处理不好，任凭实际控制人肆意妄为，在利用控制权这一工具扩大对公司进行管理的成本以实现额外利益时，又以低廉的价格将控制权出让给自己和其他的利益输送人，那最后公司和中小股东的利益受损则几乎无法避免。因此对出让主体实际控制人必须加以严格的信义义务的规制，使其避免出现坏的结果。

实际控制人在控制权转让中的义务主要包括忠实义务、注意义务以及信息披露义务。忠实义务作为实际控制人处于“积极地位”所必须遵守的基本义务，要求的就是实际控制人对公司和中小股东利益的诚实，具体到控制权转让中就是在主观上必须保证转让交易的公正性，客观上则是要体现出上市公司和中小股东的利益没有受到损害，最好还能出现转让盈余即控制权转让溢价，此时实际控制人必须与中小股东分享这一收益，因为它的取得并非由于股权在数量上的优势，而是在于其形成的控制价值，这一价值的形成在于中小股东放弃了自己在公司中的支配权，因此作为忠实义务的体现，实际控制人必须履行分享控制权转让溢价义务这一子义务。注意义务的内容则是基于忠实义务提出的更高要求，即实际控制人在保证忠诚的基础上还必须尽可能地为公司和中小股东多谋利益，在上市公司控制权转让过程中，实际控制人必须达到职业经理人的注意水平，履行好对控制权收购方的尽职调查义务。控制权的重要功能之一就是选择管理者，而此种选择权必须负责任的行使。实际控制人既然要转让控制权，这也意味着上市公司的管理权也要易主，为了保证在转让交易之后公司仍然能持续、健康、稳定的发展，实际控制人就必须认真调查和核实收购方有没有控制和经营方面的能力，以及是否存在上市公司不轨的其他企图，这也存在从主客观两方面的一个考察，总之在转让之中注意义务的要求就是实际控制人不得在明知故犯、粗心大意或可能是玩忽职守的情况下将其股份销售给一旨在非法掏空公司的人。第三个则是要履行信息披露义务，在上市公司控制权转让过程中，信息披露义务是对尽职调查义务的延伸，在实际控制人对收购方的收购意图以及客观能力调查清楚以后，必须披露给公司中小股东以及政府的监管机构（证券监管机构），保持信息的畅通和准确，避免造成证券市场不必要的恐慌以及给予中小股东作出正确决策所必需的依据。控制权的转让可能会关乎上市公司的生死存亡，实际控制人与公司以及中小股东存在的利益冲突需要适当的信义义务去平稳的化解。

2. 当实际控制人处于消极地位时

对于“消极地位”的理解则应该结合对于“积极地位”的分析来进行对照，“消极地位”所体现的就是实际控制人与上市公司、中小股东以及债权人之间不存在利益上的冲突或者利益分歧很小，不需要用积极的行为去改变这一利益分配状态。它的这一特点体现了实际控制人的一种“无为而治”的存在机制，从主观方面上来说其并不想通过自己对公司的控制权来谋取属于公司以及中小股东的权利，从而侵犯他们的利益；从客观方面来看，实际控制人也没有利用充当控股股东、董事以及高管地位的机会来对公司实施积极的控制影响，因此其对上市公司直接性的控制力程度是很低的，从其在公司所占有的具体条件来讲，并不能支撑对公司和中小股东利益的剥夺。从之前分析适用动态适用规则的原因时我们知道，实际控制人信义义务履行的多少与其对公司控制之强弱是成正比例关系的，对公司战略决策、经营管理的影响越多，实际就充分地行使了对公司的管理职能，充当着公司管理层的角色，那么基于委托代理原理就应该对公司、中小股东以及债权人负更多的责任，相反如果处于一个类似于“利益相关者”的地位，并未去承担对公司的管理和支配职能，那么其受相关信义义务约束就会相对较少。实际控制人处于“消极地位”时，没有利用权利的影响力来进行控制，他放弃了自己对于中小股东的这种优势地位，自然其也没有必要承担那么重的信义义务内容。但是作为一位类似于“隐形”的控制股东、董事或者高管角色，实际控制人在实质上仍属于上市公司的一员，按照公司正常的利益分配机制，在公司盈利时依然会取得公司的分红利益，享有着在公司所存在的最基本的权利，所以其必须承担一般的上市公司股东所应该对公司履行的基本信义义务，即信息披露义务以及尊重公司独立性义务。

在处于“消极地位”时，实际控制人的信息披露义务主要是针对自身人事、财务情况变动而向上市公司和广大投资者的一个通知公告义务，以实现信息了解的及时性和对称性，也让中小股东以及广大投资者更加真实地了解公司的情况，特别是处于特殊地位的实际控制人的情况。尊重公司独立性义务则是要求实际控制人尊重上市公司的完整人格，两者之间是相互独立的个体，实际控制人应该履行公司的一般股东的义务，不能打着公司旗号对外进行利己的商业行为，进而损害公司利益破坏其独立性，这一义务的履行是为了弥补和避免“法人人格否认”制度对实际控制人进行规制的盲点。实际控制人在“消极地位”所履行的这两种信义义务同样也是基于对公司、中小股东以及债权人的诚信所衍生出来的，它们由上市公司所具有的公众性特质所决定，公众性代表了一种普遍的参与，利益分散于广大普通投资者当中，这种分散性利益的存在虽然将公司的经营风险进行了稀释，但是对于承担风险能力差别较大的广大自然人投资者来说，也有可能对其个人或者家庭带来灭顶之灾。因此为了控制个体风险，实际控制人作为公司的核心人员必须对中小投资者诚信，及时披露自身相关信息以及不违规代表公司进行商事行为就成为其遵守这一原则所应履行的基本信义义务行为。当然处于“消极地位”并不意味着实际控制人与公司、中小股东之间利益关系的渐行渐远，而只是说明它们在利益诉求上具有大体上的一致性，不像在有激烈的利益冲突时，需要通过积极的作为去争取自身利益最大化。利益的竞争就意味着需要法律的规制，相反在利益趋于一致时，信义义务规制的必要性和程度则大大降低了，这也是实际控制人处于“消极地位”比处于“积极地位”少承担信义义务内容的根本原因。

第三章

上市公司实际控制人在信息披露中的义务

一、上市公司实际控制人信息披露义务概述

（一）资本市场信息披露制度的理论基础

随着商品经济的发展，信息已日益成为人类社会最为基本的生产要素。现代资本市场的效率高低从根本上取决于信息的有效性，这是现代资本市场要素理论的基础。对此，信息经济学认为，“资本市场分散风险、价格发现、资源配置等重要经济功能的发挥前提，在于资本市场的信息功能，这是因为资本市场分散风险的有效性取决于证券价格的有效性，价格发现功能取决于证券价格的信息含量，资源配置的有效发挥取决于资本市场的有效性”。因此，信息是资本市场核心功能有效发挥的基础性要素。[1] 然而，作为“公共产品”的信息从其生产之初便呈现出不完备性（imperfect information）和非对称性（asymmetric information）的天然属性。在现代资本市

[1] 张宗新. 上市公司信息披露质量与投资者保护［M］. 北京：中国金融出版社，2009：24.

场中，信息的上述外部性属性致使信息在不同的市场参与者之间在数量和质量上的分布有异，而信息获取上的差异进一步阻碍了资本市场中各项资源“帕累托最优”❶ 配置的实现。

正如美国大法官 Louis Brandeis 所述，“阳光是最佳的防腐剂，灯光是最有效的警察”。信息披露则是解决资本市场中信息不完备和不对称的有效手段。资本市场中的信息披露，又称持续信息公开，其含义是证券发行人或上市公司按照法定要求将自身财务、经营等情况向证券管理部门报告，并向社会公众公告的活动。信息披露制度就是规定信息公开的内容、时间、方式、程序等事项的法律制度。❷ 在资本市场上，成熟的信息披露制度要求证券发行人和上市公司必须遵循无差别披露的基本原则，向所有资本市场参与者及时、充分、可靠地进行信息披露，以保证证券信息在不同的投资者之间动态性、无偏的分布。

英国是信息披露制度的起源地，这里催生了世界上最早的信息披露制度，构成了信息披露制度的基本雏形。如“南海泡沫事件”（South Sea Bubble）推动了《1720 年欺诈防止法案》（*Bubble Act of* 1972）的颁行；1844 年强制性信息披露原则（The Principle of Compulsory Disclosure）在《英国合资公司法》（*The Joint Stock Companies Act*）中得以建立等。尽管英国作为信息披露制度的起源地，但美国却成为该制度的集大成者并将之发扬光大。美国堪萨斯州最早于 1911 年颁布了《蓝天法》（*Blue Sky Law*），成为美国信息披露制度发展之滥觞。为避免重蹈美国 1929 年以来华尔街经济大萧条的覆辙，美国联邦政府在充分调研的基础上于 1933 年、1934 年先后颁布了《证券法》和《证券交易法》。这两部法律首次贯彻了公司财务公开原则，标志着信息披露制度在现代公司企业管理制度中得以全面树立。❸ 通过对信息披露制度的历史溯源不难发现，信息披露制度的产生和发展都伴随着资本市场对信息透明度的迫切现实需要，而学术界对信息披露的理论研究成果则成为信息披露制度发展的坚实基础。

---

❶ 帕累托最优（Pareto optimality），也称为帕累托效率、帕累托改善，是博弈论中的重要概念，并在经济学、工程学和社会科学中有着广泛的应用，是指资源分配的一种理想状态，假定固有的一群人和可分配的资源，从一种分配状态到另一种状态的变化中，在没有使任何人的境况变坏的前提下，使得至少一个人变得更好。

❷ 施天涛. 商法学［M］. 北京：法律出版社，2010：299.

❸ ［EB/OL］.［2013-08-16］. http://baike.baidu.com/view/1322942.htm.

在现代资本市场中，信息的核心地位决定了信息披露制度成为学术研究的永恒话题，包括经济学、法学在内的各学科从不同的角度构建了各自的信息披露制度的理论体系。

1. 资本市场信息披露制度的经济学基础

(1) 交易费用理论

通常认为现代产权理论体系的基石是交易费用理论。交易理论的核心观点认为：第一，市场交易费用会因企业与市场这两种可替代的资源配置机制的固有缺陷而极为高昂，这些缺陷主要体现为有限理性、不确定性、小数目条件以及机会主义等；第二，企业正是应节约交易费用的使命而生，唯有企业可以作为代替市场的新型交易形式而有效节约交易成本；第三，企业之所以有不同的组织形态和类型，也始终是围绕节约交易成本这一终极命题衍变而成。该理论一开始主要被用来解释企业产生的经济学动因，揭示企业存在的本质。随着经济学自身的丰富和发展，新制度经济学成为其中一个重要分支。新制度经济学认为“制度先于行动，制度引导行动”[1]，而制度产生的根源在于交易费用，市场交易者对降低交易费用的追求成为推动制度产生、发展的根本动因。

随着信息经济时代的来临，信息的获取已经成为保障交易达成、交易安全、交易成功的关键要件。因此，交易各方往往选择花费大量的人力、物力、财力以达搜集交易所涉及的商业信息之目的。在愈是复杂的市场中，人们会愈发积极地搜集交易所需的信息，同时，获取信息的成本就会愈发高涨。然而，信息与普通商品不同的是，信息的价值在实际获得并使用前是无法准确衡量的。易言之，交易各方在搜集信息时事无法估计出获取信息的合理成本，也就无法判断出信息的“性价比”，这就是所谓的“信息悖论”。获取信息成本的无法判断，带来了交易费用的不确定性。人们希望通过制度设计来终结这种交易费用的不确定性，借助制度的安排，降低信息搜集成本，提高交易信息透明度，进一步降低交易费用。

资本市场中，投资者同样面对着无法判断信息“性价比”的信息悖论，而且市场规模越大、股权越分散，投资者就愈发难以获得真正有价值的市场交易信息。信息披露的制度安排，正是基于破解资本市场中信息获取困

[1] 胡静波．我国上市公司信息披露制度及其有效性研究［D］．长春：吉林大学，2009.

局，降低交易费用的现实交易需求，在充分平衡资本市场交易参与者利益的基础上制定出来的。一个成熟、健康、高效的资本市场的主要特征，就是在证券发行人的信息披露过程中能够确保及时、完整、真实、准确和公平，并通过监管和执法来有效地遏制欺诈和其他各种不当行为，❶ 减少资本市场中因信息悖论产生的外部性。

（2）委托—代理理论

委托—代理理论（Principal-agent Theory）产生于20世纪初叶，为美国经济学家伯利和米恩斯所提倡，其初衷是为克服企业所有者兼负管理职能之弊端。该理论是制度经济学契约理论的重要组成内容，核心内容在于研究论证一个或多个主体根据明示或默示的契约而指定、雇佣第三方在拥有一定决策权利的情况下代为履行管理等服务职能，并由此建立起根据绩效而定的报酬评价机制。在现代企业治理结构中，所有权与经营权的两权分离已经成为内部治理的基本模式。现代企业的两权分离使得企业内部分化为“所有者”和“管理者”两个层次，企业所有者保留剩余索取权，而将经营权利让渡给管理者。委托—代理理论要解决的就是在委托人（企业所有者）与代理人（企业管理者）之间如何通过契约制度安排，如何合理设计绩效奖惩制度来处理因信息掌握程度差异而可能引发的利益冲突，从而趋同存异，达成效益最优。

在现代资本市场中，信息不对称及其衍生出来的信息和激励问题是普遍存在的，阻碍了资本市场核心功能的有效发挥。信息不对称主要意味着不同的市场参与者掌控相关市场信息的程度不一，部分主体拥有的信息差别于大众主体的信息并可能拥有私人信息。信息不对称起源于企业家和外部投资者之间的信息差异和激励冲突，严重损害了市场运行效率，更严重的可以导致整个资本市场崩溃。对此，委托—代理理论认为，首先应建立最优的契约安排和合理的激励机制，尽可能地降低管理者与所有者的利益冲突，然后应建立外部的监督机制来防止管理者的欺诈和隐瞒。上市公司市场信息披露制度正是理论上的外部监督机制在资本市场中的反射。“委托—代理理论下形成的柠檬问题、道德风险等问题，都需要通过强制性信

---

❶ 上海证券交易所研究中心．中国公司治理报告（2008）：透明度与信息披露［M］．上海：复旦大学出版社，2008：1.

息披露制度进行约束，才能保证信息真实、完整、及时、准确地披露，从而提高资本市场的效率”。[1]

(3) 信号传递理论

信号传递理论的主要论点认为如果买方对某一商品的信息掌控不全而产生对商品品质的盲区，则会因为这种信息不对称的原因选择按照平均价格去购买该商品。此时，解决逆向选择问题的一个方法是信号传递。实现交易的帕累托改进的唯一渠道就是，卖方通过某种方式将其所拥有的全面信息或私人信息有效传递给买方，或买方以一定手段诱使卖方主动揭露相关信息。[2]

信号传递理论实际上构成了上市公司的自愿性信息披露的理论基础。在资本市场中，投资者很难充分了解市场中存在的投资与风险信息，进而无法判断出证券的投资价值，无法作出符合自身利益最大化的投资决定。此时，投资者往往会根据市场的平均价格支付所有的证券对价，资本市场的逆选择就此产生。按照信号传递理论，上市公司为了获取更多投资者的青睐，进而获得更多的资金投入，会主动选择将自身的日常经营、财务信息予以公开，向投资者和市场传递公司未来价值的信号。业绩良好的上市公司具有强烈的动机将自己的经营成果传递给市场中的投资者，以便彰显公司的真正价值。在这种情况下，业绩一般的公司也倾向于通过主动的信息披露，向投资者宣示自身并非业绩较差的公司。反观经营业绩较差的公司，也可能会自愿披露对投资者具有重要的参考价值的前瞻性信息，以增强投资者对公司未来成长的信心。

(4) 有效市场假说

尤金·法玛（Eugene Fama）于1970年对相关理论进行深化，提出了有效市场假说（Efficient Markets Hypothesis，EMH）。所谓有效市场理论是指，鉴于现代社会的信息交流和信息竞争快速而繁忙，某一信息极容易形成由点到面的传播效果从而迅速被投资者侦知。继而通过产品价格充分及时反映因该信息导致的金融市场竞争格局的变化，从而使得投资者针对该信息所进行的交易只能获得风险调整的平均市场报酬率，而不存在非正常

[1] 胡静波．我国上市公司信息披露制度及其有效性研究［D］．长春：吉林大学，2009.

[2] 张惠娟．中国上市公司治理信息披露研究［D］．长沙：湖南大学，2007.

的报酬。❶ 根据对信息的不同理解，有效市场一般被划分为弱式有效市场、半强式有效市场和强式有效市场三种类型。按照强式有效市场假说，一个公司营运的所有信息包括公开或未公开的内部信息均会在强式有效市场中通过股票得以充分反映，即便是基金或拥有内幕消息者也无法在强式有效市场中获取超额利润。然而，强式有效市场只能是一种理论上的理想状态，世界各国的资本市场，即使是如美国那般历史悠久，制度相对完善，仍不能达到强式有效市场理论假说的程度。

根据有效市场理论，发行市场和交易市场一样，证券信息在产生、传递、接受、反馈等环节的公开透明程度是影响资本市场有效性指标的最为根本的因素。信息透明度越高，资本市场的有效性就会提高，向着强式有效市场发展；反之，资本市场的发展方向则是弱式有效市场。易言之，信息披露制度是保证资本市场有效性的根本性制度安排，其保证了资本市场信息供给环节的真实、完整、及时、准确。信息披露的足够程度及其真实性至为关键，若某一证券产品在发行或交易时刻意隐瞒了部分关键信息或进行虚假披露，则即便对披露信息作了恰当的传播分析和反馈，也决定了投资者基于披露的信息做出的购买、出售等决策不是有效的，所映射出的需求也非真实需求，因而基于该需求基础之上形成的证券价格及价格的变化并不能真正体现其投资价值，亦不能真正体现实际资本的运动状态。❷

2. 资本市场信息披露制度的法理基础

信息披露产生之初并不具备制度形态，仅仅是人类社会中普通经济现象之一，其被纳入各国资本市场法律规范体系中则是发展到一定阶段的事情。上文论述仅是从经济学角度对信息披露这一经济现象产生、存在、完善的理论基础的探究。然而，经济学却无法对信息披露由一种经济现象上升为资本市场的常态性制度作出解释。正如西方法谚所云："上帝的归上帝，恺撒的归恺撒"。这一问题属于法学的研究范畴，同时也只能从法学研究范式中寻找到答案。

---

❶ 宋理升．上市公司信息披露透明度研究——基于实际控制人控制与制衡的视角［M］．成都：四川大学出版社，2011：43.

❷ 宋理升．上市公司信息披露透明度研究——基于实际控制人控制与制衡的视角［M］．成都：四川大学出版社，2011：46.

(1) 法律乃秩序与正义的综合体的本质使然

博登海默认为："(法律) 为人们所要求的这两个价值 (指秩序与价值) 的综合体，可以用这句话加以概括，即法律旨在传授创设一种正义的社会秩序 (just social order)"。[1] 探究资本市场，上市公司的信息披露之所以被纳入法律规范体系中，进而形成自身独特的制度体系，是因为其能够满足法律构建正义的市场秩序的需要。正义，历来就是一众说纷纭、各执一端的价值观念。按照罗尔斯"正义论"的观点，[2] 在资本市场中，包括信息在内的各市场要素在各市场参与者之间的平等分配符合正义所包含的"机会公平平等原则"。然而，信息的天然属性即是不完备性和非对称性，尤其在资本市场中，信息的上述属性更是表现得淋漓尽致。各市场主体，尤其是投资者与上市公司之间的信息不对称违背了资本市场中的正义的需求，产生了不正义的因素。不可否认的是，上市公司的信息披露能够在一定程度上克服由于信息不对称所带来的不正义，然而这种克服是一种不彻底、混乱的对正义的恢复。试想一下，未经制度化的上市公司信息披露会出现以下两种结果：其一，并不存在法定的统一标准，上市公司披露的信息质量必然参差不齐、良莠混杂；其二，在一部分公司进行信息披露的同时，必会存在另一部分不愿进行信息披露的上市公司。正如博氏所言，"正义需要秩序的帮助才能发挥它的一些基本作用"[3]。在这种情况下，正义需要秩序才能予以匡扶，而"秩序的维续在某种程度上是以存在一个合理的健全的法律制度为条件的"[4]。也即，资本市场中信息公开秩序的维续，需要将信息披露纳入法律规范体系中，并通过立法设计构建完善的信息披露制度体系。只有如此，资本市场中存在的信息分配的不正义才能彻底克服。由此可见，信息披露制度的"入法"，是正义与秩序这二者的共同要求，同时也是构建资本市场中正义的市场制度的必要组成部分。

---

[1] 博登海默. 法理学 [M]. 邓正来，译. 北京：商务印书馆，2004.

[2] 罗尔斯认为，"所有的社会基本价值 (或者说基本善) ——自由和机会，收入和财富、自尊的基础——都要平等地分配，除非对其中一种或所有价值的一种不平等分配合乎每一个人的利益"，即是正义。参见：约翰·罗尔斯. 正义论 [M]. 何怀宏，等，译. 北京：中国社会科学出版社，1988：92.

[3] 博登海默. 法理学 [M]. 邓正来，译. 北京：商务印书馆，2004.

[4] 博登海默. 法理学 [M]. 邓正来，译. 北京：商务印书馆，2004.

（2）商法维护交易公平之价值取向使然

商事法律制度中的维护交易公平原则更多的是一种程序意义上的公平，强调的是维护商事交易的公平性，主要包括两方面的内容，“一是当事人的法律地位一律平等；二是当事人应当依照诚实信用的原则从事交易活动”❶。现代资本市场的重要特征是开放，具备合格投资者条件的法律主体均可以进入市场，进行投资活动。作为商事法律重要组成部分的《证券法》的一个重要任务，是保证进场投资者的平等的法律地位和均等的市场机会。在该市场中，信息是投资者追求自身利益与进行理性投资决策最为重要的市场要素。从全世界范围来看，证券投资者要想有效评判公司投资价值从而获得均等的交易机会，就必须对浩繁的上市公司状况做到全盘了解，包括公司背景、业务、财务状况、竞争力分析等。总而言之，为避免证券市场成为信息封闭的“黑匣子”，让公平的观念和公开的阳光照耀于市场信息大环境，就必须坚定不移地推行信息共享，这既是广大投资者的最起码要求，也是每一个市场投资主体应当遵循的基本准则。唯有确立信息披露制度，方能真正贯穿公平理念，实现信息共享。❷

（二）上市公司实际控制人承担信息披露义务的正当性

通常认为，上市公司是资本市场中最主要的信息生产者、提供者，信息披露制度的设计应该围绕着上市公司展开。最初，在各国资本市场中，法律将上市公司作为信息披露制度中唯一的义务主体予以规范。随着公司治理理论和实践的转变，❸ 上市公司股东、实际控制人、董事、高管被一一纳入信息披露义务主体中。虽然信息披露义务主体的扩张早已出现在实践中，但现有理论研究并没有对上述主体承担信息披露义务的正当性作出充分合理的解释，至多将该现象的产生笼统地归因于“信义义务的扩张”，而少见理性的探讨。有鉴于此，结合文章主题，本书将对上市公司承担信息披露义务的正当性展开研究与论述。

---

❶ 施天涛．商法学［M］．北京：法律出版社，2010：19.

❷ 李如万，赵建平．证券信息披露制度的法理基础和依据［J］．成都大学学报：社科版，2003（1）.

❸ 从未来公司治理理论和实践的发展趋势上看，世界各国的公司治理模式逐渐趋同，都强调企业应为所有者的利益相关者服务，公司治理理念开始由“股东至上”向“共同治理”转变，实践中则从以大股东为主的治理向各利益相关者通过各种途径全面参与治理转变。下文将详细论述。

1. 实现实质正义之要求

法哲学认为，法律义务本质上是法律强制法律关系主体承担的一种不利益。法律之所以设定这种不利益，在于法律对于实质正义的追求。正如罗尔斯所言："所有的社会基本价值（或者说基本善）——自由和机会，收入和财富、自尊的基础——都要平等地分配，除非对其中一种或所有价值的一种不平等分配合乎每一个人的利益"❶。法的实质正义观正是建构在对"合乎每一个人的利益"的追求上，当社会经济利益方面的不平等不可避免且为社会发展所需要，则这些不平等必须受到两个方面的限制：差别对待原则（针对最少受益者）和机会公正平等原则。其中差别对待原则体现了实质正义的精髓。❷

上市公司实际控制人承担信息披露义务正是差别对待原则在《公司法》《证券法》领域的具体体现，也是法律对实质正义追求的必然选择。当实际控制人与上市公司利益一致时，控制权的行使就会沿着公司利益最大化的轨道进行。然而，当实际控制人与上市公司利益诉求出现矛盾时，其在行使上市公司控制权时，往往会追求自身利益的最大化，牺牲公司及相关股东的利益。在这一过程中，上市公司实际控制人始终处于"最大受益者"的状态，而上市公司及其股东、资本市场投资者则有可能沦为"最小受益者"，利益分配上的不正义由此产生。对此，法律通过为上市公司实际控制人设定强制信息披露义务，以实现矫正这一"不正义"的目的。上市公司实际控制人承担信息披露义务，是法律在资本市场核心要素——信息的分配上，向上市公司及其股东、投资者的倾斜，使得公司控制情况更趋向透明，从而更好地发挥资本市场信息披露的功能，对维护资本市场中各主体权利义务的平衡具有十分重要的意义。

2. 禁止权利滥用之要求

法哲学认为，权利并非绝对，权利的行使必须受到一定的限制，否则权利人权利滥用之倾向将被无限放大，造成他人合法权益或社会公益之损害。现今，禁止权利滥用的观念已成为民商事法律的基本特征，各国民商事立法均把这一观念确立为基本原则，成为一切民商事主体必须遵守的行

❶ 约翰·罗尔斯．正义论［M］．何怀宏，等，译．北京：中国社会科学出版社，1988：92.
❷ 许剑宇．公司实际控制人法律规制研究［D］．北京：中国政法大学，2009.

为准则。就实质控制人而言，其通过投资关系、协议或者其他安排取得并掌握着上市公司的控制权，而该项权利的行使将对上市公司及各利益相关者产生举足轻重的影响，同时由于上市公司的公众属性，社会公共利益亦在其影响范围之内。法学理论认为，权利主体均是自利的经济人。防止实际控制人滥用上市公司控制权不能寄希望于不可琢磨的“人性光辉”，而更应该依靠严密的法律制度。“阳光是最好的防腐剂，路灯是最好的警察”，公开则是防止权利滥用的最有效的武器。上市公司控制信息的公开，能够使得实际控制人的控制行为暴露在“阳光”下，上市公司的内部控制信息不再是“黑幕”后的秘密。同时，信息的公开通过压缩实际控制人滥用上市公司控制权的空间，有利于资本市场中“用脚投票”机制的充分发挥。在充分了解信息的基础上，投资者会更加理性、慎重地制订投资计划，选择投资对象，那些存在实际控制人滥用控制权现象的上市公司则有可能被排除在外。因此，禁止上市公司实际控制人滥用控制权，接受法定信息披露义务的约束成为资本市场信息披露制度的必然选择。

3. 权利义务一致性之要求

权利义务的一致性是自然正义的基础，正所谓“没有无义务的权利，也没有无权利的义务”。《宪法》第33条中明文规定：“任何公民享有宪法和法律规定的权利，同时必须履行宪法和法律规定的义务”，这标志着权利义务相一致已内化为我国法律制度的基本指导思想。法学理论认为，权利义务的这种一致性应当体现在“质”与“量”的两个维度上。在公司治理领域，公司控制权的享有对应的是信义义务的承担。就实际控制人身份、行为等公司控制信息的了解程度而言，上市公司实际控制人最为彻底、清晰。这种信息上的优势，是公司控制权所产生的额外利益。根据权利义务相一致原则，利益的享有必须对应着一定义务的承担。信息披露义务正是对应信息优势最为恰当的法定义务，而上市公司实际控制人则是披露公司控制信息的最恰当的主体。

（三）上市公司实际控制人承担信息披露义务的必要性

1. 实际控制人对上市公司信息披露透明度的影响

上市公司信息披露透明度，直接决定了资本市场信息供给环节的顺畅程度，是业界评价一个国家资本信息功能的主要考量因素。当前，上市公司信息披露透明的研究仍是学术热点，且多数研究成果均集中于影响因素的辨析。信息经济学认为，影响上市公司信息披露透明度的因素很多，大致可以划分为基本因素、治理因素以及绩效因素三种类型。上市公司实际控制人对上市公司信息披露透明度的影响，属于“治理因素”的研究范畴。现有的理论和实证研究成果表明，实际控制人的存在对上市公司的信息披露透明度是客观存在的，并表现出一定的规律性。

（1）当实际控制人为民营企业时，公司信息披露质量较差❶

从公司治理角度出发，民营企业相较于国营企业，其内部治理结构大多不具备现代企业治理的特征，往往表现为企业所有权与经营合一，控股股东控制着公司的日常经营；企业治理机构不健全，公司控制权缺乏有效的制衡；企业的经营决策具有较大的任意性，缺乏程序性的制度保障。诚然，民营企业的内部治理结构一定程度上有助于解决企业内部经营权与所有权分离所产生的代理成本问题，但是其使得企业经营信息更加集中、隐蔽，加剧了企业内部的信息不对称。出于企业治理结构和经营习惯的惯性，民营企业作为上市公司的实际控制人，往往会选择利用手中的控制权，隐瞒其实际控制上市公司的事实，同时将上市公司的信息披露程度压制在法律强制要求的最低限度之下，罔顾应有的透明程度。现有的实证研究成果，通过对我国上市公司信息披露透明度的实证分析，已对此作出了充分证明。❷

（2）实际控制人的股权比例与信息披露质量正相关

实际控制人股权比例的提高有助于公司透明度的提高，表明实际控制人股权比例的提高有助于缓和实际控制人与其他股东之间的冲突，降低代理成本。❸ 在信息经济学的语境中，实际控制人的股权比例是通过控制权与现金流权分离程度来衡量的。研究发现，实际控制人的现金流权越小，控制权与现金流权偏离程度越高，即实际控制权股权比例越低，上市公司信

❶ 陈耿，龚玲，刘星．实际控制人对公司信息披露质量的影响研究［J］．重庆大学学报：社会科学版，2013，19（1）．

❷ 陈耿，龚玲，刘星．实际控制人对公司信息披露质量的影响研究［J］．重庆大学学报：社会科学版，2013，19（1）．

❸ 陈耿，龚玲，刘星．实际控制人对公司信息披露质量的影响研究［J］．重庆大学学报：社会科学版，2013，19（1）．

息披露透明度越低。[1] 反之，实际控制权股权比例越高，上市公司信息披露透明度越高。

（3）信息披露的透明度与上市公司控制层级繁杂性成反比

即若上市公司的实际控制人拥有多重代理或委托契约关系来对信息进行稀释，那么信息透明度将显著降低，该类现象在非国有的上市公司中尤为普遍。[2]（朱松，2006）委托——代理理论认为，代理环节的增加，必然会加剧最终端的代理人与委托人之间的信息不对称，代理成本也会随之增加。在多层代理中，契约安排与激励设计的成本亦会水涨船高，甚至会超过代理成本。面对这种情况，终端委托人会选择花费较低成本的契约安排及激励机制，如此一来，信息不对称将进一步加剧，信息透明度将进一步降低。现有的实证研究成果，通过对我国上市公司信息披露透明度的实证分析，已对此作出了充分证明。

综上，实际控制人的存在对上市公司信息披露透明度会产生或大或小、或正面或负面的影响。究其原因，代理理论对此的解释更接近其本源，较为可采。在上市公司中，实际控制人和股东同为委托人，有所不同的是，实际控制人可通过操控投资关系、安排相关协议达到控制公司的目的。换言之，上市公司的所有权与经营权在实际控制人身上得到了一定程度上的统一。如此一来，实际控制人相较于其他股东、资本市场投资者掌握更多、更详实的公司经营情况，且实际控制人通过其优势地位利用各种可能的手段操控公司，已经事实上加剧了信息不对称情况的严重性。[3] 代理理论指出，委托人与代理人作为“理性的经济人”，其所追求的均为自身利益的最大化，在这一过程中，委托人与代理人的利益诉求往往是不一致的。为追求自身利益的最大化，上市公司实际控制人倾向于选择利用其所具备的信息优势与控制权优势，影响上市公司的日常经营活动，尤其是干涉信息的正常披露。

2. 上市公司实际控制人承担信息披露义务的意义

从功能主义的视角，信息披露义务规则可以保证投资者利益得到妥善

---

[1] 韩慧博．公司治理、信息披露透明度与盈余管理［D］．吉林：吉林大学，2007.

[2] 陈耿，龚玲，刘星．实际控制人对公司信息披露质量的影响研究［J］．重庆大学学报：社会科学版，2013，19（1）.

[3] 徐来．实际控制人法律制度研究［D］．重庆：西南政法大学，2011.

保护，有利于改善公司的经营管理，促进公司资源的最优配置，同时也能够保障资本市场走向规范化发展道路。[1] 上市公司实际控制人承担信息披露义务不仅对上述信息披露制度传统功能的发挥影响深远，而且就信息披露制度本身而言，更具重要意义（一定程度上有利于上市公司公司所有权与经营权的分离）。

(1) 有助于提高上市公司信息披露透明度，促进我国资本市场信息功能的有效发挥

前文述及，上市公司实际控制人的存在对上市公司信息透明度的影响是客观存在的。在未来的法律演进中，将上市公司实际控制人纳入信息披露制度的规范下，使之承担相适应的信息披露义务，有助于通过控制信息的披露克服实际控制人间接或隐蔽地行使控制权，也有助于抑制其控制效应及层次的扩大，进而提高资本市场中上市公司信息披露的透明度。虽然实际控制人的存在对信息披露透明度的影响各具不同，但在逻辑递进上，上市公司是资本市场最主要的信息生产者，其信息披露透明度的提高，必然致使整个资本市场的信息“供给”更加真实、准确、完整，更符合资本市场的“三公原则”。信息披露制度是资本市场信息功能发挥的关键，信息供给透明度的提高带动其他诸如信息传递、信息接收、信息反馈等环节产生连锁反应，必然会使得资本市场中的信息功能能够得到真正有效的发挥。

(2) 有助于推动我国公司治理结构与全球公司治理理论和实践发展趋同

从未来公司治理理论和实践的发展趋势上看，世界各国的公司治理模式逐渐趋同，都认识到企业不应当仅仅为企业所有者的利益而存在，所有者的利益趋同者群体同样应当是企业利益的享有者。一方面，理论趋向于认为公司的治理不再是股东一家独大，而是利益相关者共同参与治理；另一方面，实际操作模式中也逐步从股东核心的治理方式转向利益相关者全面渗透参与的模式。[2] 利益相关者理论主张所有企业在其成长壮大的历程中依赖于所有利益相关者的共同参与和投入，单纯的股东等少数主体利益并非企业的利益方向，企业应当着眼于全体相关利益者的共同利益。这也正

[1] 李燕．证券法学［M］．武汉：武汉大学出版社，2009：167.

[2] 高明华．中国上市公司信息披露指数报告［M］．北京：经济科学出版社，2010：25.

是其与传统股东利益至上理论的最显著区别。从这个意义讲，公司本质上是一种受产品市场影响的企业实体，企业的生存和发展依赖于企业对各利益相关者利益要求的回应的质量，而不仅仅取决于股东。

上市公司实际控制人承担信息披露义务正是对这一公司治理发展趋势的回应。这一判断可以从以下两个方面予以证成：其一，从信息披露制度的目的与功能来讲，信息披露制度产生的初衷是保护投资者的利益，然而，现代资本市场的实践已经表明：上市公司及时、全面、真实的信息披露的利益保护功能已不只及于市场中的投资者，对维护包括上市公司股东、职工、债权人以及社会公众在内的利益相关者的相关权益亦具有十分重要的意义。由此可见，信息披露制度的产生虽然早于“利益相关者理论”，但却是这一理论的实践基础。从整体趋势上讲，相关信息披露义务施加于上市公司实际控制人之上将有效提升上市公司信息披露的透明度，而透明度的提高更是有利于各利益相关方相关权益的保护，是“利益相关者理论”在现代资本市场信息披露制度中的进一步贯彻与体现；其二，在市场经济条件下，尤其是现代资本市场中，信息优势早已成为各市场主体最为看重的谋利工具，而信息的公开则成为相关主体利益保护的关键环节。对此，将上市公司实际控制人纳入信息披露制度的规范之下，使之承担相适应的信息披露义务，有助于平衡实际控制人与上市公司其他利益相关者的信息不对称，为保护上市公司利益相关者的权益创造有利的信息条件。这种做法正与“利益相关者”理论的内涵相契合。

(3) 有助于推动我国资本市场信息披露制度与全球信息披露制度发展趋势趋同

信息披露制度的发展与公司治理理论和实践密切相关。同时，信息披露与公司治理之间存在天然的关联性与互动关系。信息披露制度的演进紧随公司治理机制的发展，从某种程度上来说，公司治理机制决定了具体的信息披露制度，二者是息息相关的。[1] 公司治理机制对信息披露制度的内容发挥着决定性作用，特定的公司治理机制要求建立内容、要求与质量与之对应的信息披露制度。科学性和规范性是未来信息披露制度发展的大方向，

[1] 公司所有权与经营权的分离形成了股份公司分权与制衡相结合的独特治理机制，同时促进了信息披露制度的产生与不断发展。

以“利益相关者理论”为例，唯有建立起内驱型自发信息披露制度而不是外驱型被动式披露制度方能满足诸多股东利益相关者的要求，也才能不断推动信息披露制度朝着科学、规范方向发展。[1]

所谓信息披露的内部驱动模式即是上市公司自愿性信息披露，而外部驱动模式则是上市公司强制性信息披露。前者向后者的转变，代表着资本市场信息对上市公司信息披露透明度的要求进一步提高，也意味着现代资本市场中的信息披露制度的“强制性”成分将愈来愈高。将上市公司实际控制人纳入资本市场信息披露制度的规范中，正是信息披露制度“强制性”成分不断提高的具体体现。一般情况下，上市公司的自愿性信息披露的标准、透明度及评级体系均不及强制性信息披露为高。将上市公司实际控制人纳入信息披露制度的规范体系中，是对现行信息披露制度内容的充实、范围的扩展、标准的提高，是对信息披露制度由外驱型被动式披露转化为内驱型主动式披露的进一步实践推进与深化。

二、上市公司实际控制人信息披露义务的理论构建

（一）上市公司实际控制人在信息披露中的义务辨析

理论上，信息披露有广义与狭义之分，二者的主要区别在于信息披露义务义务主体的范围，前者认为资本市场中各相关主体均应承担信息披露义务，后者认为信息披露义务仅需由上市公司承担。考察各国立法，有关信息披露制度的规定多采狭义信息披露概念，即制度规范主体呈现单一性，围绕着证券发行人（上市公司的前身）、上市公司制定相关制度规范。例如，《证券法》第63条明确规定“发行人、上市公司依法披露的信息，必须真实、准确、完整，不得有虚假记载、误导性陈述或者重大遗漏。”众所周知，上市公司承担着资本市场中绝大部分的信息披露要求。因而通过对比上市公司的信息披露研究，进而辨析上市公司实际控制人所承担的具体披露义务，更能借鉴其本质，最终有利于完善现有法律规范。鉴于本书的主要旨趣在于完善我国上市公司实际控制人的信息披露制度，因此下文的讨论将以我国现行的法律规定为限。

[1] 高明华．中国上市公司信息披露指数报告［M］．北京：经济科学出版社，2010：25.

1. 实际控制人信息披露义务的义务对象

（1）上市公司信息披露义务的义务对象

我国《证券法》对上市公司信息披露义务主体界定为“国务院证券监督管理机构和证券交易所”，也即上市公司一切信息披露行为必须直接向上述两个机构作出，并通过这两个机构将所披露的信息向资本市场及社会传递，否则上市公司的其他信息公开行为均不视为信息披露义务的履行。法律之所以有此规定，主要基于以下因素的考量：其一，上市公司是资本市场的直接参与者，同时也是市场信息的主要生产者，其所作出的信息披露行为应当接受国家证券监管机构、证券行业自律组织、证券交易所的监督与管理；其二，“公众性”是上市公司的基本属性，换言之，上市公司的利益相关者并不仅及于股东、职工、债权人、资本市场投资者等，还包括社会公众在内。因此，上市公司的信息披露义务必须通过“国务院证券监督管理机构和证券交易所”、间接向全社会履行；其三，国务院证券监督管理机构作为国家资本市场的监管者，证券交易所作为资本市场的实际载体，其职权范围应当包括接受、监督、管理上市公司信息披露义务的履行，进而向公众公开信息。

（2）上市公司实际控制人信息披露义务的义务对象

尽管上市公司实际控制人掌握的公司控制信息属于法定信息披露的范围，但是其是否应该直接向“国务院证券监督管理机构和证券交易所”履行信息披露义务仍有待商榷。与上市公司相比，上市公司实际控制人并非资本市场的直接参与者，也并不具备上市公司超强的“公众”属性，换言之，实际控制人并不具备向“国务院证券监督管理机构和证券交易所”进行披露信息的适格主体资质。将上市公司与实际控制人作主体捆绑，共同构成信息披露义务的承担者或许是解决之法，但具体操作时可能造成上市公司控制信息的紊乱，进而造成监管困难。通常认为，“实际控制人的信息披露义务是通过上市公司公开信息披露的方式实现的，即实际控制人应直接向上市公司及相关股东履行信息披露义务，告知自身信息，上市公司及相关股东再以公开信息披露的方式告知市场其他主体”❶。根据代理理论，上市公司实际控制人掌握着公司的控制权，实际上扮演着“代理人”的角

❶ 汪翠荣，马传刚．上市公司实际控制人信息披露问题研究［J］．证券市场导报，2006（8）：6.

色。信息的不对称，必然导致实际控制人与公司及相关股东之间的代理成本高企。为削减该代理成本，上市公司实际控制人对上市公司及相关股东承担信息披露义务是客观必然要求。同时，权利义务的一致性亦要求享有控制权的实际控制人应当对公司及相关股东承担包括信息披露义务在内的一系列信义义务。同时，法律如按照上述观点安排实际控制人的信息披露义务，不会对原有的资本市场信息披露制度体系造成冲击，有利于资本市场秩序的持续稳定。然而上述操作模式并不是唯一的可能性，“实际控制人也可以在特定情况下成为直接承担信息披露义务的义务对象，比如实际控制人是上市公司的收购人时，就务必在公开披露的收购报告中详细披露自身的信息”❶。

2. 实际控制人的信息披露义务的特殊性

实际控制人的信息披露义务相较上市公司信息披露义务而言，呈现出以下特殊性：

（1）实际控制人信息披露义务主体呈现多元性特点

上市公司信息披露的主体只有一个，即上市公司。我国对上市公司的定义为，经过国务院或国务院授权的证券管理部门批准并在证券交易所正式挂牌上市交易的股份有限公司。上述定义对上市公司的界定非常清晰明确，所有符合上述条件的资本市场主体均应承担上市公司信息披露义务。相比较而言，作为信息披露义务主体的上市公司实际控制人并不具备单一的内涵，在该项名称的包含下，不同形态的法律关系主体均可以根据不同的法律关系实际控制上市公司的主体。故而承担上市公司实际控制人信息披露的义务主体呈现出多元的属性，自然人、法人、其他组织都可以通过投资关系、协议等方式获得对上市公司的实际控制进而成为实际控制人，负担起相应的信息披露责任与义务。从现有规定看，“我国相关法律如《证券法》《公开发行证券的公司信息披露内容与格式巧号》《上市公司收购管理办法》都规定了具体的实际控制人信息披露义务主体，例如一致行动人、收购人、发行人、上市公司、股份持有人等”❷。

（2）上市公司实际控制人信息披露内容呈现层级性特点

实际控制人往往通过层次性的控制手段搭建起实际的控制体系，这种

❶ 汪翠荣，马传刚．上市公司实际控制人信息披露问题研究［J］．证券市场导报，2006（8）：6.

❷ 汪翠荣，马传刚．上市公司实际控制人信息披露问题研究［J］．证券市场导报，2006（8）：6.

层级性较突出地运用于金字塔形、多层控制型公司集团和公司网络之中。“根据实际控制人在公司的控权体系中所占据的层级划分，实际控制人包括了终极实际控制人和中间实际控制人两类。❶ 从层级式结构来看，上市公司处于控制的底层，上一层或多层是传导者中间实际控制人，唯有最高层的控制者才是终极实际控制人。上市公司对外披露所需的信息也应该按照这种控制结构层层传达，终极实际控制人将其所掌握的信息传递到中间实际控制人，中间实际控制人则需将其接收到的信息连同其自身掌握的控制信息向上市公司传递，上市公司则需将上述信息按照法律规定进行披露。这种信息的一次传递机制，将导致上市公司最终披露出的有关实际控制人的信息内容呈现出鲜明的层级性。

（3）上市公司实际控制人信息披露结果呈现终极性特征

所谓结果的终极性特征是指上市公司实际控制人所披露的信息必然要求公开至终极实际控制人所掌握的信息为止。“中间实际控制人是自然人的，实际控制人应是某个自然人或相互之间具有某种安排的若干个自然人；中间实际控制人是民营企业的，实际控制人也应是某个自然人或相互之间具有某种安排的若干个自然人；中间实际控制人是国有企业、事业单位的，实际控制人应是国有资产监督管理机构或其他国有资产管理部门；中间实际控制人是集体企业、职工持股会等其他特殊主体的，实际控制人应是控制该特殊主体的单位或自然人”❷。

3. 实际控制人与上市公司信息披露义务存在一定关联性

对上市公司和上市公司实际控制人所负有的信息披露义务进行比较后发现，二者不仅存在相互迥异的特殊性，而且表现出共同关联的属性。首先，在内容上，实际控制人所要披露的信息最终落于上市公司披露的信息范围之中。如上市公司实际控制人需披露：关于实施控制权的方式和内容；控制权的获取途径与方式；控制权有无变动、转让等；实际控制人和一致行动人的相关信息；对公司重大决策如重组、清算、解散等事项的参与情况等。❸ 简而言之，控制权实施的相关信息均为实际控制人履行披露义务的

---

❶ 徐来．实际控制人法律制度研究［D］．重庆：西南政法大学，2011.

❷ 汪翠荣，马传刚．上市公司实际控制人信息披露问题研究［J］．证券市场导报，2006（8）：6.

❸ 徐来．实际控制人法律制度研究［D］．重庆：西南政法大学，2011.

客体。上市公司信息披露的内容可以分为财务信息和非财务信息，其中非财务信息主要用于描述公司治理的决策、过程、结果以及治理机制的相关信息。换言之，上市公司非财务信息披露的实质在于将公司治理、控制情况等信息公开，也即公司控制情况是上市公司所需履行的信息披露义务中重要的公开内容。其次，在机制上，上市公司实际控制人的信息披露最终需借助上市公司履行信息披露的责任传送至证券交易市场。前文已经述及，实际控制人承担的信义义务需要通过履行信息披露义务进行体现，换言之信息披露义务是信义义务的一部分。鉴于这一点而言，实际控制人仅对上市公司及相关股东承担信息披露义务。然而，信息披露义务的履行不能仅停留于“内部公开”层次，信息向证券市场、全社会公开才构成信息披露义务的完全履行。鉴于此，实际控制人向证券市场、全社会公开的披露义务只能通过上市公司公开信息披露的方式予以实现。最后，上市公司与其实际控制人各自承担的信息披露义务共同构成了证券市场对公司控制信息的披露。上市公司实际控制人的身份决定了其对公司控制信息的掌握最为全面、真实、完整。法律强制上市公司实际控制人将其所掌握的信息向上市公司及其他股东进行披露，再由上市公司通过其披露行为将公司控制信息向证券市场、社会公众予以公开。这一过程的完成意味着证券市场公司控制信息披露的实现，而上市公司及其实际控制人各自承担的信息披露义务正是这一过程中不可或缺的两项基本环节。二者之间相互配合，才能实现公司控制信息的及时、完整、真实、准确和公平。

（二）内容的类型化

1. 上市公司实际控制人信息披露内容的界定

所谓上市公司控制信息，一般认为是实际控制人所承担的信息披露义务指向的主要内容。在现行信息披露制度体系中，有关公司控制信息的公开属于公司内部控制信息披露制度的范畴，所以上市公司的控制信息必须遵循内部控制信息披露的指导性规则。也就是说，实际控制人承担的信息披露行为应被表述为上市公司实际控制人的内部控制信息披露行为更为恰当。

根据美国 COSO（全国虚假财务报告委员会下属的发起人委员会）的界定：内部控制指的是公司高层管理机构（如董事会、高管、其他关键人物）为实现特定目标或保障特定目标的达成而进行控制、影响的过程。这些特定的目标包括：营业成效（Effectiveness and efficiency of operations）、财务报告的可靠性（Reliability of financial reporting）和遵守法律和条例（Compliance with applicable laws and regulations）。而“内部控制信息披露的含义则囊括了企业管理层披露关于企业完整性、合理性控制与评价的信息意愿，同时又寓含了为满足相关利益牵涉主体信息公开的需求，从而联结起信息披露到利益共享的桥梁。”❶

现代公司治理理论认为，公司的股权结构决定着公司的治理结构。而上市公司的治理结构又决定着证券市场中信息披露制度的设置。在美国，公司治理结构奉行“董事会至上”主义，加之上市公司股权结构呈现高度分散的特征，上市公司实际控制权往往掌握在公司董事会或管理层手中。上市公司公司控制权的分布状况必将对证券市场信息披露制度的变革产生直接的影响。基于此，在《萨班斯法案》（*Sarbanes-Oxley Act*，SOX）以及COSO内部控制整合框架的制度设计中，对上市公司披露内部控制信息的责任主体明确指向其董事会、高管成员等。❷ 上述制度设计背后隐藏着“掌握公司控制权的主体，应履行相关信息的披露义务”的逻辑脉络。

众所周知，美国证券市场已发展得相对成熟，其制度设计尤其是信息披露制度成为包括我国在内的各国证券市场制度构建的借鉴对象。这是否意味着，美国有关上市公司内部控制信息披露制度的规定，尤其是义务主体的设定能够直接适用于我国证券市场。显然，答案是否定的。我国的上市公司呈现集权式控制的现状，大部分上市公司的股权都集中于单个控股股东或国有股东手中，公司管理机构如董事会等均需遵照大股东意志设定。❸ 据统计，我国上海和深圳两地上市的上市公司中仅有不到60家散布于金融、化工、医疗等行业的公司没有实际控制人。我国上市公司股权结构的特点决定了，上市公司的控制权并非完全被“董事会、高级管理层”所垄断，更多的情况是公司实际控制人掌控着公司。而上市公司公司治理

---

❶ 宋绍清．中国上市公司内部控制信息披露制度性研究［D］．武汉：华中科技大学，2008.

❷ 胡蕾，祝焰．中美上市公司内部控制信息披露比较研究［J］．武汉理工大学学报：信息与管理工程版，2010（32）：5.

❸ 缪艳娟．英美上市公司内部控制信息披露制度对我国的启示［J］．会计研究，2007（9）：67-76.

结构的这种特点，则要求证券市场监管者必须将上市公司实际控制人纳入上市公司内部控制信息披露的制度规范中，使之承担与其享有的公司控制权相对应的信息披露义务。因此，在我国证券市场中，我们发现上市公司内部控制可从以下角度加以诠释："由公司包括实际控制人、利益相关人、管理层及所有职员共同参加的，旨在达成既定发展目标而采取的一定策略或制度安排方案"。

上市公司实际控制人承担的信息披露义务则应被具体化为"内部控制信息披露义务"，其指向的内容亦应确定为上市公司内部控制信息。何为内部控制信息？抽象定义认为，"内部控制信息应为按照企业管理者的意愿或遵循一定的披露要求而披露的关于评价企业内部控制完整的、合理的有效信息"❶。列举式定义则更为清晰，"第一，不回避内部控制的先天性缺陷，认为内部控制的有效性可能因客观实际的变动而受到影响；第二，对外明确表示现有的企业内部控制是有效的，没有任何可能情况会导致企业财务报告、资产的安全完整受到极为不利的影响，若存在此类情况则须一并声明；第三，反映企业管理层所应负的责任。内部控制信息在披露时必须明确承认建立内部控制制度属于企业管理当局的应负责任，根本目的在于按照法律制度的规定保障相关财务报告的真实可靠性，并保证经营的效率和效果与报告揭示的内容一致；第四，对外揭示对内部控制制度设计的程序以及采用何种方式论证了企业内部控制制度不存在重大缺陷，否则应当一并声明存在重大缺陷；第五，管理当局对披露信息的担保。掌控企业内部控制信息的责任人或管理当局成员应当在披露的内部控制信息上签章确认，保证信息披露的真实性"❷。不难发现，上市公司控制人如何行使控制权直接影响上市公司内部控制信息的披露。为避免实际控制人利用多层控制、隐蔽控制等手段阻碍内部控制信息的真实完整披露，限定实际控制人信息披露义务的内容为公司内部控制信息显得十分关键。

不过前文所述的关于内部控制信息披露内容体系是基于公司管理当局（主要包括公司董事会、高级管理者）控制行为的特点所设定的，并不能完全地适应现实中上市公司实际控制人的复杂情况。应当认识到上市公司实

❶ 宋绍清．中国上市公司内部控制信息披露制度性研究［D］．武汉：华中科技大学，2008.

❷ 李少轩．我国上市公司内部控制信息披露研究［D］．镇江：江苏大学，2006.

际控制人信息披露内容体系的构建需在传统的公司内部控制信息内容的基础上，结合实际控制人控制行为的特点加以完善，其中最为重要的，根据上市公司实际控制人的分类对其披露的信息内容进行类型化设定。

2. 上市公司实际控制人信息披露内容的类型化探讨

公司实际控制人按照不同的标准分类也不同，总体上可分为：①按照其与公司之间的法律关系的差别，可以分为契约关系实际控制人、投资关系实际控制人以及其他关系实际控制人（例如表决权信托关系、表决权代理关系、亲属关系）三种不同的类型；②基于控制行为方式的不同，实际控制人可以分为控股股东实际控制人、经理层地位实际控制人、董事实际控制人等；③基于公司控制链上所处层次的不同，实际控制人分为中间实际控制人和终极实际控制人两类。[1] 在上述三项分类标准中，实际控制人控制行为方式，因其公司治理结构的属性，对证券市场信息披露制度的影响最为直接和深刻。上市公司实际控制人在控制行为方式上的不同特点必将反映在实际控制人披露信息的方式上。应当看到，对上市控制人披露信息制度研究侧重点以及内容的类型化探讨应该更多的依据基于控制行为方式划分的实际控制人具体类型进行。当然，不同类型的上市公司实际控制人信息披露内容仍具备许多共性，下文仅就不同类型所具备的特性展开论述。

（1）处于控股股东地位的上市公司实际控制人信息披露内容

我国《公司法》规定，“控股股东，是指其出资额占有限责任公司资本总额 50% 以上或者其持有的股份占股份有限公司股本总额 50% 以上的股东；出资额或者持有股份的比例虽然不足 50%，但依其出资额或者持有的股份所享有的表决权已足以对股东会、股东大会的决议产生重大影响的股东”。从上述定义可以看出，控股股东因其在公司股权结构中的持股比例优势，而享有占优的投票表决权，并通过影响公司股东（大）会决议的方式，形成对公司的有效控制。具体而言，控股股东对公司的控制主要体现在提名并决定半数以上董事的当选，以及参与公司的重大事项决策并影响决策的最终制定。典型的实际控制人控制模式中，控股股东往往作为实际控制人的“代理人”而成为公司控制链条中重要的一环，实际控制人通过操纵控股股东的行为来实现其对公司行为的支配。“如果实际控制人通过运用非

---

[1] 徐来．实际控制人的类型化初探［J］．上海金融，2012（6）．

法律规定的手段架空控股股东或采用特定程序或方式致使控股股东不能独立行使表决权而必须按照实际控制人的指令行事，甚至罔顾控股股东而自行行使控股股东的权利，使控股股东形同虚设或沦为实际控制人的代理工具。这种情况下的实际控制人即为处于控股股东地位的实际控制人”。[1]

如上所述，上市公司中处于控股股东地位的实际控制人行使控制权的特点在于利用控股股东“控股权”的面纱掩盖其享有的“实际控制权”实质。鉴于此，不能仅按通常披露义务来要求处于控股股东地位的上市公司实际控制人，而更应当将内部控制信息作为该类实际控制人的主要披露内容。具体而言，处于控股股东地位的实际控制人应重点就上市公司股东大会的内部控制机制的有效性作出相关信息的披露。首先，应表明实际控制人对股东大会内部控制的责任。实际控制人所负有的有效推动公司股东大会内部控制制度的责任，必须在其披露内容中予以强调，同时应当保证内部控制之目的是为达成公司整体利益，保障公司决议的可靠性并承诺遵守法律法规的规定；其次，应承认股东大会内部控制存在固有的限制。并且随着环境和情况的变化内部控制的有效性会发生改变；最后，上市公司实际控制人的承诺。公司高管层人员（包括董事长、总经理、财务负责人等）以及处于股东地位的实际控制人均应当签字确认对外披露的信息，以示对相关信息真实性作出保证。

（2）处于董事地位的上市公司实际控制人信息披露内容

董事（Director）是由公司股东大会按照公司章程及相关法律规定通过正当程序选派或任命产生的、实际行使公司管理权能的相关人员，属于公司高层管理机构的组成人员，对外可以代表公司进行相关活动。通常法律不限定董事必须是自然人，因此法人也可能成为董事，但实践中往往要求法人董事指派适格的自然人代为行使相应权能。各国法律均赋予了董事会广泛的公司治理职权，我国《公司法》亦不例外。纵观该法第 47 条的规定，法律赋予董事会的职权涉及了公司治理的方方面面，董事会因此而掌管着公司日常经营活动的决策权。而董事会对其职责的履行，则是通过董事会会议决议的方式进行。在这个过程中，多数董事的立场和倾向性就显得无比重要，公司控制权的行使和争夺也往往围绕着董事展开。公司的实

[1] 徐来．实际控制人法律制度研究［D］．重庆：西南政法大学，2011.

际控制人也有可能采取影响或控制董事在董事会会议上的行为来干扰董事独立行使职权，以达到控制的目的，比如采取利益关联、姻亲影响等手段。当实际控制人对董事的这种影响、甚至是支配扩大到多数董事时，董事会将成为实际控制人实现其意志的“私人机构”，董事会决议也仅仅是在为实际控制人的控制行为进行背书。在这种情况下，实际控制人成为“影子董事”“事实董事”，我们称为处于董事地位的实际控制人。❶

综合以上论述，上市公司处于董事地位的实际控制人行使控制权的特点在于利用董事会决议的合法性外观来掩盖其非法行使公司控制权的实质。鉴于此，不能仅按通常披露义务来要求处于董事地位的上市公司实际控制人，而更应当将内部控制信息作为该类实际控制人的主要披露内容。具体而言，上市公司处于董事地位的实际控制人应重点就公司董事会的内部控制机制的有效性作出相关信息的披露。首先，应表明实际控制人对董事会内部控制所担负的责任义务。实际控制人所负有的有效推动公司股东大会内部控制制度的责任，必须在其披露内容中予以强调，同时应当保证内部控制之目的是为达成公司整体利益、保障董事会决议的可靠性，而且还应当明确承诺遵守法律法规的规定；其次，应承认董事会内部控制存在固有的限制，并且随着环境和情况的变化内部控制的有效性会发生改变；最后，上市公司实际控制人的承诺。公司高管层人员（包括董事长、总经理、财务负责人等）以及处于董事地位的实际控制人均应当签字确认对外披露的信息，以示对相关信息真实性作出保证。

（3）处于经理层地位的上市公司实际控制人信息披露内容

公司经理层是一个集合概念，是对负有执行董事会决议、公司日常经营管理职权的公司管理人员的概括性统称，通常包括公司经理、副经理、财务负责人、上市公司董事会秘书等。就其职权范围，加拿大学者布莱恩·R. 柴芬斯有过一段较为经典的表述，“那些凌居于公司整体决策体系结构的最高点，为公司的市场策略和资源配置作出关键性、战略性决策的人，就是经理”❷。由此可知，公司经理层在公司的日常经营管理中分享了公司的控制权。而“实际控制人为达成个人控制目的，不考虑公司及其他

❶ 徐来．实际控制人法律制度研究［D］．重庆：西南政法大学，2011.

❷ 布莱恩·R. 柴芬斯．公司法：理论、结构和运作［M］．林华伟，等，译．北京：法律出版社，2001：116.

利益相关者的利益，通过各种可能的方式达到操控经理层履行职权的目的，将经理层转化为其意志的执行者”[1]。在这种控制权行为模式中，公司经理层已“沦落”为公司实际控制人“私益工具”，其实施的公司日常经营管理活动也只是在执行实际控制人的个人意志。实际控制人已经事实上取得了公司“经理层”地位，其控制权的行使也是按照经理层的行为方式进行。

由上文可知，处于经理层地位的上市公司实际控制人行使控制权的特点在于利用经理层经营执行控制权的面纱来掩盖其非法行使公司控制权的实质。鉴于此，不能仅按通常披露义务来要求处于经理层地位的上市公司实际控制人，而更应当将内部控制信息作为该类实际控制人的主要披露内容。具体而言，处于公司管理层地位的实际控制人应重点就上市公司高级管理层有关的内部控制机制的有效性作出相关信息的披露。首先，应表明实际控制人对公司日常经营管理的内部控制的责任。实际控制人所负有的有效推动日常经营内部控制制度的责任，必须在其披露内容中予以强调，同时应当保证内部控制之目的是为达成公司整体利益、保障公司日常经营的可靠性及效率性，而且还应当明确承诺遵守法律法规的规定；其次，对于日常经营管理制度所存在的先天性不足应当予以披露，且应明示在客观情况变化时内部控制的效力也会产生改变；最后，上市公司实际控制人的承诺。公司高管层人员（包括董事长、总经理、财务负责人等）以及处于经埋层地位的实际控制人均应当签字确认对外披露的信息，以示对相关信息真实性作出保证。

（三）标准的特殊化

理论上有关信息披露标准的讨论，多集中于对信息披露内容的判断以及对信息披露的最终结果的评价层面。前者要解决的问题是达到何种标准的信息需要进行披露，同时也是证券市场信息披露制度首先需要解决的问题，我国立法上将这一标准设定为“发生可能对上市公司股票交易价格产生较大影响的重大事件”[2]。《深圳证券交易所上市公司信息披露工作指引第 2 号——股东和实际控制人信息披露》针对上市公司实际控制人的信息

[1] 徐来．实际控制人法律制度研究［D］．重庆：西南政法大学，2011.

[2] 见我国《证券法》第 67 条。

披露义务作出规定，将实际控制人信息披露内容限定为“所有与其有关的、对上市公司股票及其衍生品种交易价格可能产生较大影响的信息”❶。然而，作为信息披露责任主体的实际控制人与上市公司毕竟有所不同，上述信息披露内容的判断标准同一的立法选择是否恰当，仍有待商榷。后者关注的主要是信息披露结果是否符合证券市场的要求。对此，各国立法表现出较大的共性，均对证券市场信息披露结果提出了“真实性、准确性、完整性、及时性、易得性”的要求。具体到我国，《证券法》规定“发行人向国务院证券监督管理机构或者国务院授权的部门报送的证券发行申请文件，必须真实、准确、完整”。至于“及时性、易得性”，虽未在法条表述中明确提及，但却有具体的制度设计予以体现与保障。上述五项标准已涵盖了证券市场对信息披露制度的基本需求，但将其作为上市公司实际控制人信息披露结果的判断标准仍需根据责任主体所呈现出的特殊性予以充实和完善。

1. 上市公司实际控制人信息披露内容判断标准的特殊化

纵观各国立法，有关信息披露内容判断标准的立法条文均采用了“重大”这一文字表述。尽管对“重大”具体内涵的规定不尽相同，但这一标准的确立均是出于以下两方面的考量：“其一，该标准不应当给发行人施加过分的信息披露负担；其二，该标准也不应当遗漏投资者作出合理投资决策所需要的信息”❷。就我国而言，现行的证券监管立法中对信息披露内容判断标准的规定尚处于“二元制”的状态，即“证券价格标准”和“投资决策标准”❸ 并存。❹ 具体到上市公司实际控制人信息披露中，相关法律法规均采“证券价格标准”。笔者认为，相较于“投资决策标准”，“证券价格标准”并不能与上市公司实际控制人信息披露的特点相契合，立法上的

---

❶ 《深圳证券交易所上市公司信息披露工作指引第 2 号——股东和实际控制人信息披露》第 5 条。

❷ 孟翔．证券信息披露标准比较研究［D］．北京：中国政法大学，2009.

❸ 法条中的“投资决策标准”通常被表述为“对投资者投资决策有重大影响的信息，公司均应当披露”。

❹ 《证券法》《股票发行与交易管理暂行条例》《上市公司信息披露管理办法》和《上海证券交易所股票上市规则》《深圳证券交易所股票上市规则》均采用了“证券价格标准”；而在《公开发行证券的公司信息披露内容与格式准则第 1 号——招股说明书》（2006 年修订）和《公开发行证券的公司信息披露内容与格式准则第 2 号——年度报告的内容与格式》（2005 年修订）中，其要求披露的信息都采用了“投资决策标准”。

这一做法实值商榷。

首先，“证券价格标准”给上市公司实际控制人施加了过分的信息披露负担。在“证券价格标准”规范下，信息披露义务主体在履行信息披露义务前，必须对哪些信息可能影响证券价格，以及该影响的程度作出判断。该项判断，对上市公司来说并不构成负担，因其作为证券市场主体深入参与市场交易，能够较为专业地判断出可能对证券价格造成影响的因素。然而，就上市公司实际控制人而言，上述判断，很可能构成了过分的信息披露负担。其一，通常情况下，上市公司实际控制人没有直接参与到证券市场交易中，因而并不具备类似上市公司价格影响判断的便利与优势；其二，上市公司实际控制人的范围十分广泛，既包括法人，也包括自然人及其他组织。就自然人实际控制人而言，价格影响判断已经超出大多数自然人主体的能力范围之外，必须借助专业机构的力量才能够完成。以上，“证券价格标准”所隐含的价格影响判断，已构成了上市公司实际控制人的过分负担。

其次，“证券价格标准”涵盖的内容范围相对单一，无法覆盖上市公司实际控制人所应当披露的信息范畴。建立上市公司实际控制人信息披露制度是为了向外界传递更为完整的上市公司公司治理信息。实际控制人信息披露的这一目的决定了其所披露的信息内容具备天然的广泛性，只要是与其控制权行使有关的公司治理信息均属于其披露范畴。基于经济效率的考量，实际控制人信息披露内容应在上述范畴内予以取舍。在“证券价格标准”立法模式下，“可能对上市公司股票交易价格产生较大影响的重大事件”成为取舍的标准。然而，在上市公司实际控制人信息披露层面，“证券价格标准”的确立却背离了“不应当遗漏投资者作出合理投资决策所需要的信息”的要求。原因在于，上市公司实际控制人的许多控制行为很有可能不会对该公司的股票交易价格产生影响，但却确确实实属于投资者作出合理投资决策所需要的信息范畴，例如实际控制人深入参与上市公司治理的行为，虽然营销公司股票价格的可能性微乎其微，可对于投资者而言却是其作出相关投资决策的关键性考量因素。尤其是我国证券市场尚处于弱式有效市场状态，实际控制人信息披露内容判断“证券价格标准”的立法模式相对而言涉及的范围过于狭窄，是一个相对低的标准，加重了投资者辨别、分析信息并从中找出真正有用信息的负担。

最后，相对而言，“证券价格标准”并不利于投资者利益的保护。“证券价格标准”仅要求上市公司实际控制人对信息对证券价格的影响作出判断，进而缩小实际控制人所需考量的信息披露因素，导致实际控制人的信息披露过度的从其本身利益最大化出发，而忽视了对投资者利益的保护。同时，投资者也无法从实际控制人披露的碎片化的可能影响股票价格的信息中，获取充足的投资决策有效依据。虽然证券市场的价格机制能够一定程度上实现投资者保护功能，但是“证券价格标准”以价格作为唯一的判断依据，其体现的仅仅是“买者自慎”原则。相比较而言，“投资决策标准”则要求上市公司实际控制人站在投资者的立场，评价事件的“重大性”从而决定是否披露，因此实际控制人考虑的除了关心该信息披露可能会对自身带来哪些影响外，还必须将投资者利益置于优先保障的地位，从而真正体现证券法的精神内核——“卖者自慎”“保障投资者”。[1]

综上，在上市公司实际控制人信息披露层面，“证券价格标准”的确立既无法切实保障投资者的利益，又使得实际控制人承担了过分的信息披露负担，已经无法适应证券市场对实际控制人信息披露制度提出的要求。反观“投资者决策标准”，能够克服“证券价格标准”的上述不足，并具备特有的比较优势。其一，“投资者决策标准”拥有广泛的要素覆盖面，能够涵盖公司内部控制信息的全部内容，从而更加有利于证券市场投资者的保护；其二，在“投资者决策标准”规范下，实际控制人仅需站在投资者的立场，就信息披露的内容进行抽象的考量，而不需要进行证券价格要素的技术性的分析；其三，“投资者决策标准，对上市公司实际控制人信息披露内容形成了完整的规范要求，有利于形成上市公司实际控制人信息披露输出物的系统化、完整化，避免零散的、不成体系的片断性披露情况。因此，“投资者决策标准”在为投资者提供更为完整有效的上市公司内部控制信息的同时，却不会加重实际控制人的信息披露负担。至此，笔者认为就上市公司实际控制人而言，信息披露内容的判断标准应确定为“投资者决策标准”。

2. 上市公司实际控制人信息披露结果评价标准的特殊化

上市公司实际控制人必须按照法律规定的“真实、准确、完整”要求

---

[1] 孟翔．证券信息披露标准比较研究［D］．北京：中国政法大学，2009.

来履行信息披露的义务。除此之外，考虑到上市公司控制权体系分布的层级性特点，相关信息的披露还须满足“终极性”的要求。

在上市公司的实际运作过程中，信息披露的“终极性”指的是相关信息必须溯源于最终控制权的源头性掌控者，而不能止步于某一中间层级。从上市公司控制结构来看，实际控制人往往通过层次性的控制手段搭建起实际的控制体系，这种层级性较突出地运用于金字塔形、多层控制型公司集团和公司网络之中。“根据实际控制人在公司的控权体系中所占据的层级划分，实际控制人包括了终极实际控制人和中间实际控制人两类。[1] 层级式结构的特点是，上市公司处于控制的底层，必须经由中间实际控制人方可循至终极实际控制人。因而，对于上市公司实际控制人所应披露的信息也必须按照这种控制结构层层传达，终极实际控制人将其所掌握的信息传递到中间实际控制人，中间实际控制人则需将其接收到的信息连同其自身掌握的控制信息向上市公司传递，上市公司则需将上述信息按照法律规定进行披露。由此形成的信息传输模式，也是导致上市公司实际控制人最终披露的关于内部控制信息结果必须将上市公司控制链条中包含的公司控制信息真实、准确、完整地向外界传达的主要原因，而其中的标志在于，处于终极控制人控制之下的公司内部控制信息得以披露。

三、上市公司内部控制信息披露制度的国际比较及启示

对公司享有控制权的本质，决定了上市公司实际控制人应当就公司的内部控制信息承担相应的信息披露义务，其履行信息披露义务的行为应当受到证券市场内部控制信息披露制度的规范。在西方发达国家的证券市场中，公司内部控制信息披露制度已经成为信息披露制度不可或缺的重要组成部分，业已成为证券市场中公司信息披露的基本制度框架。我国上市公司实际控制人信息披露制度的构建，有必要建立在对各国证券市场上市公司内部控制信息比较研究的基础之上。因此，本书将选取美国、英国等较具代表性的国家，从信息披露的责任主体、评价依据和信息披露内容等方面就上市公司内部控制信息披露制度进行阐释。

[1] 徐来．实际控制人法律制度研究［D］．重庆：西南政法大学，2011.

（一）美国上市公司内部控制信息披露制度

1. 美国证券市场内部控制信息披露制度的演进

美国上市公司内部控制信息披露制度的发展轨迹整体体现为按照资源披露向强制披露演进。信息披露制度发展之初，美国关于上市公司内部控制信息的披露尚初具雏形，其仅仅是证券市场自律组织的自律性建议或者要求。对上市公司内部控制信息进行评价并提供独立审计师证明报告的要求是由美国注册会计师协会（AICPA）等机构于1978年向美国政府主管机关提出的。而进一步要求有关政府管理机关对上市公司信息披露加强管理，如必须在财年报告中加入内部控制内容、对内部控制有效性进行评估、监督实际控制人的内部控制责任履行情况等，则是由Tread-way委员会在1987年提出的。[1] 直至安然、世通等上市公司内部控制丑闻爆出后，美国证券市场监管者才日渐意识到建立强制性的公司内部控制信息披露制度对于上市公司公司治理、控制的监管具有十分重要的意义。美国上市公司内部控制信息强制披露的标志是《萨班斯法案》（*Sarbanes-Oxley Act*）的颁行，该法案着力于全方位加强对公司监管，体现了诸多改革举措，内容涉及公司治理、公司责任、会计行业监督、会计欺诈处罚等方面，而要求披露公司内部控制信息也正式纳入法案正文。《萨班斯法案》第404节明文规定，公开市场中的公司主体应当由其管理人员对公司最近年度的财务报告等内部控制信息的有效性进行评估分析，形成报告。此外，该条还要求第三方的外部审计师对评估证明公司管理人员的评估分析报告、签署证明意见，以保证该评估证明报告的真实有效性，从而保障公众的知情权利和信赖利益。第404节还要求公司的外部审计师对管理层的评估意见出具“证明”，也就是说，向股东和公众提供一个信赖管理层对公司财务报告的内部控制描述的独立理由。2002年10月，美国证券交易委员会SEC发布第33—8138号提案，并于2003年8月发布了现行规则，规定所有上市公司（投资公司除外）提交的年度报告中均应当包含有关公司财务报告的内部控制情况的子报告。[2]

---

[1] 宋绍清．中国上市公司内部控制信息披露制度性研究［D］．武汉：华中科技大学，2008.

[2] 宋绍清．中国上市公司内部控制信息披露制度性研究［D］．武汉：华中科技大学，2008.

2. 美国证券市场内部控制信息披露制度的具体规定

(1) 上市公司内部控制信息披露的责任主体

美国上市公司信息披露制度中，负有披露内部控制信息的责任主体被限定为公司高级管理层，具体包括公司首席执行官（CEO）、首席财务官（CFO）或担任同等职务的人员。《萨班斯法案》第302节（a）款规定，公司的主要核心管理人员如首席执行官、首席财务官等人员必须对每一年度或季度报告中关于内部控制信息部分的子报告予以担保，即便该年报或季度报告是遵照1934年的《证券交易法》所制定的。法案第404节规定，法案所规定的由公司高层管理人员出具的对于内部控制的评估分析意见，必须由第三方审计师按照SEC委员会颁行的规则对其专项进行证明，并形成书面的报告。美国《萨班斯法案》兼顾了美国公开市场股权分散、股东无法有效形成对公司管理进行制约的实际情况，以及董事兼任首席执行官的普遍现象，故而将内部信息披露的责任集中于首席执行官和首席财务官之上。[1]

(2) 上市公司内部控制信息披露的评价依据

公司管理层评价美国上市公司内部控制信息披露，并非依据"真实、完整、全面"等类似抽象性的标准，而是根据更具可行性的公司内部控制框架进行。美国SEC的《最终规则》规定，管理层对公司内部控制的评价必须依据一个适当、公认的控制框架。控制框架必须到达下列标准：其一，制定内部控制评价的合理方法和程序；其二，涵盖内部控制必要的方面和环节；其三，与财务报告内部控制相关。[2] 美国COSO发布的公众公司内部控制框架能够满足上述要求，因此绝大多数的上市公司均依据该内部控制框架对公司内部控制作出评价，并据此履行相应的信息披露义务。该内部控制框架的建立综合考虑了企业运作的各相关领域，构成要素包括了信息沟通、内部控制、环境控制及监督。这五个要素之间的关系可按照COSO提供的模型予以表现，与管理过程息息相关，最终取决于企业管理层采取的企业经营方式。按照COSO的思路，不存在重大缺陷的公司内部控制机

[1] 周勤业，王啸．美国内部控制信息披露的发展及其借鉴［J］．会计研究，2005（2）．

[2] 胡蕾，祝焰．中美上市公司内部控制信息披露比较研究［J］．武汉理工大学学报：信息与管理工程版，2010（10）．

制即可被认为是有效的。上市公司管理层应当就其对公司内部评价的依据、结果等信息对外进行披露。

（3）上市公司内部控制信息披露内容

根据《萨班斯法案》规定，公众公司首席执行官、首席财务官或者担任同等职务人员，应当就以下方面的公司内部控制信息向公众予以披露："（1）公司管理层应当对内部控制负责。对外信息披露的内容中应当对此予以强调，使公众知晓内部控制的目标在于确保财务报告可靠有效、促进公司经营效益的提升，同时明确承诺所建立的内部控制机制符合相关法律法规的规定；（2）不否认内部控制先天性含有一定的缺陷，该缺陷的存在以及周边环境的变动都会影响内部控制的有效性；（3）保证公司现有的内部控制机制是有效的，对公司资产的安全完整、公司的正常运转经营不存在重大的不利干扰。若存在这种干扰，则必须在对外披露时指明；（4）承诺已经按照法律法规及相关规定对内部控制的科学性、合理性、有效性进行了全面的论证，没有发现任何不利的影响或缺陷；（5）企业管理阶层的保证。企业的高级管理人员包括董事长、总经理和财务总监或者总会计师应在对外披露的内部控制信息上签名，以表明对内部控制和内部控制信息的披露负有保证责任"❶。

（二）英国上市公司内部控制信息披露制度

1. 英国证券市场内部控制信息披露制度的演进

英国内部控制信息披露制度的发展与美国类似，也是在经历了管理混乱、大量丑闻和投机行为涌现的混乱期后，不断总结经验教训逐步发展成熟的。20 世纪末，公司丑闻等混乱情况达到了极为严重的程度，各种专门委员会为加强市场监管、促进市场治理而陆续成立，它们从各自的视角对市场监管情况进行了分析调查，提出了贴近实际的调查研究报告。其中有四个报告最具有代表性并影响深远，分别是 1992 年的卡德伯利报告（*Cadbury Report*）、1994 年的拉特曼报告（*Rutterman Report*）、1995 年的格林伯利报告（*Creenbury Report*）和 1998 哈姆佩尔报告（*Hampel Report*）。得益于上述报告的研究成果，《英国公司治理委员会综合准则》（*Combined Code of*

❶ 李少轩．我国上市公司内部控制信息披露研究［D］．镇江：江苏大学，2006.

the Committee on Corporate Governance）于 1998 年最终出台，且迅速被伦敦证券交易所认可并强制推行。1999 年特恩布尔报告（*Turnbull Report*）发布后很快成为综合准则指南。纵观英国内部控制信息披露制度的建立历程，可以看出整体上业界理论研究与实践的紧密契合性，尤其是 Turnbull 报告中全面整理归纳了英国当时有效的内部控制相关法律法规，搭建起风险导向的内部控制指南框架。

2. 英国证券市场内部控制信息披露制度浅析

（1）上市公司内部控制信息披露的责任主体

英国上市公司内部控制信息的责任主体为公司董事会及管理层，根据英国于 1994 年颁行的《内部控制财务报告》的规定，英国所有公司的董事会都应该对外出具一份关于说明其财务内部控制情况的报告并进行公示，而《联合准则》（1998 年）则明文要求董事会有责任构建一个体系完整且有效的内部控制机制以保护股东及投资利益相关人的权益。该准则进一步规定了董事会每年向股东会报告并要求评估公司运营各方面的内部控制情况，以具体衡量其有效性。与美国不同，英国并没有要求由独立第三方强制对该评估报告予以审核证明。综上可以总结出，英国上市公司中管理阶层须跟踪内部控制系统的运转情况并随时向董事会报告，董事会根据其对公司的管理情况以及所获得的管理层报告内容向外界披露内部控制的相关信息，从而形成权责明确、过程畅通的获取与披露闭环。

（2）上市公司内部控制信息披露的评价标准

1999 年的特恩布尔报告（*Turnbull Report*）通过全面总结分析英国现有公司企业的内部控制体系，阐释了如何设立一个行之有效的内控体系，建立起内控体系的模板框架，以利于公司充分结合运营现状调整董事会、高管层在公司内控制度中的作用。该框架属于独立机构的研究成果，并没有直接被赋予强制执行的法律效力，但因其具有极大的指导意义而被伦敦证券交易市场的上市规则借鉴，伦敦证券交易市场要求上市公司在年报中对是否遵循执行了《联合准则》中的相关条款作出说明，若没有遵守则应当解释原因。因此，实际上英国法律对于 Turnbull 报告所主张的评价标准及依据采取的是“或遵循或解释”的强制模式。

（3）上市公司内部控制信息披露内容

《内部控制：综合准则董事指南》，即特恩布尔（Turnbull）报告认为董事会或管理层在构建公司内部控制机制以及对其进行分析评价时应当重点关注以下几个方面：第一，公司可能面临的风险的种类、性质与程度；第二，对公司产生不利影响的风险发生概率；第三，若建立有效的风险防御机制，所耗成本与收益是否成比例，有无可能通过风险管理而获益；第四，公司可承受风险的类型及限度；第五，公司在应对相关风险时所具备的减损与防控能力。上述五项内容应当在公司董事会对外披露的公司内部控制情况的相关文件中有所反映，易言之，上市公司董事会应就上述内容履行公司内部控制信息披露义务。

3. 国际经验带来的启示

（1）上市公司内部信息披露责任主体选择

在美国，上市公司的高级管理阶层例如CEO、CFO等人员被证券市场监管者选定为上市公司内部控制信息披露的责任主体。在英国，这一主体被限定为公众公司董事会。美英两国在具体的制度设计上虽有所不同，但却遵循着相同的规律，即上市公司内部信息披露责任主体的选择必须依据上市公司公司治理的特定确定。在这一规律支配下，关于上市公司内部信息披露如何确定披露主体的问题所指向的答案就显得十分明确——掌握有公司控制权的相关主体。因此，我国上市公司内部控制信息披露的责任主体的选择同样需要遵循这一被国际经验所验证证明为符合现实需要的规律。至于我国上市公司内部控制信息的披露是否该确定以实际控制人作为披露责任义务的主体，亦必须依据这一规律进行判断。

（2）上市公司内部控制信息披露评价依据的设定

如何设定关于上市公司内部控制信息披露的评价依据是该制度的基础。因此，一个内容翔实、可行的评价依据对构建上市公司内部控制信息披露制度具有无可替代的作用。不论SEC建议的美国COSO的内部控制框架，还是英国证券市场监管者出台的特恩布尔（Turnbull）报告，均为上市公司内部控制机制的评价设定了具体可行的评价标准，公司内部控制责任主体可以根据这一标准的指引科学专业的完成公司内部控制机制的评价。而且，美英两国的上述评价依据也一直处于动态发展、推陈出新的过程中。我国上市公司内部控制信息披露制度亦需要类似的评价依据作为制度存在的基础。如何在借鉴国际经验的基础上，构建适合我国上市公司治理特点的上市公司内部控制框架成为我国证券市场监管者必须解决的问题。

(3) 上市公司内部控制信息披露内容设计

美英两国立法上对于上市公司内部控制信息披露内容的规定与要求贴切体现了上市公司内部控制责任主体控制公司的相关特点的深度契合性。该特性说明了上市公司内部控制信息披露内容的确定，必须以责任主体的行为特点为依据。基于我国上市公司现实考量，大部分的上市公司的前身都是未进行过股份制改造的国有企业，导致了公司股东或董事会的主导权均掌握在大股东或国有持股代表手中，而代表其他股东或利益相关者的董事人数或职权不足以争取主导地位，使得大多数上市公司的董事会的运作形同虚设，公司的运转经营主要由少数人所决定。而民营企业的股份构成虽然与国有不同，但大股东或少部分人掌控绝对控制权从而架空董事会的现象同样普遍，董事会的运作质量通常也较为低下。❶ 上市公司内部控制信息披露的责任主体的选择必然异于其他国家，因此，我国上市公司内部控制信息披露内容设计必须根据我国上市公司负有披露内部控制信息的责任主体具体控制公司的方式特点进行。

四、完善上市公司实际控制人信息披露制度的建议

(一) 我国上市公司实际控制人信息披露制度立法现状的梳理与评析

1. 我国上市公司实际控制人信息披露制度立法现状的梳理

(1)《证券法》有关上市公司实际控制人信息披露制度的规定

在2014年修改的《证券法》中，共有四个条文对上市公司实际控制人信息披露作出了直接规定，❷ 总体上，对于上市公司应当披露的事项、上市

---

❶ 周勤业，王啸．美国内部控制信息披露的发展及其借鉴［J］．会计研究，2005（2）．

❷ 我国《证券法》第54条规定：“签订上市协议的公司除公告前条规定的文件外，还应当公告下列事项：（一）股票获准在证券交易所交易的日期；（二）持有公司股份最多的前十名股东的名单和持股数额；（三）公司的实际控制人；（四）董事、监事、高级管理人员的姓名及其持有本公司股票和债券的情况。”

第66条规定：“上市公司和公司债券上市交易的公司，应当在每一会计年度结束之日起四个月内，向国务院证券监督管理机构和证券交易所报送记载以下内容的年度报告，并予公告：（一）公司概况；……（五）公司的实际控制人；（六）国务院证券监督管理机构规定的其他事项。”

公司信息披露的责任主体、披露的程序和方法、重大信息的特殊披露要求、违反披露要求的法律责任等方面作了规定。

（2）证监会部门规章有关上市公司实际控制人信息披露制度的规定

《公开发行证券的公司信息披露内容与格式准则第 15 号——权益变动报告书》第 25 条：虽不是上市公司股东，但通过股权控制关系、协议或其他安排在上市公司中拥有权益的股份变动达到法定比例的，信息披露义务人应当披露其形成股权控制关系或者达成协议或其他安排的时间、与控制关系相关的协议（如取得对上市公司股东的控制权所达成的协议）的主要内容及其生效和终止条件、控制方式（包括相关股份表决权的行使权限）、控制关系结构图及各层控制关系下的各主体及其持股比例、以及是否存在其他共同控制人及其身份介绍等。

《首次公开发行股票并在创业板上市管理暂行办法》第 41 条中规定，发行人和公司高级管理人员如董事、监事、高级经理等人员必须签章确认招股说明书真实完整、遵守法律法规的强制规定。保荐人及其保荐代表人应当对招股说明书的真实性、准确性、完整性进行核查，并在核查意见上签名、盖章。公司实际控制人以及控股股东也应当对招股说明书的真实完整性、合法性并签章确认。

（3）交易所自律规则有关上市公司实际控制人信息披露制度的规定

深圳证券交易所 2006 年发布的《上交所指引》，该规范文件对所有在深圳证券交易所上市公司的实际控制人关于履行信息披露义务作出了规范。

（接上页）第 67 条规定："发生可能对上市公司股票交易价格产生较大影响的重大事件，投资者尚未得知时，上市公司应当立即将有关该重大事件的情况向国务院证券监督管理机构和证券交易所报送临时报告，并予公告，说明事件的起因、目前的状态和可能产生的法律后果。下列情况为前款所称重大事件：（一）公司的经营方针和经营范围的重大变化；……（八）持有公司 5% 以上股份的股东或者实际控制人，其持有股份或者控制公司的情况发生较大变化；（九）公司减资、合并、分立、解散及申请破产的决定；……（十二）国务院证券监督管理机构规定的其他事项。"

第 193 条规定："发行人、上市公司或者其他信息披露义务人未按照规定披露信息，或者所披露的信息有虚假记载、误导性陈述或者重大遗漏的，责令改正，给予警告，并处以 30 万元以上 60 万元以下的罚款。对直接负责的主管人员和其他直接责任人员给予警告，并处以 3 万元以上 30 万元以下的罚款。发行人、上市公司或者其他信息披露义务人未按照规定报送有关报告，或者报送的报告有虚假记载、误导性陈述或者重大遗漏的，责令改正，给予警告，并处以 30 万元以上 60 万元以下的罚款。对直接负责的主管人员和其他直接责任人员给予警告，并处以 3 万元以上 30 万元以下的罚款。发行人、上市公司或者其他信息披露义务人的控股股东、实际控制人指使从事前两款违法行为的，依照前两款的规定处罚。"

上海证券交易所2010年发布的《上海证券交易所上市公司控股股东、实际控制人行为指引》利用一章的篇幅对上市公司实际控制人信息披露行为进行了详细规范。目前，该行为指引已经成为在上海证券交易所上市交易的公司所必须遵守的行为规范。

2. 我国上市公司实际控制人信息披露立法规定的评析

从形式上看，我国对于上市公司实际控制人信息披露的法律法规，已经形成了涵盖法律、部门规章以及交易所规则层面的立体的法律法规规范体系。然而，就其内容而言，我国现行规定对上市公司实际控制人信息披露制度的制度设计不健全、系统性规范不足、碎片化特征明显，不能够满足证券市场对于上市公司实际控制人信息披露的需要。

通过进一步研究发现，我国现有的上市公司控制人信息披露制度及相关法律法规体系主要存在以下几方面的缺陷：其一，《证券法》中有关上市公司实际控制人信息披露制度的规定，实际上是要求上市公司履行披露其实际控制人信息的义务，并未明确将上市公司实际控制人界定为证券市场信息披露责任主体；其二，证监会部门规章层面有关规范实际控制人信息披露义务制度的内容，没有任何专门性的规范性文件可作为效力来源；在内容上，并未形成规范上市公司实际控制人信息披露行为的制度体系。换言之，证监会部门规章对实际控制人信息披露制度的规定基本上处于混乱的“无政府状态”；其三，沪深两市对上市公司实际控制人信息披露制度的规定，存在规范层级较低，仅适用于在各自市场内上市交易的公司的现象。而且在法律及部门规章对上市公司实际控制人信息披露制度未作出明确规定的状况下，沪深两市的有关规定的规范效力则处于无法确定的“尴尬”状态。

（二）我国上市公司实际控制人信息披露制度的立法完善

1. 上市公司实际控制人信息披露制度规范体系的架构

鉴于信息披露制度对于上市公司的管控发挥着不可或缺的制度性功能，世界各国都充分利用信息披露制度规范管理上市公司，以保证上市公司不脱离公众监督的视野，并形成推动上市公司规范化运作的整体外部环境。从世界各国证券市场的立法情况来看，各国规范上市公司信息披露主要着力从明确信息披露责任主体、明晰披露要求、规范披露程序、强调违法披露责任等方面，尤其注意细化对披露内容的真实性、完整性、准确性，并有配套的制度对此要求进行保障。我国虽然建立规范化证券市场的时间晚于西方国家，但基本移植了西方国家关于信息披露制度的一些有益经验。以中国证监会1993年发布的《公开发行股票公司信息披露实施细则》为起点，至今我国已经形成了体系较为健全、层次较为分明的信息披露规范体系，而这一体系，在我国新兴加转轨阶段的证券市场环境中取得了巨大成功。

上市公司实际控制人信息披露制度的构建，应当在现有的证券市场信息披露制度规范框架内，在借鉴上市公司信息披露制度的成功经验基础上，以上市公司实际控制人承担信息披露义务为出发点，通过制度的借鉴与创新予以完成。上市公司实际控制人信息披露制度构建的最终结果亦应形成类似现行上市公司信息披露制度规范的体系完整、层次分明的信息披露规范体系。作为上市公司实际控制人信息披露制度载体的各类规范性法律文件，因其所处层次的不同，其在整个制度构建中的侧重与功能将有所不同。具体说来，作为制度载体的法律在内容上应当侧重于上市公司实际控制人信息披露制度基本原则的确定以及所涉基本概念的界定；行政法规则应根据法律的规定就制度中有关行使行政权力，履行行政职责的内容作出规定；部门规章应侧重于上市公司实际控制人信息披露制度的具体构建，是实际控制人信息披露的行为准则；交易所自律规则应是在上述规范性文件的规定范围内或者根据证监会的授权，进一步细化制度规定。鉴于文章篇幅的限制，本书就我国上市公司实际控制人信息披露制度的完善所提出的建议主要针对法律和部门规章层面的制度构建。

2. 法律层面上市公司实际控制人信息披露制度的完善

（1）重新界定实际控制人的法律含义

现行《公司法》第217条第（3）项对公司实际控制人的定义作出如下解释：虽不是公司的股东，但通过投资关系、协议或者其他安排，能够实际支配公司行为的人。在该定义的规范下，公司股东如果对公司形成了有效的控制，其在法律上就只能成为公司的控股股东，而非公司实际控制人。然而，现实情况却并非如此。例如，甲公司持有乙公司90%股票，同时持有丙公司2%股票，乙公司持有丙公司51%股票。于是，乙公司是丙公司的控股股东；甲公司是丙公司的中小股东，也是非控股股东。但由于甲公司是乙公司的控股股东，所以甲公司实际控制着丙公司。依据现行《公司法》的定义，甲公司虽然掌控者丙公司的实际控制权，却既不是丙公司的控股股东，也不能成为丙公司的实际控制人。换言之，《公司法》对公司实际控制人的界定，在外延上是不周延的，以其为基础建构的上市公司实际控制人信息披露制度也必然无法适应证券市场的现实需要。因此，有必要对《公司法》中的公司实际控制人的法律含义进行重新构建。笔者认为，将实际控制人界定为通过投资关系、协议或者其他安排，能够实际支配公司行为的除控股股东以外的人，较为可采。

(2) 明确上市公司实际控制人信息披露义务主体的法律地位

现行《证券法》中有关上市公司实际控制人信息披露的规定，并没有将上市公司实际控制人作为信息披露的义务主体予以规定，这成为我国证券市场信息披露实践中，实际控制人的披露仅仅体现为“上市公司对实践控制人的披露”的制度性源头。为改变我国上市公司实际控制人信息披露现状，必须将这一立法漏洞予以弥补。笔者认为，《证券法》应将“上市公司实际控制人”明确规定为必须履行相关信息披露义务的法律主体。

(3) 规定上市公司实际控制人信息披露制度的运行机制

权利义务的一致性亦要求享有控制权的实际控制人应当对公司及其股东承担包括信息披露义务在内的一系列信义义务。亦即，上市公司实际控制人履行信息披露义务的内容所针对的对象应当是上市公司和股东，只有向上市公司及其股东的信息披露行为，才构成实际控制人信息披露义务的履行。在这一前提下，实际控制人信息披露制度的具体运作途径和方法应该是，“由实际控制人首先收集自身所能掌控的相关信息，汇总后对上市公司的股东、利益相关者以及其他必要对象公示披露，接着由上市公司股东、利益相关者或其他管理人员整理相关信息后向公开市场进行披露公示。整个过程通过逐步公开信息披露的方式进行。”[1] 在制度构建中，《证券法》有必要对这一运行机制作出回应。

(4) 明确上市公司实际控制人信息披露义务所指向的内容

对于上市公司实际控制人而言，其披露义务具体何指这一问题对于制度的完善而言，其重要性不言而喻。通常认为，上市公司实际控制人所承

[1] 汪翠荣，马传刚．上市公司实际控制人信息披露问题研究［J］．证券市场导报，2006.

担的信息披露义务所指向的主要内容就是上市公司的控制信息。在现行信息披露制度体系中，有关公司控制信息的公开属于公司内部控制信息披露制度的范畴，任何与公司控制信息有关的披露行为均应受到公司内部控制信息披露制度的规范与指引。具体而言，上市公司实际控制人承担的信息披露行为被表述为上市公司实际控制人的内部控制信息披露行为更为恰当。因此，《证券法》宜将上市公司的内部控制信息规定为上市公司实际控制人信息披露义务所指向的内容。

（5）明确上市公司实际控制人信息披露标准

上市公司实际控制人信息披露标准有两方面的含义，其一，对信息披露内容的判断；其二，对信息披露的最终结果的评价。就前者而言，法律宜就上市公司实际控制人信息披露制度进行特殊化的规定，将该标准设定为“对投资者投资决策有重大影响”。

对于后者，基于上市公司实际控制人控制行为的特点，应将“终极性”纳入法律对实际控制人信息披露结果的评价标准体系中。

3. 行政法规层面上市公司实际控制人信息披露制度的完善

行政法规是指国务院在宪法、法律授权范围内所制定的，与行使自身行政职权有关的一系列规范性文件体系。因此，在上市公司实际控制人信息披露制度中，行政法规的主要功能在于对实际控制人信息披露行为的监管体系作出安排。而现行的上市公司信息披露行为监管体系已经较为完善，仅需根据实际控制人的主体及行为特点授权证监会指定具体的监管规则即可。

4. 部门规章层面上市公司实际控制人信息披露制度的完善

在我国，证监会出台的部门规章构成了证券市场制度体系的主体部分，是证券市场各主体具体的行为准则。因而，部门规章在上市公司实际控制人信息披露制度构建中承担着具体的制度设计的重任。下文中，将就有关上市公司实际控制人信息披露制度的部门规章的制定，展开具体的讨论。

（三）《上市公司实际控制人信息披露指引》

笔者认为，作为我国证券市场监管者的证监会应就上市公司实际控制人信息披露制定一份专门性的部门规章，该部门规章的名称宜定为《上市公司实际控制人信息披露指引》，并做如下具体规定：

第1条　为规范上市公司实际控制人信息披露相关活动，维护证券市场秩序和投资人合法权益，根据《证券法》《公司法》及其他相关法律、行政法规，制定本指引。

第2条　上市公司实际控制人与信息披露有关的活动应当严格适用本指引的有关规定，通过规范上市公司实际控制人的信息披露活动，增强上市公司的规范运作，提升上市公司内控质量。

第3条　上市公司实际控制人行使权利、履行义务，应当严格遵守本指引的有关规定，并恪守诚实信用原则，确保公司和全体股东的利益得到全面发展。

第4条　上市公司实际控制人应当勤勉尽责，不得通过关联交易、资产重组等手段损害公司和股东合法权益。

第5条　上市公司实际控制人应当切实履行本指引及其他相关法律法规规定的信息披露义务，并保证披露信息的真实性、准确性、完整性和及时性，不得有虚假记载、误导性陈述或重大遗漏。

第6条　上市公司应当建立实际控制人的信息披露制度，并规定以下内容：

（一）应当及时披露的重大信息的范围；

（二）重大信息披露前的有关报告程序；

（三）重大信息知情人员登记制度；

（四）重大信息披露前的有关保密措施；

（五）重大信息的对外公布程序；

（六）上市公司重大信息披露的负责主体；

（七）相关主体在信息披露活动中的具体权限与职责；

（八）与重大信息披露活动有关的内容。

第7条　上市公司实际控制人应当明确信息披露活动的有关部门和负责人员，并向上市公司提供该部门和负责人员的有关信息和联系方式。

第8条　上市公司实际控制人应当积极配合本公司信息披露相关工作，按时向上市公司提交信息披露相关材料，并保证所提交材料的真实、准确和完整。

第9条　发生以下情形之一的，上市公司实际控制人应当在事发当日书面告知上市公司，并完成上市公司交办的信息披露工作：

（一）上市公司实际控制权发生变动；

（二）上市公司发生重大资产重组或债务重组；

（三）上市公司经营状况严重恶化，即将或已经进入破产、解散程序；

（四）其他可能引起上市公司股价或其他交易品种价格重大波动的事件。

上市公司实际控制人应当向上市公司实时告知上述事件的重大进展情况，并说明事件重大进展所可能产生的影响。

第10条　本指引第九条规定的有关事件在依法披露前出现以下情形之一的，上市公司实际控制人应当立即书面告知公司，并积极配合上市公司完成信息披露工作：

（一）有关事件难以保密；

（二）有关事件信息已经泄露或市场已出现该事件的传闻；

（三）上市公司有关证券交易产品的交易出现异常。

第11条　上市公司实际控制人因履行法定职责需要，有权要求上市公司提供与履行法定职责有关的对外投资情况、财务相关数据等保密信息，上市公司不得拒绝提供，但上市公司实际控制人应当建立信息知情人员的登记制度，并承担信息保密义务。

若上市公司实际控制人无法落实前款工作，则应当督促上市公司依照公平披露原则，在向实际控制人提供信息的同时对有关信息对外披露。

第12条　上市公司实际控制人查阅公司保密信息应当严格按照本指引及相关法律法规的规定，非经依法授权不得非法查阅、调用。

第13条　上市公司实际控制人应当按照上市公司的要求完成与信息披露有关的工作。接到上市公司书面调查文件的，实际控制人应当及时组织相关人员了解实际情况，在文件规定期限内进行书面答复，并保证答复内容及提交的相关文件的真实、准确和完整。

第14条　上市公司实际控制人应当将实际控制人及其一致行动人的基本情况等信息提供给上市公司，配合上市公司逐级披露其与公司之间的控制关系。

第15条　通过投资关系、协议或其他安排与其他主体共同控制上市公司的，除按照本指引第19条的规定提供信息外，还应当将共同控制的方式和内容书面告知上市公司。

第 16 条　通过接受委托或者信托等方式拥有上市公司权益的上市公司实际控制人，应当及时将委托人情况、委托或者信托合同以及其他资产管理安排的主要内容书面告知上市公司，配合上市公司履行信息披露义务。

第 17 条　公共媒体上出现与上市公司实际控制人有关的、对上市公司证券及其衍生品种交易价格可能产生重大影响的报道或传闻，上市公司实际控制人应当在主动调查真实情况的基础上，告知上市公司及时披露相关信息。

第 18 条　上市公司实际控制人参加相关社会活动时，不得以任何形式对外泄露或提供与上市公司有关的未披露重大信息或提供虚假信息、进行误导性陈述等。

第 19 条　上市公司实际控制人及其他内幕信息知情人员应当对公司未披露信息进行保密，不得未经法定程序擅自公开或泄露该信息，不得利用该信息为本人或他人牟利。

第 20 条　上市公司同时在境内外市场发行证券及相关交易品种的，在境外市场进行重大信息披露时，应当以法律规定的方式同时在境内市场进行披露。

第四章

上市公司实际控制人在资产重组中的义务

一、上市公司资产重组理论分析

（一）上市公司资产重组的内涵

资产重组（aseet recombination）可以分为广义的资产重组与狭义的资产重组，在广义层面上而言资产重组是指企业从改善经营状况的角度出发，实现经营目标，通过产权的流动与整合，在资产拥有者、控制者以及外部企业之间或仅在本企业内部对资源进行重新配置与整合。即是对企业资产在一定范围内进行重新分拆、整合、优化，此类企业既包括占市场优势的大公司，也包括经营不善陷入困境的公司。而狭义层面上的资产重组是仅指开放式的重组，即资源的重新配置与整合仅仅发生在不同的企业之间。资产重组的内容十分广泛，既包括企业所有权、资产、负债、业务等要素的重新配置与整合，也包括各重组要素之间的组合和作用方式的调整。资本市场上的单一上市公司重组主要包括公司调整、公司扩张以及控制权转移三大类行为，它们之间互有不同但是关系紧密。其中，最高形式的公司重组为控制权变更型资产重组。

（二）上市公司资产重组的理论依据

资产重组在证券资本市场中一直备受瞩目。企业通过资产重组来实现资源的优化配置，促进企业产业结构的调整，这既是提升上市公司扩张能力，扩大市场份额的重要手段，同时也是促进证券市场发展的重要方式。通过对公司内外部多种资源的重新配置和整合，实现公司管理、财务、业务及文化等全方位的协同效应，进而达到提高公司核心竞争力的预期目的。公司资产重组理论是基于不同经济环境下资产重组所表现出的特点建立的，通过分析与归纳，进而建立了不同的公司资产重组理论。

1. 公司扩张的理论解释

在域外成熟的资本市场中，上市公司资产重组一般表现为并购行为，而并购作为资产重组的手段随着经济的发展逐渐演化成熟。作为成熟资本市场典范的美国共出现过五次并购热潮，对于并购行为的兴起，经济学家尝试从多种视角对并购活动进行解释，针对这种典型的公司扩张行为形成和发展出了各式理论，这其中包括效率理论、代理理论、信息假说理论和信号理论、市场势力理论、税收效应理论等。

（1）效率理论

在该理论中，注重企业协同效应对资产重组的影响，认为公司资产重组所产生的企业协同效应是具有效率的，这种效率可以对整个社会的发展产生一种积极的影响。协同效应可通过企业间的互补性活动产生，当两个企业通过合并，在管理、财务以及业务等方面所创造的收益大于企业合并前的收益时，协同效应即形成。例如一家拥有专业的研究开发人员的公司和一家拥有优秀的管理人才的企业进行合并，就会产生协同效应。

①管理协同效应理论。所谓管理协同效应就是指一家原本管理水平低下的公司因为接受了更高管理水平公司的指导而使其管理效率得到提升。企业间的合并重组可以迅速实现这一目的。管理水平高的一方公司与管理水平低的公司重组，这样不仅仅是资本的强强联合，也是管理方式的融合。当管理效率较低的公司达到管理高效的公司水平时也就是实现了管理协同效应。

②营运协同效应理论。所谓营运协同效应，是指两家或者两家以上经济上具有互补性的公司在存在规模经济需要的前提下，通过兼并重组，形

成规模经济，最终达到减少成本、增加收益的情形。重组的一个主要动因就是为了实现规模经济，将企业成本降至最低。

除此之外，还有一个理论也深刻阐述了资产重组的内在动因，那就是交易费用理论。该理论认为，当重组之后的企业管理费用小于重组前企业之间的纵向成本或者企业之间的纵向成本增加时，为节约交易费用，即需进行资产重组。交易费用经济学家认为，企业和市场作为资源优化配置手段具有相互替代性，因此为了节约交易费用，可以选择把这些交易放置于企业中进行。市场通过人格化的价格调节实现资源优化配置，而企业则将权威关系作为工具，将市场定价成本与企业内部权威组织成本进行对比，最终确定交易环境。随着企业内外部环境的不断变化，企业内部和外部的交易费用也在发生改变，因此需要通过资产重组降低企业的总交易费用。科斯在其一系列作品中阐释了产权明晰与资源配置的关系，后人将其概括为科斯定理，该理论为资产重组中解释企业之间为何进行纵向并购以及交易方式和交易途径的选择都有很好的说服力，提供了理论依据。

③财务协同效应理论。财务协同效应理论认为，为实现资本的再配置，可采取兼并重组的方式，以最小成本在企业内部实现资金由低收益项目向高收益项目的转移，其成本远远低于企业在外部筹集资金所需费用。通过兼并重组，在提高公司资本边际效率的同时，增强了公司的负债能力，实现投资收入的税收节省。

④多角化经营理论。现代企业制度大多采取所有权与经营权相分离的模式，与公司股东可选择在证券资本市场上分散其风险不同，公司管理者作为经营权人只能通过多角化经营实现投资收益来源多元化、减少单一化经营风险的目的。同时，从公司管理角度来讲，多角化经营还可增加员工晋升机会、提升工作安全感，最终达到留住人才的目的。此外，公司无形资产资源也是实现多角化经营的重要支撑，如已建立起来的商业信誉、客户群体或者供应商等。相对于通过内部发展与外部重组实现多角化经营来讲，兼并重组更具有效率性，可在保持被兼并公司市场份额及现有资源的前提下，增强公司与被兼并公司的可容性。

⑤市场低估理论。该理论认为，当目标公司的真实价值或者潜在价值被低估，导致市场价值偏低时，便有进行重组活动的必要，而市场价值被低估主要基于以下几种可能：第一，管理缺陷，公司应有的经营管理潜能

未能发挥；第二，信息不对称，收购公司因外部市场中关于目标公司某些信息认为其有高估价值；第三，外部原因，通货膨胀所造成公司市值与重置成本之间存在差异，公司市场价值因此被低估。

（2）代理理论

Jensen 和 Meckling 在 1976 年提出了代理理论，该理论认为在代理过程中因为不确定因素的存在而产生代理成本，例如道德风险、逆向选择以及不确定性等因素催生了代理成本的产生，这种代理成本来源于经理而非股东。当然，在现代公司制度中，认为公司普遍存在三种代理，其中最典型的是高级管理人员对股东的代理，除此之外还有大股东对小股东的代理与股东对公司外第三人的代理。

基于代理问题的客观存在，公司的资产重组活动有如下几种解释：①市场替代说。Fama 和 Jensen 等人认为公司代理人问题是可以通过适当的组织程序得到解决的。公司所有权和经营权相分离可视为解决代理问题的内部机制，而外部解决机制则是重组。当目标公司产生代理问题时，可通过收购股票的方式获取公司控制权，从而减少目标公司的代理问题。也有学者指出重组将是解决代理问题的重要手段，这是因为重组是一种有效的外部控制方法，而当代理问题无法通过企业组织或者市场机制得到控制时，重组将会成为解决该问题的重要手段。在企业因低效率或者代理问题而陷入经营困境时，接管市场、兼并重组等威胁便理所当然地成为监督管理层勤勉工作、降低代理成本的有效手段。②自由现金量说。自由现金量的减少在公司的重组活动中对缓解管理层和股东之间的冲突有明显效果。Jensen 认为，如果希望公司的股价能最大化，就必须向股东支付现金流量，通过减少管理者所控制的资源量，削减作为管理者的权力，从而避免产生代理问题。此外，因受资本市场制度约束，管理者在证券资本市场再度融资时代理问题产生的可能将会降低。Jensen 还指出，适度的债权比管理者发放现金股利的承诺更容易降低代理成本，因为其必须在未来支付现金。此时重组的意义则在于以此减少自由现金流量、适当提高负债比例，从而降低代理成本，增加公司价值。

毋庸置疑，重组机制可降低代理成本，但重组的初衷并不是仅仅为解决代理问题。一些学者对重组能够提升企业价值持怀疑态度，认为重组是代理问题的表现，而非代理问题的解决。例如，Muller 提出的经理主义

(managerialism) 指出在公司实现两权分离之后，企业就不能以追求股东利益最大化为原则，而是应该选择有利于公司长远发展的决策。其在 1969 年提出的一个假说认为，经营者的薪金与公司规模呈正相关，因此经营者有充分的动力借收购重组来壮大公司规模以提升薪金，从而为自身谋取职业保障。因此，重组只是经营者低效率的滥用代理权的一种表现，其目的并非是为解决代理问题。而 Roll 于 1986 年提出的自负假说指出，经理往往过于自信，因此在对并购机会予以评估审定时常常会犯太过乐观的错误。该假说将重组行为视为经理个人主义的后果，与事实存在较大误差。该理论适用的前提是市场信息充分且市场作用有效。但这只是一种理想状态，事实是市场因有摩擦与冲突的存在，所以其并非是强式有效的，企业并不能通过资源的重新配置获得收益，企业的经营管理也不能通过公司的并购重组得到改善。因此该理论的适用也就受到了很大的限制。

(3) 信息假说与信号理论

信息假说认为一旦收购完成，市场便会对被收购公司的价值作出重新评估。在该假说成立的前提下，目标公司对评估的反应分为两种可能，一种可能建立在任何收购都会促使市场对目标公司进行重新评估的前提下，因此，在这种可能下被收购采取任何行动都是徒劳的；另一种可能是被收购公司的管理者在收购要约的激励下，会采取更加有效的经营策略，提升公司市场价值。信号理论是信息假说的一个重要变形，最初是由 Spence 建立。在收购和兼并的活动中，不同的信息会被视为特定可能的信号，在目标公司收到收购要约时，资本市场也许会作出这种信号解读：该公司市场价值被低估，其仍有存在额外价值的可能，或者目标公司未来的现金流量将会出现大幅增加的可能；当竞价公司欲以普通股来购买其他公司时，目标公司或者第三方会将此信息视为这样一种信号：管理层可能持有公司股票价值被低估的信息，公司市场潜力巨大。

(4) 市场势力理论

该理论的核心观点是，重组可以实现提高市场占有率、增强市场敏锐度，从而增加远期获利机会的可能。该理论并未意识到只有能够增进社会福利才会被社会认可，而增进社会福利的前提是企业重组能够实现规模经济，那些盲目追求公司利益，不顾社会整体效应，，为实现垄断而进行的重组行为应当受到严格限制。

(5) 企业成长理论

Penrose 教授认为，企业的成长包含经营规模的扩大与功能的强化两个方面，企业内部同样可以进行一些市场交易。Penrose 建立了企业资源—企业能力—企业成长的分析框架，该理论是构建于企业成长因素和机制的研究基础之上。企业资源是决定企业能力的基础，而管理能力则是决定企业边界的重要因素。企业应当通过内外部成长两个渠道充分利用现有的资源。内部成长渠道是指企业完全依靠自身力量对内部资源进行整合配置，达到内部资源利用的效率最大化，从而实现企业成长；外部成长则是指通过借助外力，吸纳资源来实现企业成长，提升企业核心竞争力。

(6) 税收效应理论

有学者对于税收能否导致公司间的收购作了详细的研究，他们认为收购的好处有多种，其中包括杠杆比例的增加、净营业损失结转和收购资产价值基础的增加。

我国税法中的规定也对公司的重组行为具有十分重要的刺激作用：①税法中的亏损递延条款可以帮助企业实现合理避税；②利用股票转换的方式实现公司重组，这种情况可以实现资产的流动和转移、追加投资，实现资产多样性的目的，与此同时也具有减免税收的作用；③使用可转换债券进行公司重组可享受税法规定的债券利息税前扣除，并可少付资本收益延期支付所带来的资本收益税。

2. 公司收缩的理论解释

(1) 资产剥离的动机

Rosenfeld (1984) 认为只有两个合理的原因能够解释资产剥离，那就是资产的买入方认为该资产作为买入方的一部分时要比其卖出时更有价值；另一点就是当资产与公司的其他经营项目相抵触时，需要实现资产剥离。另外，子公司存在亏损也是资产剥离的原因之一。但是，卖出公司的股票价格包含子公司未来的现金流量的价值。如果子公司的售价低于现值则资产剥离产生不了收益。不过，即便是子公司出售价格低于现值，若子公司事实上已成为公司其他业务发展的负担，那么，剥离这种副协同效应也会对公司总体价格产生消极提升作用。

(2) 剥离与分拆的经济学含义

在美国，早在 20 世纪 80 年代剥离与分拆便已被用于解决企业经营难题的方式，认为通过企业资产的剥离或者分拆更能够实现资产价值的最大化。剥离和分拆不仅可实现公司重组，更是企业根据市场变化作出经营调整的一种方式。

无论公司剥离和分拆的目的是什么，从一定意义上讲剥离和分拆均是一种资源流动的形式。无论是剥离和分拆前期的战略考察，还是后期效果的验证，都表明根据市场作出的资源再配置是公司实现有效运行的可行方式。通过出售资产来增加流动资金并不是促使公司进行剥离和分拆的唯一目的，更为重要的是，实践证实：①剥离和分拆的资产价值对于购买者来说远高于出售者；②出售的资产已成为公司盈利的绊脚石。

（三）上市公司资产重组的具体方式

资产重组的外延十分广泛，涵盖了不同企业主体之间的要素重组，也包括公司发展的不同阶段的要素重组，由于资产重组的范围比较宽泛，本书仅对上市公司的资产重组进行研究，以适应课题研究的需要。随着证券资本市场的不断发展，资产重组的方式也千变万化，但从实际操作的角度分析，主要有几下几种方式：

1. 兼并收购

兼并和收购统称为“并购”，因其所采用的手段与所遵循的标准都具有极大趋同性。作为资本市场高度发达的美国，从19世纪到20世纪共经历了五次并购浪潮，每一次并购浪潮的兴起都与当时的国际环境密切相关。随着市场经济的发展，中国也不可避免的卷入了公司发展的滚滚洪流之中。中国企业的并购发展可以分为以下几个阶段：第一个阶段为80年代以前的行政性禁止；第二个阶段是在市场经济发展初期，此时关于企业并购的规范还不够健全，导致行政性长期干预企业发展，市场在夹缝中寻求生存机会；第三个阶段则是市场经济充分发展环境下的企业并购，其主体形式为公司。鉴于中国的特殊国情，早期阶段的企业并购活动事实上与国际惯例的概念大有偏离，实质意义上的企业并购概念是随着上市公司的股权收购现象而逐渐流行开来的。

（1）兼并

兼并通常是指两家或者更多的企业实体合并为一家企业，其中一家处于优势地位的公司吸收其他一家或者多家公司，而之前的法人实体均归于消灭，最终结合为一个新的法人实体的过程。在现代市场经济中，兼并的方式具有多样性，可通过购买、承担债务以及吸收股份等方式完成。

（2）收购

收购通常是指一家企业为达到控制另一家企业的目的，从而取得其股票或资产以达到控制其资产所有权的一种或一系列交易行为。收购的目的是为了控股或兼并，针对不同的收购客体，可以将收购划分为股权收购与资产收购。股权收购是指购买目标公司股权的行为，而资产收购的客体则是目标公司的资产。

2. 资产置换

资产置换通常是指为优化上市公司的资产质量，在资产重组过程中所进行的资产交换行为。上市公司资产置换主要是通过优质资产与不良资产的置换，主营业务资产与非主营业务资产的置换将上市公司内部的不良资产置换出来，通过注入新的资产从而实现上市公司新的利润增长点，使本公司的资产实现价值最大化，资产置换包括整体置换与部分置换等形式，上市公司一般将调整公司产业结构、提升公司资产质量，优化公司盈利能力作为资产置换的目的。

3. 资产剥离

资产剥离通常是指上市公司根据自己的经营计划，将非经营性的闲置资产以及无利可图的资产以出售或者分立的方式，将其从原公司资产中分离出来。资产剥离具有以下意义：①优化资产。通过出售获得现金回报，达到优化资产流动性和资产负债结构的目的。②产业集约化经营。企业的投资范围过于宽泛会导致经营分散从而无法实现集约经营，长期以往对主营业务与公司管理都会产生负面影响，所以通过资产剥离的方式将无关资产剥离出来，从而集中力量发展主营业务，从而优化公司投资结构。③提高盈利水平。将盈利能力较弱的资产剥离出来，从而改善资产盈利状况，达到提升盈利水平的目的。

二、上市公司实际控制人在资产重组中的义务类型

上市公司实际控制人在资产重组中的义务包括在整体上市、分拆上市

和定向增发中的义务。整体上市、分拆上市和定向增发这三种主要控制权交易模式即使不能实现公司控制权的转移，也会对公司股权结构产生重大影响。

以下从委托代理理论、产权理论对上市公司实际控制人在资产重组中所负义务进行分析。

委托代理理论：公司中存在的三大代理问题，其中大股东对小股东的代理，高级管理人员对股东的代理都在不同程度上反映了公司治理的种种问题。而实际控制人虽然不是公司名义上的股东，也没有高级管理人员的职位，但是其通过一系列隐藏的力量对公司决策产生决定性影响。从这一方面来说，其应当对中小股东负有事实上的信义义务，因此，将实际控制人与中小股东之间的关系概括为一种委托代理关系。

诚信义务（又称信义义务），根据《布莱克法律词典》的定义，一个有着受托人或者类似于受托人性质的人，该性质包含了委托和信任，要求审慎的诚实和善意；因自身之职责而负有为他人事业行动的义务，这种义务在公司中，通常是指公司的高管以及董事、经理对公司所负有的信义义务，这是因为公司的董事以及高管是受托管理公司，他们对公司负有信义义务，他们掌握着公司的控制权同时他们的决定对公司能够产生巨大影响，这也是为什么他们需要对公司负有信义义务的原因。公司的实际控制人如果要行使控制权，就应当以公司利益和全体股东利益为依归，不能为了牟取一己私利而损害公司与其他股东利益，这种义务就是信义义务，而实际控制人承担信义义务的理论基础就是委托代理理论，故而推导出公司实际控制人的控制权行使需要遵从信义义务的要求。

从获利方式看，公司的实际控制人与中小股东之间是有差异的。中小股东的获利方式一般仅仅局限于股利和资本利得。其中，资本利得对中小股东的吸引力往往会高于股利分配。因为现行税收制度决定了中小股东通过有限股权比获取收益的机会成本远远高于获得红利的成本。故中小股东之所以愿意投资该上市公司的股票就是因为能够从证券交易中获利。因此，相对于公司的长期发展来讲，能够使公司股价上升的短期盈利信息更能引起中小股东的注重。

公司的实际控制人获取利益的直接来源应该是股利分红，虽然其不是名义股东，但是通过对股东的控制其依旧能够从股票增值中获取利益。除此之外，实际控制人还可以通过控制权私人收益（private benefits control）获取利益。所谓控制权私人收益是指控制权人通过行使控制权所占有的全部价值因素，具体包括通过关联交易、公司机会利用、内幕消息等形式所获得的全部收益，这其中还包括了过度报酬、在职消费等收益。这种所谓控制权私人收益是一种控制权人享有的特权，其与实际控制人所需承担的信义义务相背离，其实质内核是控制权人因独占控制权而享有的获取私人利益的权利，这种权利损害了公司与其他股东的利益。

鉴于公司实际控制人与中小股东的利益目标并不十分一致，事实证明，在缺少对中小股东利益保护机制的情形下，相对于全体股东权益最大化而言，实际控制人往往追求的是如何实现自己控制权收益的最大化。就中国证券市场的现状来看，因为实际控制人利用控制权“中饱私囊”从而损害了中小股东的利益，导致中小股东对于实际控制人普遍存在不满情绪，认为其控制行为为公司和证券市场带来的更多是“弊”而不是“利”。

由此可以得出，上市公司实际控制人与中小股东之间存在以信义义务为基础的委托代理关系。既然公司股东将公司的管理权交予给实际控制人，实际控制人与公司的所有人即股东之间便已产生契约关系，基于这种契约关系，实际控制人就应当对中小股东承担信义义务，而不能因为个人私利而损害其他股东的利益。但在实践中，因为控制权私人收益等因素的存在，导致实际控制人为了私人收益而忽略中小股东利益的情况屡屡发生。从成本收益的角度来分析，公司的实际控制人与中小股东之间利益存在不一致，实际控制人可以通过其他行为获取收益从而达到自身收益最大化，而中小股东的利益诉求主要通过股利分红来实现，实际控制人对自身利益肆意妄为的追求往往是建立在中小股东利益缺乏有效法律保护的基础之上，这使得他们不惜违反自身应尽之义务并最终损害中小股东的利益。

控制权与现金流量权的分离是上市公司实际控制人代理问题产生的主要原因。控制权与现金流量权分离以后，控制权往往大于现金流量权，公司的实际控制人以较小的成本便可达到影响公司重大决策的目的，也可通过各种途径将上市公司的资源转移、输送给自己，而实际控制人进行此类利益输送获益的机会成本远远小于其遭受损失的可能。换言之，公司实际控制人将从公司获益的成本转嫁给公司全体股东承担，上市公司沦为实际控制人侵占中小股东利益、牟取私益的工具。

贝伯夏克、克拉克曼和特里安蒂斯（1999）均对实际控制人分离控制权和现金流量权的三种方式：二元股份结构、金字塔结构与交叉持股结构进行了论证。

①二元股份结构，是指同样的股份虽然收益权相同或相似但是投票权不同。目前最为典型的二元股份结构是优先股和普通股，二者当中优先股没有投票权。在二元结构中，实际控制人为达到分离控制权与现金流量权的目的，将名誉投票权或者投票权比较小的股份出让给小股东，自己持有较高投票权的股份，这是分离控制权与现金流量权最为简单的方式。但是鉴于目前很多国家遵循同股同权的原则，法律明令禁止公司发行不同股票权的股票，因此二元股份结构并没有被多数国家采纳。

②金字塔结构，指的实际控制人位于企业链的最高层，上市公司位于最底层，在二者中间可能有一个或者多个企业。在家族企业中金字塔机构最为普遍，有较强影响力的家族往往位于金字塔的最顶尖。而这些家族控制人通过纷繁复杂的金字塔结构严密控制最底端的被控制公司，并通过一系列的利益输送，将上市公司的资产逐渐转移到自己控制的其他企业，而中小股东对此通常也无能为力。

③交叉持股，主要是指通过相互持有对方的股份，强化对上市公司的控制。与金字塔结构本质区别在于，作为主体的企业集团的投票权是分散在集团构成的各个企业之中，其控制主体是多元的。在交叉持股的结构中，实际控制人的控制权与现金流量权是分离的。并且控制权与现金流量权的分离程度与企业集团内企业数量呈正相关。总的来讲，交叉持股方式不如金字塔结构普遍。

我国上市公司是不被允许发行“一股多票”的股票，所有上市公司的股票都遵循“一股一票”，这与其他某些允许“一股一票”的国家不同。而且，我国的上市公司的实际控制人很少会通过金字塔方式和交叉持股方式来达到控制权和现金流量权相分离的目的。不过，近年来，我国国内的不少家族企业也开始采用金字塔方式来分离控制权和现金流量权。而在国内，控制权和现金流量权没有分离的企业中，实际控制人掌握着对公司的实际控制权，其对上市公司的控制越强，其侵害上市公司的利益输送行为就越难以受到其他股东的监督和制约。

（一）上市公司实际控制人在整体上市中的义务

1. 整体上市的概念及主要方式

随着上市公司的日渐增多，整体上市获得的巨大成功举世瞩目，尤其是自2004年武钢股份实施整体上市方案以来，整体上市成为市场关注的热点。

（1）整体上市的概念

整体上市是指公司将其主要资产及业务整体改制为股份公司并进行上市的一种方式。与整体上市相对的是分拆上市。为达到上市要求的硬性指标，股东会首先对公司进行分拆，并将公司优质资产放置在分拆出来的股份公司，将经营欠佳的资产放置在分拆出的母公司，股份公司作为独立个体先行上市，这便是分拆上市。待股份公司上市成功之后，再用所得资金对母公司进行收购，实现整体上市。

（2）整体上市的主要方式

整体上市的主要方式包括定向增发股票与换股合并两种。

①定向增发股票。定向增发股票，即向特定投资者而非公开发行股票。定向增发的主流模式有：

模式一：资产并购型定向增发。因整体上市的自身优势较强，所以市场认同度较高，鞍钢、太钢在公布整体上市方案后股价持续上涨，其理由主要如下：a. 业绩提升作用大。在整体上市条件下，股权比例有向公司大股东公司集中的可能，并且未来获利空间大，因此在增发价格上对既有股东有一定程度优惠。b. 规范效果好。整体上市能够减少实际控制人与公司之间的利益冲突，可降低关联交易的可能性，规范同业之间竞争，增强公司经营业务透明度，经营重点置于内在价值提升。c. 整体上市可提升流通股本较小的公司的市值水平和流动性。

模式二：资产收购与增发相结合。此种模式必须以公司实际控制人拥有一部分优质资产，同时其又有变现需求为前提，即可采取上市公司在增发股份的同时反向收购公司实际控制人的优质资产的方式。这种模式能够实现公司优质资产的迅速回收，达到改善公司业绩的效率最大化。该模式一般意义上对公司构成利好，但是具体的利好程度要视发行价格与资产收购价格而定。

模式三：财务型定向增发。该种模式的最大意义在于通过增发实现外资并购或者引入战略投资者，因此，其意义是多方面的。一方面在外资并购方面，能够较为便捷实现增发项目，快速实现外资并购；另一方面在引入战略投资者方面，因其成本较低且快捷方便，因此更能得到一些资本收益率稳定但资本需求较大的战略投资者的认同。

优质公司现金流压力可采取定向增发的方式来减轻，同时，定向增发可利用龙头企业的估值优势充分发挥其扶优扶强的作用，因此，龙头公司对定向增发较为青睐。

②换股合并。因现金合并方式在合并过程中会遭遇资金规模限制的瓶颈，而换股限制却可以避免这个问题，因此在大规模层次上的强强联合式的合并中可以适用换股合并的方式。二十世纪九十年代末以新兴网络为代表的新经济的发展掀起了第五次购并热潮，各国企业也纷纷通过换股合并实现优势互补、强强联合，获取高新技术及优秀人才，以此增强自身的实力。微软、思科等大型公司的成长史其实正是一部公司的并购史。据相关资料统计，在美国，现金支付方式所占比重由1976年的52%降低到1986年的42%，到1995年更是降低到27%；股票支付方式所占比重则由1976年的26%提高到1986年的34%，到1995年则提高到37%。1996年，美国的公司并购交易的支付结构演变为现金33%，股票支付39%，混合支付28%。由此，从美国公司合并支付方式的发展演变可以看出，股票支付已经成为公司合并中最为基本的并购支付方式。尤其是随着战略性并购公司并购所涉及规模的逐渐增大，80%以上的战略性并购都适用股票支付方式。

（3）整体上市在资产重组中的意义

整体上市受到市场追捧的一个重要原因在于其可以在提升公司市场价值的同时，实现公司整体效益的提升。首先，整体上市有利于减少与公司控制人的利益冲突，从而有利于消除关联交易，增加公司的透明度，减少公司弄虚作假的可能，规范上市公司的运作。其次，整体上市可以通过优质资产的不断注入，实现公司的变大变强。最后，随着流通性的增强，公司控制人的价值更易通过整体上市实现，因此公司控制人的退出机制更为合理化。

（4）上市公司实际控制人在整体上市中的义务

整体上市给市场带来诸多益处，受到市场的强力追捧也是应有之义。

但是仍有许多需要注意的地方。首先，需重视留置资产的质量。有些公司上市时为达到上市要求将优质资产注入股份公司，不良资产留置在母公司，在市场掀起整体上市的热潮时实际控制人借机将不良资产打包注入上市公司，企图实现所谓整体上市，此举非但不能提升上市公司价值，反而是趁机兜售了不良资产。其次，上市公司收购公司大股东资产的现象已屡见不鲜。其中，不少大股东的资产在资产评估中资产价值虚高。虽然上市公司对此类现象也有作出相应的解释和说明，但是无论收购的是多么优质的资产或者收购条件是多么的具有吸引力，资产升值幅度如此之大不得不引起投资者的关注。最后，需要关注整体上市过程中的重组过程，究竟是选择一次性注入抑或是渐进式注入，此外对于整体上市的方式选择也要恰当。

整体上市中，上市公司实际控制人有义务保证上市公司质量，不得注入劣质资产；对资产评估、定价做到客观、公正、公平和公开等。

首先，应先对母子公司进行体检。上市公司的实际控制人应当遵循有利于公司长远发展的原则，对于上市公司进行的收购、出售和资产置换行为应当予以合理考虑和审查，其有义务保证上市公司的质量。为实现子公司上市的目的，改善和提升上市公司业绩，集团公司往往倾其优质资产注入上市公司，但是由于集团公司的资产质量参差不齐，运作不规范，导致其发展却不尽如人意，甚至出现了一些上市公司的实际控制人巨额占用上市公司募集资金的情况。因此，十分有必要对有整体上市意愿的母子公司进行一次体检。

其次，构筑母子公司防火墙。上市公司的实际控制人应当遵循有利于本公司全体股东利益的原则，与本人及关联人员之间不存在同业竞争，保证上市公司与其自身及其关联人员之间的人员独立、资产完整和财务独立。集团公司与上市公司之间在股权结构、募集资金的使用、关联交易上有着千丝万缕的联系，不清晰的股权结构和不透明的关联关系，都会直接或者间接地对上市公司的整体质量造成影响。所以，构筑母子公司防火墙是整体上市成功的保障。

再次，保证合理公正的资产评估和定价。整体上市并非是上市公司的实际控制人将全部或部分资产注入上市公司之后，整体上市就算完成了，还有一项工作就是对注入整体上市的资产质量进行有效合理的评估。为保证资产评估结果的真实性，防止评估偏差过大，上市公司应当以合理公正的价格购买、出售、置换资产。此外，还应当对上市后的公司进行不间断跟踪和观测，对其业绩的变化予以适时公正的评估，以了解公司在整体上市之后，其资产质量是否得到了提高，业绩是否获得了增长，市场竞争力是否得到了提升。

最后，保证真实、完整、准确的信息披露。真实、完整、准确的信息披露是实现证券市场"三公"原则的重要保证。当前，许多上市公司未按照重组中有关法规对关联交易所涉及的资产评估信息进行详尽的信息披露，问题主要涉及关联方转让的资产是否经过了评估，或者对评估情况进行了说明但未指出评估机构，股权变动情况以及变动金额等方面，造成投资者获取信息严重不对称，难以全面了解具体情况。因资产置换、资产剥离以及股权转让价格的确定需以资产评估后所确定的公允评估价值作为基础，但因评估机构的评估标准并不统一，因此即使对同一资产进行评估最终所得出的评估结论可能会存在巨大差异，资产评估信息的披露此时对广大投资者来讲就显得至关重要。此外，资产重组中关联交易的价格公允性或合理性比较难以评估，关联交易也越来越具有隐蔽性。关联交易利用各种途径粉饰上市公司的财务报表，利用中介机构提供不真实的财务会计消息，掩盖投资风险，使得众多投资者蒙受损失，投资者对证券投资失去了信心，从而严重影响了中国证券市场的健康有序发展。

从理论上说，关联交易介于单纯的市场交易行为与内幕交易的范畴间隙，其主要是通过内部力量的动用来确保合同的有效执行，从而达到降低交易成本、提高效益的目的。但是，因目前评估与审计等机制的不健全，企业为调节利润、避税或者为个别部门或个人牟取利益等目的，通常在现实操作中由关联双方来协商确定交易价格。

（二）上市公司实际控制人在分拆上市中的义务

伴随着知识经济时代的到来，市场竞争日趋激烈，收购兼并、股份回购以及买壳卖壳等诸多系列的资本运作方式得到市场认可。分拆上市作为一种金融创新活动，继国内众多企业如同仁堂、青岛环宇集团等成功实现分拆上市之后备受关注。

1. 分拆上市的概念和意义

(1) 分拆上市的概念

分拆指的是通过资产转让的方式使得公司变小的一种经济活动。广义的分拆是指公司将其拥有的部分业务从本公司中独立分离出来实现单独上市；狭义的分拆仅限将部分业务或者子公司从已经完成上市的公司中独立出来，另行招股上市。母公司可以将这些股权通过二次发行的方式进行发售，或者子公司通过首次发行即 IPO 方式予以售出。通常情况下，子公司的控股地位仍为母公司持有，这种股权切离方式也被称为“子股换母股的 IPOS”，其介于纯粹的分离与资产剥离之间。子公司普通股的 IPO 将会对公司资产所有权进行公开交易，在母公司从交易中获得现金回报的同时，也意味着一个新的法律实体的产生。因此，股权分离方式是企业分离衍生出的另一种方式。

(2) 分拆上市在资产重组中的意义

20 世纪 80 年代初至今天 20 多年的时间是欧美地区火热的“公司结构调整年代”。国际资本市场上分拆之风盛行，公司分拆上市股份也受到投资者的大力吹捧。据一项统计数据显示在宣布公司分拆上市当日，股价平均飙升 27%。究竟是什么原因驱动公司选择分拆上市呢？分拆上市的意义主要有如下几个方面：

首先，扩大融资渠道、分散经营风险。一方面公司的资本运作能力以及股本扩张程度在上市公司的总股本达到一定规模时会受到一定限制，而上市公司母公司及其子公司可通过分拆上市获得强有力的资金保障。尤其是对于那些母公司本身经营状况欠佳，并且二级市场再融资能力缺失或者降低的上市公司来讲，通过子公司分拆上市，可利用筹集到的资金带动公司整体发展；另一方面，上市公司将一部分资产分拆出去，以“股份有限公司”的形式进行运营，在可寻求上市融资、获得发展资金拓展自身业务的同时，分担公司经营风险，提升公司总体的风险承受能力，实现公司可持续发展。基于扩大融资渠道以及分散经营风险的目的考虑，将子公司分拆上市则是上佳的现实选择。

其次，突出公司的主业务，减少“负协同效应”。受技术的不断进步、产业发展趋势的不断变化以及国家相关的法律法规的不断调整，公司的经营环境也处于不断的变化发展之中。因此，母公司与子公司的机会并不是一成不变的。在过去的市场环境下，联合经营可能是双赢的选择。但在当前市场环境下，可能已是公司效率低下的症结所在。尤其是在千变万化的市场环境下，通过分拆可以实现公司集约化经营，能够迅速对市场环境作出判断，并快速作出反应。从公司自身的发展规律来看，在公司发展到一定阶段后，子公司无论是在业务上还是管理上，与母公司之间的关联程度已经降低，母子公司的发展可能已经进入不同的阶段，母公司可能已经进入成熟期而子公司却仍然处于高速发展期。此时通过分拆可以重新定位母公司与子公司的重心，突出各自的比较优势，增强各自的核心竞争力，充分利用自身优势进而实现公司资源的优化配置；同时，公司还可将不利于公司长期发展、成长潜力较小或者影响公司的整体效益的部门分拆出去，提高公司的管理效率，减少多元化业务之间的负协同效应，进而真正体现公司的内在价值。

最后，解决股东与管理层代理问题，提高公司的经营效率。“经济人”假设认为人都是理性的且以自身利益最大化为目标。在公司股东与经理层的委托代理关系中，以“经济人”假设为前提，公司股东和管理层都是自身利益最大化的追求者，由此因各自利益冲突的存在便产生代理问题。通常情况下，对于公司管理层的激励措施一般是股票、股票期权及与之相关的业绩，但是在一个庞大的多元化发展的公司内部，以整个公司价值为基础所采取的股权激励措施对单一部门的管理层决策或者业绩影响甚微。因此，股权激励机制在多部门组成的公司内部很难发挥积极的激励作用；此外，由于信息不对称以及偏好的差异，部门经理与公司高管之间在公司整体战略决策以及内部资源的分配问题上也难达成一致，从而导致公司低效率运作。值得注意的是，管理效率假说认为，公司的管理层的报酬在公司所控制的资产规模和差异性达到一定规模时，会达到一个递减的临界点，从而引发公司管理效率的低下。分拆上市可以对母子公司在资本市场上的价格进行分别定价，公司管理层对公司的管理情况通过市场反应可以一目了然，真正实现对代理人的激励，最终达到提高公司营运效率的目的。

（3）上市公司实际控制人在分拆上市中的义务

分拆是为提高公司资产运作效率而进行的一种资产收缩，以求实现经营专业化。在分拆过程中，资产权益在两个或者多个独立的法人实体中进行重新划分，无须进行重新评估。在分拆上市中，上市公司实际控制人不得为内幕交易或者市场炒作等行为，不得掏空被分拆公司。

我国香港地区对分拆上市的规定集中在联交所 Practice note 15 当中。从其内容上看，联交所十分关注分拆上市对母公司的盈利能力的影响、母子公司独立性等几个方面的问题：

（1）降低分拆公司对母公司盈利能力的影响。联交所规定，除去分拆出来申请上市公司所产生的利润以及上市公司非正常经营范围内的利润外，母公司在申请分拆前连续三个会计年度总利润不得低于 5000 万港元。排除意外因素或者市场等原因的影响，该种情况下可扩大至上市前 4 年或者 5 年的 3 个会计年度。

（2）防止分拆公司对母公司股东利益的侵害。联交所规定，母公司股东利益不得因分拆上市受到“重大不利影响”，否则，分拆上市申请将不予批准。其次，分拆上市将会给母公司带来的各种利益需详细列明在公司分拆上市申请中。最后，当出现下列情形时母公司股东对子公司分拆上市具有表决权：①以资产占比、利润占比、收入占比、股权占比等指标作为衡量标准，公司分拆过程交易所占比重超过 25%；②母公司的主要子公司新申请上市，并且母公司在子公司中的权益会因上市被严重稀释。表决时，分拆上市事项与实际控制人及其关联人存在利害关系时，必须进行回避表决。在公开表决时，独立财务顾问应当将重要少数股东的反对意见及时向联交所提交专门的情况说明。

（3）防止母公司和分拆上市公司之间进行利益输送。为了防止母子公司之间进行利益输送等内幕交易和市场炒作，保证母子公司之间的独立性，联交所作出如下明确规定：①业务范围的独立。母子公司之间的经营业务范围需有明确的界定与分离；②管理层的独立性。新申请上市公司的董事与母公司的董事可以存在相同或者任职上的交叉，但是在母子公司存在事实上或者潜在的利益冲突可能时，只有在确信新申请上市的子公司的董事能够在兼顾母公司利益的前提下保证子公司的独立经营时，联交所上市审查委员会才会确认母子公司的管理层独立；③管理独立，即新申请上市的子公司无须得到母公司的认可与支持便可独立实施重大管理职能；④母公司与新申请上市的子公司之间的关联交易必须符合联交所上市审查规则第 14 章的相关要求，如果二者之间的交易存在豁免情形，那么对这类交易就不存在监管困难，以保护两公司少数股东利益。

我国香港联交所规则中关于分拆上市的规定对于我国上市公司实际控制人在分拆上市中的相关义务规定具有十分重要的借鉴意义。在分拆上市中，上市公司实际控制人不得为内幕交易或者市场炒作等行为，不得利用各种手段掏空被分拆母公司。具体义务应分为以下几个方面：

一是不当利益禁止之义务。实际控制人在公司分拆上市过程中可能通过多种方式对公司进行“劫掠”，其中典型的方式就是通过“内幕交易”和“不当炒作”的方式获取高额不当利益，对于此类行为要严格禁止。故当公司以分拆形式上市的将会对正常股价产生巨大影响时，不当炒作、内幕交易和其他非法交易将引发股价异常波动，需制定严格的办法来规制此类行为，例如当分拆上市的信息引发股价异常波动且超过规定的比例时即可以启动应对措施，如不提交股东大会表决等方式，通过此类捆绑行为对实际控制人可能获取的不当利益进行限制。

二是利益平衡之义务。实际控制人需要平衡“两权分离”下公司所有人与经营权人之间的利益问题。因为高级管理人员可能通过“隧道行为”或“不当炒作”“内幕交易”等行为获取拆分上市的新公司的股权。这一点与股东利益相背离，采取有效的措施抑制这种管理者肆意（这种肆意也可能存在于实际控制人本身）。一方面需要有效抑制高管作为经营权人的持股比例，例如设定上限；另一方面，可以要求强制披露其持股比例，让权力在阳光下行使，使一切都曝光在公众和可监督的范围之内。

三是守护公司之义务。前两种义务一种是对实际控制人的限制，另一种是对他人利益的平衡与维护，第三种就是对公司作为独立人格的法人所需尽之义务，即守护公司之义务。那么如何维护公司之利益？首先需要对标准进行量化，不能僵化适用利润和资产比例的指标。如香港联交所分拆上市规则第（15）项应用指引规定，除新申请上市公司的利润以及非正常利润，被分拆公司总利润在申请分拆前的连续 3 个会计年度不得低于 5000 万港元。其次，需要做到的就是防止公司被掏空。为达到既为新业务发展提供融资的同时又避免挟持上市的目的，可根据市场实际情况，对被分拆公司的财务状况和盈利能力进行限定。通过设定利润与资产所占比例避免实际控制人通过分拆上市掏空公司。再次要防止公司被滥用，在分拆上市的过程中，公司极易被利用为少数股东或高级管理人员的敛财工具，所以需要实际控制人在“洁身自好”的同时也对这种利用公司的行为予以制止。

（三）上市公司实际控制人在定向增发中的义务

上市公司一般可通过公开增发、定向增发以及配股等股权形式，在资本市场进行再融资。随着《上市公司证券发行管理办法》在2006年的颁行实施，在再融资方面，上市公司若进行定向增发具有较大优势，因其发行成本低、时间周期短、投资易于控制等优势使得定向增发成为上市公司再融资的优选方案，迅速被资本市场认可。通过对2006年至2008年配股、公开增发以及定向增发这三种方式所实现的再融资金额以及所占比率的数据进行统计，可以清楚地反映出定向增发在股权再融资市场中的重要作用，具体数据如表1所示。

表1　2006至2008年股权再融资情况介绍

发行方式	再融资金额		再融资金额（亿元）		再融资费用（亿元）		
	数量	占比	金额（1）	占比	费用（2）	费率=（2）/（1）	占比
配股	18	4.88%	37.84	0.59%	5.13	13.56%	8.46%
公开增发	65	17.62%	1304.58	20.34%	24.26	1.86%	40.03%
定向增发	286	77.51%	5072.6	79.07%	31.22	0.62%	51.51%
总计	369	100%	6415.02	100%	60.61	N/A	100%

数据来源：Wind资讯金融终视数据库。

以增发发行公告日为基准，2006年至2007年定向增发项目由50个爆发式增长为147个，增长率高达194%。募集金额也同步从937亿迅速增加到2670亿。之后虽受金融危机影响出现一定回落，但随后数年仍保持了较高的增长率。总体来看，从2006年到2010年，定向增发项目数量和募集金额的年平均增长率分别为32%和37%，2011年截至9月20日，定向增发项目已达137个，募集资金3587亿。2012年定向增发（现金）实现的再筹资金额为1867.48亿元，而公开增发和配股所实现的融资金额分别为104.74亿元和121.00亿元。另外，最新的统计数据显示，2013年上半年，A股IPO持续“冰封”，与之形成鲜明对比的是，再融资市场持续活跃。投中集团发布报告，今年上半年有125家A股上市公司实施了定向增发方案，融资金额总计2111.8亿元，同比增加77.9%。

定向增发除了具有筹集资金的功能，还具有实现资产重组的功能，为了获得股东的资产，上市公司筹措资金进行定向增发就可以实现股东与公司之间进行资产与股份的交易，这就是定向增发的资产重组功能。而在通过定向增发新股以实现资产重组的过程中，上市公司的控股股东或实际控制人起到非常重要的作用，为了保证定向增发这种融资方式的健康运行，保护投资者以及其他股东的合法权益，有必要对实际控制人在定向增发中的义务做系统的研究。

1. 定向增发的概念与特征

（1）定向增发的概念

定向增发与公开增发相对应，即非公开增发新股，其受到两方面的限定：增发新股与非公开发行。所谓的增发不同于公司创立期间初次发行股份，属于非创立时期公司的再次融资行为。所谓非公开发行股票就是上市公司采用非公开方式，向特定的不超过十名的对象发行股票的行为。

（2）定向增发的发行对象

定向增发作为我国2006年后才开始施行的再融资手段，其与其他的股权融资方法最大的区别便在于其发行对象的限定性。配股的发行对象为公司原持股股东，公开发行新股以及公开增发的发行对象对不特定的社会公众，而关于非公开发行股份，包括初次发行与增发，其发行对象都受到较为严格的限定。根据《上市公司证券发行管理办法》以及《上市公司非公开发行股票实施细则》的规定，在非公开发行股票的程序中，符合以下条件才属于特定对象。一是符合股东大会决议所规定的条件；二是不超过十名发行对象；三是当发行对象为境外战略投资者的，应当经国务院相关部门事先批准。这里需要解释的是，不超过十名发行对象是指认购并获得本次非公开发行股票的法人、自然人或者其他合法投资组织不超过10名。

定向增发中特定对象人数被限制在10人以下，这样无形中增加了投资者的风险，因而有必要对发行对象作出必要的界定。美国《D条例》506规定，该项目下私募发行的发行人在销售前，必须合理地相信：每一个投资者（获许投资者除外）都具备应有的商务知识和经验，以使其能够评估投资所蕴含的价值和风险。我国《上市公司非公开发行股票实施细则》第24条规定，上市公司和其保荐人共同确定认购邀请书发送对象的名单，名单除应当包含董事会决议公告后已经提交认购意向书的投资者、公司前20

名股东外，还应当包含符合《证券发行与承销管理办法》规定条件的询价对象，询价对象包括不少于 20 家证券投资基金管理公司；不少于 10 家证券公司；不少于 5 家保险机构投资者。由此可见，我国法律并没有对定向发行的特定对象的资格作出特别的规定。在我国证券实践中，非公开发行融资对象的特定人员就是实际控制人及其控制公司（即上市公司的控股股东及其一致行动人）、机构投资者、境外战略投资者和自然人四种。

（3）定向增发的发行条件

因定向增发的发行对象范围较小，投资者一般具有上市公司经营信息以及专业知识方面的优势，其自我保护能力较强，因此，为更好发挥融资功能可放宽定向增发的发行条件。2006 年的《上市公司证券发行管理办法》对公开发行证券公司的组织机构、持续盈利能力、财务状况、募集资金的数额和使用等方面作出一系列的限定。将拟配股数量的最大限额设为配售股份前股本总额的 30%，并且对控股股东作出了严格限制，其在股东大会召开前应公开承诺其所认配股份的数量。不同的发行对象需具备不同的发行条件，当配售对象为原股东且采用代销方式发行时，在控股股东明确不履行认配股份的承诺，或者代销期届满，但原股东认购的股票数量未达到拟配售数量的 70%时，发行人可能需要向已经认购的股东承担按照发行价并加算银行同期存款利息的返还责任；当增发对象不特定时，则对净资产收益率、财务性投资以及发行价格都做了较为严格的限定。

如果定向增发可能导致公司控制权产生变化的，则必须符合证券监督部门的其他规定，而定向增只是对发行价格、限售期以及募集资金的使用作出限定，并没有配股以及公开发行新股的诸多限制。

（4）投资者保护制度

构筑必要的投资者保护制度，与市场机制相结合，可以建立投资者的投资信息，确保融资制度的良好运行。在投资者保护方面成效突出的国家其经济发展也较为良好，其资本市场也较为领先，因为定向发行中的投资者往往是公司的持股股东或者具有较强经济、技术实力的机构投资者，其获取信息的能力强，所以非公开发行对信息披露制度并不是特别倚重。另外，因为定向增发的投资者限定在 10 人以内，并不面向社会公众，其影响的波及面也就会被限定在较小的范围内，所以在定向增发方面，成熟的资本市场并没有对其制定严格的审核标准。例如美国对私募发行股票使用注册豁免原则，虽然其豁免也要受投资者人数以及投资者资格的限定。鉴于我国资本市场的成熟度不高，所以定向增发的过程较为复杂，其发行还需要由保荐人保荐，并向中国证监会申报批准。我国的这种规定，也会对投资者提供一定的保护。

2. 定向增发与资产重组

（1）通过定向增发实现资产重组的路径

定向增发通过向特定对象发行新股以达到融资的目的，其发行的股份，既可以现金认购，也可以资产认购。如果以资产认购定向增发新股，便会涉及公司资产重组的问题。通过定向增发实现资产重组的公司，往往面临持续经营的困境，或者是为了减少同业竞争、增强公司的竞争力，还有些是为了减少或消除控股股东或实际控制人与上市公司之间的关联交易。以面临困境的公司为例，其原来的主营业务模块很难持续经营并盈利，首先可回购股份，具体由控股股东还是实际控制人抑或其他的关联投资者进行回购，然后再由该上市公司定向增发新股，实际的投资者以其资产认购股份，其优质的资产便会注入该上市公司，使得面临经营困境的公司重新具备持续经营以及盈利的能力，从而在实际上达到资产重组的效果。

（2）实际控制人在资产重组中的利益诉求

上市公司实际控制人以资产认购公司定向增发的股份，其有以下几个方面的利益诉求：第一，间接地实现其资产的上市；第二，将资产注入公司，以增强公司的竞争力或者改善公司的运营状况；第三，高价出售资产或者以相对低价认购股份；第四，维持或者提高其对公司的控制权；第五，消除或者降低其与上市公司之间的同业竞争。

上市公司实际控制人除了会以其资产认购定向增发的股份，同时还是公司的重要利益相关者，基于其双重的身份关系，其还会通过资产重组为公司谋求最大或最优的利益。比如引入优质的资产或者以相对更低的价格引入，降低竞争对手对其施加的压力或者增强竞争优势，减少关联交易、增强公司的独立性等。

（3）通过定向增发实现资产重组的程序

通过定向增发实现资产重组，还需履行一定的程序。我国定向增发新股需要履行以下主要程序：尽职调查；定向增发方案制作；董事会决议相关定向增发议案；准备评估报告、关联交易公告等；股东大会决议相关议案；券商准备书面材料上报证监会审批；询价、定价；双方签订认购协议；初步发行结果上报证监会批复同意；缴款或转移资产。其中证券发行的种类、数量、方式、对象需要股东大会作出决议。定价方式、价格区间以及资金募集用途等内容也需要股东大会做决议，而决议的有效期等内容也不能例外都要由股东大会决议。

如果公司的股东或者实际控制人以其资产认购定向增发的股份，会涉及关联交易的问题，涉及的相关股东在表决时需要回避。

3. 实际控制人在定向增发中的义务

因为实际控制人是通过投资、契约或者亲属关系等方式对公司的运营施加影响，而其通常又不在公司担任官方的、责任和义务可以由法律和章程明确约束的职务，所以其法律责任以及法定义务的承担，相较于公司董事或者控股股东，要更为复杂和困难。公司法缺乏对实际控制人的规制并不影响实际控制人承担其本应该承担的民事责任。超越公司法的框架，从更为广泛的民法视角来观察，不管何种主体，只要侵犯到了公司、股东、债权人的合法权益，都要受到侵权法的规制，这也是实际控制人相关义务和责任的根源。所以在定向增发中，实际控制人的责任与义务更难确定，但是权责义务的明确有利于我们更好的考察实际控制人在权利行使的过程中是否存在损害公司、其他股东或者债权人的行为，如果存在就必须要为其所作所为付出代价。

如何证明实际控制人在资产重组中运用了控制力对公司产生影响？其既没有担任任何职务也没有参与任何表决但是如果其能够通过对公司人事、财务、业务等方面的影响力干预公司决策则应对其行为进行限制而不能以未担任任何职务任由其逍遥法外。2005 年《公司法》进行修改，引入了公司实际控制人的概念，《证券法》以及《上市公司证券发行管理办法》等也都逐渐地对实际控制人的义务作出相应的规定。

我国现行的法规对上市公司实际控制人的义务主要作出了以下几个方面的规定：①信息披露。②勤勉诚信。③禁止违规担保。④禁止利用关联交易损害公司利益。⑤禁止内幕交易。⑥对公开发行证券所募集的资金，不得擅自改变用途。⑦不影响公司经营的独立性。⑧认购股份在限售期内不得转让。

结合实际控制人在通过定向增发实现资产重组过程中的特殊的利益诉

求，其在公司资产重组过程中需要承担如下义务：

第一，客观、全面地进行信息披露及报送。上市公司定向增发股票，发行对象中除原公司前十名股东外，其他均需获得证监会的批准。其中公司需要附带报送法定的经营管理信息。如果实际控制人或者控股股东拒绝上报该信息或者报送虚假信息抑或遗漏重要信息的，则需要承担相应的法律责任。另一方面，公司还需要向确定的投资对象披露相关的公司经营以及资产等方面的信息，这些信息必须真实、全面，能够为投资者作出投资决策提供必要的信息支撑。

以上两个方面主要强调公司在信息披露方面的义务，鉴于实际控制人与公司之间的特殊关系，该义务的承担者一定意义上是公司的实际控制人。同时，《上市公司非公开发行股票实施细则》明确规定控股股东、实际控制人有信息披露义务。实际控制人应当以真实、准确、完整为原则进行信息披露，因此无论是间接承担还是直接规定，上市公司实际控制人均有信息披露义务。

第二，确保公司经营的独立性。拟定定向增发议案前，需要由公司和证券承销商进行尽职调查，而尽职调查中很重要的一部分便是对于公司独立性的调查。如果以资产认购增发的股份，还会涉及关联交易的问题，相关决策表决的过程中，实际控制人需要进行回避。

第三，实际控制人认购的新股，在法定期间内不得转让。《上市公司非公开发行股票实施细则》规定了非公开发行股票时，控股股东、实际控制人及其控制的企业认购的股份的禁售期为 36 个月。为了防止其通过发行股票谋取不当利益，保证公司的健康运行，实际控制人承担了长达三年的禁售期的义务。

第四，不得高价出售资产或者低价认购股份。在通过资产认购定向增发股份，实现公司资产重组的过程中，涉及两种情形：实际控制人以其资产认购股份以及实际控制人之外的主体以其资产认购定向增发的股份。

若实际控制人以其资产认购上市公司定向增发的股份，其利益诉求在于高价出售资产以获取相对较多股权或者以相对较低的价格认购股份，其实质在于在资产特定的情形下，获取更多的股份。为了保护公司以及其他投资者的权益，在此情形下，实际控制人的资产价值需要被客观的进行评估，实际控制人不得施加不正当的影响。关于其注入的资产本身，需要保证其确实为上市公司所需要，或者能够为公司带来利益，而非劣质的、不为公司所需的或者不能够给公司带来利益的资产。关于股份定价方面，也需要根据公司的实际价值以及市场环境，经过法定的程序予以确定。

如果是实际控制人以外的主体以其资产认购定向增发的股份，那么实际控制人的利益诉求便会翻转过来：降低资产的价格或者提高股票的价格。在此种情形下，同样要求实际控制人不得对资产以及股票的定价直接或间接的施加不正当的影响。这种规定的确加重了实际控制人的责任，客观地来说，实际控制人如果通过暗中操纵达成利己的效果那么一定要采取相应法律措施对其行为进行规制。但是实际控制人处于监管的阴暗面，其行为是非公开行为，难以从公开信息中获取。所以对于实际控制人在定向增发中的责任应采结果主义，即如果发现实际控制人通过操纵方式降低股票价格或者抬升自己用于认购的资产价值并从中盈利的，则可以对其进行法律规制。不论其操纵手法如何高明如何隐蔽，一经发现就施以惩戒。

三、资产重组中对上市公司实际控制人的规范策略

上市公司实际控制人在资产重组中负有何种义务？这种义务应如何有效规范？我国上市公司的资产重组要实现实质性提升，使其成为更优的资源配置途径，对于实际控制人需要施加更为严格的义务，其规范策略如下：

（一）股权结构之优化

对于中国的证券市场而言这既是蓬勃发展期又是转型期，在这样的时期，治理问题的结症很多，但是解决途径似乎就是股权结构的优化。如何对股权结构进行优化是解决公司治理问题的前提也是无法跨越的问题，在上市公司治理领域，股权结构的优化是完善公司治理的基础。

在股权结构的优化过程中首先要解决的就是一股独大的问题，这一问题由来已久且盘根错节尾大不掉。我国上市公司中的股权结构畸形是引发资产重组各种问题的症结所在，并由此导致公司治理结构失衡，不论是股东大会还是董事会、监事会都存在或多或少的问题。例如股东大会权力旁落；董事信义义务淡薄；独立董事形同虚设；监事会只是摆设，根本发挥不了应有的作用。公司治理结构的良性运行首先就要保证股权结构的优化

配置，不能让股权一家独大，为少数人所操纵。在上市公司中引入战略投资者可以使股权相对分散，不让股权高度集中，这样就能形成一种有效的制衡。在公司治理层面中，董事会无疑是兵家必争之地，对于独立董事的选任以及能否由中小股东代表出任董事都是需要考量的问题。许多国有企业改制后上市，但依旧保留了原来的传统，董事长与总经理一肩挑，这就使得公司由一人控制，使得公司治理机构都形同虚设。在公司中决策权、经营权和监督权分开，由一人担任改由多人来担任。这种不合理的股权结构亟须优化。

国有企业往往容易出现一股独大的现象，但是国家不可能直接去管理所有的国有企业，且不论企业数量，就是如何进行有效管理也是一大难题。国有企业的保值增值理所当然的落到了管理者手中，而作为所有人的国家却无从过问。此时，如何进行股权结构的优化？有学者认为应当降低国有股在股权结构中所占的比例，即减持国有股以及建立科学、高效的委托代理制度，即采用法律形式确定国有股的代理人，由代理人对上市公司的国有股进行管理，以解决国有资本所有则缺位的问题。实行股权分置改革不仅能解决企业各股东之间存在的问题，对恢复公众投资者对市场的信心也有一定作用。股权分置改革不仅仅是市场良性运行的保证，也是深化资本市场发展的重要战略。故降低国有股在股权结构中的比例，解决国有股的可流通性，制定更为合理、公平和科学的股权分置改革方案能够促进上市公司的规范有序化建设，使得上市公司的控制权转移机制能有效运作。上市公司中“内部人控制”的出现，很大一部分原因就是国有股权的所有者无法形成有效监督，经营者肆意妄为，利用“隧道行为”掏空公司，赚取不正当利益，对于此类问题的规则虽有条文但难以付诸实践。国有企业的股份一般由国资委进行管理或者国资委委托的某个公司进行代管，本质上讲依旧没有解决所有人的问题。那么国有股份究竟该采取何种管理模式？能否由资产经营公司管理国有股份？面对这个问题，答案显而易见，如果将国有股份委托给经营性企业管理，其必然更为注重自身的盈利性而忽略股东之利益，信义义务自然难以履行，也很难保护国有股东之利益。为避免出现上述现象，防止公司遭受侵蚀，我国可以成立“国有资产管理中心”或者“独立董事局”，这一以委托代理关系设立的代理机构，机构的组成人员全部实行聘任制，聘用的人员可考虑采用经济管理专家。虽然我国的证券市场有着诸多缺陷，但是通过建立市场化的国有资产管理中心或独立董事局可以对缺陷进行适度弥补。

（二）董事会效用之强化

董事会健全与否关系到公司治理结构的完整性，从资产重组的角度来说，董事会效用的发挥直接关系到市场能否顺利运行。从这一角度解读，董事会效用的确需要强化。

在中国的公司治理权力版图中，董事会一直诟病颇多，其效用一直没有得到有效发挥，以致于被人称为摆设。董事会运行的缺陷主要体现在以下几个方面。一是非市场因素的影响导致行政权力干预公司治理。在中国，各级政府或监管机构都拥有决策权，基于过去的传统思维，行政机关直接干预公司治理，甚至代替董事会做决定已是屡见不鲜。这使得董事会权利限缩，在处理重大事项时反而无从决断。二是董事会为大股东操纵，大股东“劫持”公司侵犯中小股东权益，利用董事会决定掏空公司，使其成为大股东牟取私利的“橡皮图章”。三是董事会存在制度漏洞，董事会和高管之间权能界定不清。在美国平均董事会次数为 7.2 次，而我国的仅仅为 4.2 次，这表明高管在代替董事会做决定，董事会的决策权边界与高管的权力边界存在一定的重合。

针对董事会效用的强化与功能的健全，要在这几个方面下功夫：一是要保证董事会的独立性。保障董事会独立性的关键是董事会组成人员的独立性，尤其是董事会中独立董事及外部董事的比例。独立董事制度的设立具有重要意义，关于独立董事具有特定的任职条件限制，一些人员被排除在独立董事范畴之外，包括上市公司及其从属企业的员工以及直系亲属、主要社会关系人、直接或间接持有上市公司 1% 以上股份的或者持股前十名的自然人股东及其直系亲属，持股 5% 以上的法人股东，禁止人员还包括曾经为公司或其附属企业提供过财务、法律、咨询服务的人员。新公司法规定上市公司设立独立董事的具体办法由国务院规定。鉴于独立董事的重要性，上市公司竞相聘请独立董事，从知名法学家到经济学家，会计师或者其他社会知名人士。但是该制度是否起到了当初预想的实效？独立董事制度从建立初始到实践至今与其他公司治理手段一样都是损誉参半，其积极性的一面不可否认，很多独立董事还是积极参与公司事务的管理，不论其权利是否受到限制，但是他们在其位谋其职的精神值得鼓励。同时，我们也需要看到制度的短处并及时予以修正。第一，独立董事是移植制度，在美国能够发挥的功效在本国实践中是否能发挥相同作用尚待考证，但是此项制度是一系列完整的体系，如果只学皮毛不学本质内涵难免造成本末倒置的移植效果。独立董事的薪资如何确定，其法律地位如何以及任职资格如何，权责分配问题等均需明确。第二，独立董事制度不能沦为摆设，不能让该制度成为某些人提高自身知名度的工具，同时也不能让制度设计的目的沦为空谈。所以，中国的独立董事制度应增强独立决策功能并建立行之有效的配套机制，明确独立董事的权责分配，厘清独立董事与监事会的责任分工，健全董事会决策机制，确保董事履行其职能的独立性。

二是保障董事会权利的行使。不论是《公司法》还是其他法律、法规都赋予了董事会职权并划定了权利行使的边界，但是这种权利行使时如何进行保障，当遭遇阻力时如何进行维护都是需要法律给予保障的。一是要依法规制行政权力，减少对公司治理的干预。面对行政机关直接干预公司治理时要勇于运用法律武器。二是当董事会行使权利为大股东所阻碍时要运用法律来维护合法权益，保障其权利的正当行使。

（三）会计信息披露与监督之加强

会计信息披露于上市公司而言非常重要，信息披露不仅仅是提供知情权的过程同时也是提供监督的机会，许多上市公司不及时披露会计信息或者披露并不完整的信息给投资者造成假象，使得其实际控制人在资产重组过程中肆意进行各种利益输送行为，损害公司及中小股东的利益。实际上，对上市公司信息披露的控制是规制实际控制人履行其应有义务的必要方法。实际控制人通过信息的不完全披露操纵公司获取不正当利益，为了能从上市公司获取该利益，他们也就没有足够的动力履行真实、完整、透明地披露上市公司信息的义务。

有学者在代理理论的框架内研究了中国上市公司的盈余管理问题。盈余管理问题的严重与否其实和实际控制人有着密切的关系，如果实际控制人越能够轻松地转移公司资产，那么说明盈余管理存在的问题越多。对信息披露的控制有利于实际控制人隐藏其在资产重组中的各种利益输送行为，然而，我国当前的会计信息披露制度很难做到及时、准确、透明，使得虚假信息层出不穷，危及广大投资者利益。但是如果会计准则、信息披露规则是完备的，这种会计信息披露制度被调动起来，运用得当是可以有效抑制利益输送行为并起到保护中小股东的效果。

因此，完善会计信息披露制度是资产重组过程中规范实际控制人行为的重要环节。实际控制人对此有信息披露义务，而信息披露需要强调的是真实与完整，及时透明也是非常重要的。第一，完善信息披露体制，以更为严格的标准来规范实际控制人的信息披露义务。第二，对信息披露的真实性提出更高的要求。一方面要加强注册会计师培养，发挥审计机构的作用。数据的真实其实掌握在以会计师、审计师为主的中介机构手中，如果他们帮助造假，那么信息的真实性一定大打折扣。因此，对会计师素质的培养也极其重要，要求其遵守职业道德，做到客观公正，力求数据披露真实。第三，提高上市公司信息披露及时性与透明性的标准。对违规披露信息的上市公司进行处罚，虽然目前我国的法律能否为信息披露不及时提供救济途径尚存争议，投资人如何运用法律武器维护自身权益还有待探讨，但是这无疑是努力的方向，需要对此提出更高要求，为信息披露的完整、真实、及时给予法律保障。

（四）中小股东法律保护之完善

在资产重组中进行各种利益输送行为的一个重要原因就是我国针对投资者保护的法律制度尚不健全。实际控制人不仅仅能够利用诸多手段进行利益输送损害中小股东利益，其不作为的方式一样可以侵害中小股东的权益。研究表明，上市公司实际控制人在资产重组中通过利益输送或者运用不作为的手段侵害中小股东利益与法律规范的程度密切相关。法律对中小股东的保护程度越大，那么实际控制人所能进行的利益输送行为就越少，实际控制人对中小股东的损害就越小，这样上市公司的价值就越大，资本市场也就越发达。法律对中小股东利益保障机制越不完善，实际控制人对中小股东的利益损害就越严重，资本市场发展的障碍就会越大，甚至可能影响到市场经济的发展。例如，有研究机构对世界上最富有的二十七国、累计数千家公司的数据进行了一项研究，采用托宾 Q 值对公司的价值进行测定，只是在研究中运用了特有的法规指数来对投资者的保护程度进行测定，这种测定是对公司价值进行深入研究的基础上得到的。从测定结果中可以得出，普通法系国家比大陆法系国家在股东权利保护方面做得更好；投资者保护程度越高的国家，企业价值也越高。

《公司法》和《证券法》是我国对上市公司中小股东保护的主要法律，加之部门规章等规范性文件和《首次公开发行股票并上市管理办法》《上市章程指引》等文件构成了一个完整的规范保护体系。这个规范体系包含了从证券发行管理制度、退出机制和约束利润操纵行为机制等数个方面。然而，法律必有其漏洞和执行过程中的不完备之处，正如同前文所证，如果证券监督管理部门对于执行法律的态度有所不同，或者在适用法律的过程中出现不同的判断都会改变一国的法治生态，使得实际控制人作出不同的行为判断。当法律执行严格时采取的对策与不严格时是完全不同的，所以法律法规对规范和制约实际控制人，保护中小股东有着重要的实际意义。

但是，我国目前对于实际控制人的法律规制并不完善。在《公司法》中，加强中小股东的保护需要从信息披露和提高《公司法》的可诉性等方面来完善。信息披露属于前文论述的内容，此处仅探讨《公司法》的可诉性，中小股东如何通过法律手段来维护自身合法权益。在股东直接诉权中，股份回购请求权、红利分配请求权和请求股东会决议无效或撤销的权利都面临着实体与程序的诸多问题。在股东派生诉讼中，派生诉讼的行使条件以及程序问题也是实务界讨论得很热烈的问题。例如股东派生诉讼的实质要件、原告的条件、提起股东派生诉讼的前置条件等问题都没有详细的执行规范。《证券法》中涉及内幕交易、操纵市场、虚假陈述、客户欺诈等侵权纠纷虽有法律规定，但是规定较为笼统。种种侵权问题都缺乏详细的执行规范，上述每一类侵权行为的行为认定、是否具有主观过错、赔偿损失的范围和赔偿标准等都没有明确规定，这种法律、法规和规章的不健全、不完善导致上市公司实际控制人的不法行为得不到有效的规制。

（五）建立实际控制人的义务与责任的规范体系

如前所述，实际控制人对公司拥有着实际的控制权，因缺乏有效的监督机制对其进行制衡就意味着实际控制人存在滥用控制优势的可能。而出于私人利益最大化的考量，在没有监督和制约的情况下，能利用控制权牟利时很难要求实际控制人抑制这种冲动。所以，想通过克己自律来令实际控制人不利用控制权劫掠中小股东的利益其实是很难做到的。所以，在资产重组过程中，对于实际控制人克以信义义务则是保护中小股东利益的有效手段。

董事的信义义务包括忠实义务和注意义务，其中注意义务是一种积极的作为义务，其标准是受托人应当尽到一个善良管理人的注意；而忠实义务是一种消极的不作为义务，其标准是受托人在处理相关事宜时不得为一己私利而损害委托人或者受益人的利益，是道德义务的法律化。实际控制人的信义义务也包括两个方面，但是在性质上与董事的信义义务有所不同，董事作为股东代理人对公司进行经营管理，并且直接参与上市公司重大决策，能够对公司重大决策产生直接影响，这种信义义务是更为显性的。但是上市公司的实际控制人不存在受何人委托，也不能直接参与公司事务的决断，其影响力主要是借助隐性力量控制公司人事从而间接地对公司的经营和决策施加影响。换言之，实际控制人并没有履行任何职务，首先与董事受信不同，其次更谈不上在处理公司事务时需要审慎注意。因此，单纯从理论上来理解实际控制人的信义义务时是不包含注意义务的。然而在一些特殊情况下，某些实际控制人能通过特殊方式使公司采纳其主张，此时其地位与董事相同。在此特定情况下实际控制人负有与董事相同的注意义务。这一点已逐渐为学界所接受。忠实义务是一项客观性的义务，它所强调的是上市公司的实际控制人需要对公司的整体利益负责，其所作出的行为必须符合公司和全体股东的利益，这种整体利益的考量需要实际控制人放弃自己的优势地位和可能期待的利益。因为实际控制人基于利己主义的考虑本可以利用控制影响为自己谋利，但是基于忠实义务则只能从公司和全体股东利益的角度进行考量。一旦实际控制人违反信义义务则需要承担法律责任，其需要对违反信义义务而引发的损害予以赔偿或者接受惩罚的强制性要求。如果对于违反信义义务的实际控制人无法进行有效规制和惩罚，则所谓信义义务形同虚设。因此对上市公司的实际控制人设置相应的法律责任是法律完善的一部分，否则实际控制人将极有可能将本应该承担的信义义务抛之脑后，从而置公司与中小股东利益于不顾。在资产重组过程中建立实际控制人的义务与责任的规范体系是必然之举。

（六）实际控制人补偿与激励制度之建立

对于公司而言，虽然存在大股东对中小股东的代理问题，但是从中小股东的角度来说，他们原本就普遍存在搭大股东便车的心理，其缺乏足够的动力对公司进行监督，因为中小股东普遍持股比例较低，在公司经营等重大决策上难以起到作用，也就缺乏一种激励来参与公司事务，并且从成本考量的角度来说，即使中小股东为公司提供内部监督服务其可能获得的收益也很小，所以他们通常不愿意为公司提供监督服务。而公司的实际控制人更有需要和动力为公司提供监督服务。因为公司运营的好坏与实际控制人的切身利益联系更为紧密，如果公司经营不善而亏损，损失的一大部分将由实际控制人来承担，从这种角度上来说，实际控制人有监督管理者的激励。那么对实际控制人提供监督服务所付出的成本又该如何补偿？是否有一种机制对其进行激励，鼓励其持续对公司进行监督。如果实际控制人只注重短期利益，那么其所付出的监督成本在短期内将无法收回，于是可能采取利益输送的方式来侵害中小股东的权益。但是如果其关注于公司的长期成长，则有可能从公司的预期成长中获得利益回报。但是这种关注公司长期成长的价值回报周期较长，不是所有实际控制人都具有这种远见且愿意付出这种前期成本。于是有一部分实际控制人就有可能沦为短期效益的追逐者。如果想要抑制这种短期效益追求的冲动就必须建立起对实际控制人提供监督服务的补偿和激励机制。这既是对公司长远利益的考量也是对中小股东利益的有效保护。

对实际控制人提供的监督服务给予相应的补偿和激励就需要有资金来源，关于实际控制人监督补偿基金的来源，可考虑以下两个方案：一是以公司利润为基数，建立实际控制人监督补偿基金，即用一定的公司盈利激励实际控制人，在公司与实际控制人之间形成一种良性循环；二是实行股权激励。给予实际控制人一定份额的股份作为激励，实际控制人便同时承担了一定的经营风险。这两种做法是否可行需要接受实践的考验，但是可以肯定的是，如要实际控制人提供持续有效的监督服务就需要对其提供的服务进行补偿和有效激励，这样使得实际控制人、公司以及中小股东三方都实现获利，不仅有效抑制了实际控制人对其他股东的侵害，而且提高了实际控制人的积极性，最终促进公司走向良治。

第五章

上市公司实际控制人的违信责任

一、上市公司实际控制人违信责任概述

上市公司实际控制人违信责任，是指上市公司实际控制人违反法律规定的信义义务，给公司或者其他股东的合法权益造成损害时所应承担的责任。就我国当前公司立法来看，对上市公司实际控制人的信义义务及违信责任制度的构建仍然不够完善，存在诸多立法缺陷甚至立法盲点。此外，我国《公司法》针对信义义务及其责任的规制，主要是针对公司的董事、高级管理人员，对公司控股股东等以其他形式出现的公司实际控制人的信义义务及违信责任的法律规定较少。因此，笔者认为，要解决实务中存在的上市公司实际控制人控制权滥用的问题，从而达到保护公司、公司股东和利益相关者权益的目的，应当在立法条款中明确实际控制人的违信义务，科以相应责任；并将违信责任予以明确细化，对其归责原则、构成要件、责任承担形式等作出详细的规则构建，如此才有利于对实际控制人违反公司信义义务的行为作出相应的法律规制。

上市公司实际控制人违信责任制度的构建，对于公司在实际运作过程中维持各方主体的利益平衡有着重要作用。上市公司实际控制人相较于名

义上的控制人，具有隐秘性，其自身利益并不与公司和其他中小股东的利益完全一致，有时甚至会刚好相反。当实际控制人利益和行为与公司和中小股东的利益和行为相背离时，实际控制人往往会以自身利益为优先考虑，甚至在某些情况下会以牺牲中小股东利益为代价来换取自身利益的最大化，故需要对公司实际控制人违信责任作出法律构建。

对上市公司实际控制人而言，信义义务及违信责任制度的构建是制衡其绝对强势地位的重要制度设计。有一种理论认为，虽然公司实际控制人享有比其他中小股东较大的控制权利，但因其投资较大，在公司资本运作中承担了比一般中小股东在资本运作中更大的风险，对公司治理承担了更多的义务，对公司管理耗费了更多的心血，此乃依据权利与义务相等的法理。该理论有一定的合理之处，如果将实际控制人的信义义务规定得较为苛刻，必然会打击投资人对内管理以及对外经营决策的积极性，也会阻碍整个公司的发展，因为过多的信义义务要求以及过重的违信责任承担，会对公司实际控制人的工作及心理造成负担，使其不能果断作出经营决策，畏首畏尾、害怕承担违信责任，其结果将直接影响公司内部治理及外部决策的有效性。但同样值得注意的是，如果不规定实际控制人的信义义务或者规定较少，那么无法起到约束实际控制人的效果，导致实际控制人滥用权利，公司为实际控制人所操控，无实际约束力。因此，笔者认为，在这两者之间，立法者在制定法律法规时必须作出综合考量，找到二者之间的平衡点，尽量做到制定出的信义义务及违信责任能够既不减少公司实际控制人对内治理公司及对外经营管理的积极性，又不会因其控制权的滥用而损害公司及中小股东的合法权益，能够平衡好各方权益。正如学者所说："针对控制权人的信义义务规则仅仅是关联企业行为控制制度的基础，并且它只具有概括调整作用；它仅以抽象的方式说明，控制权人以不公平关联交易方式或者利益冲突方式从事不当行为的义务违反之本质。"❶ 因此，对实际控制人信义义务的规制，必须有具体的法律和制度，要完善信义义务及违信责任法律承担主体范围，违信责任归则原则，违信责任承担方式，以及建立真正高效的监督体系以预防控制权滥用等行为，这些都是立法者应当详细考虑的问题。

---

❶ 刘凯．控股股东信义义务及违信责任专题研究［D］．上海：华东政法大学，2011．

二、上市公司实际控制人违信责任的归责原则及判断标准

（一）上市公司实际控制人违信责任的归责原则

我国现行《公司法》中仅列举式地规定了某几种违反信义义务应承担何种违信责任的法律条款，但未明确指出实际控制人的具体信义义务、违信责任和归责原则。我国现行法律体系中，归责原则分为三大类，即过错责任、无过错责任和公平责任，其中过错责任又可细分为过错责任原则和过错推定原则。实际控制人属于哪一种归责原则呢？上市公司实际控制人滥用控制权的行为，对公司和其他股东及利益相关人的权益造成损害，具有显然的过错性。以过错性为标准是上市公司实际控制人承担法律责任的基础，即实际控制人的行为要有过错，至于这种过错是主观上故意之过错，还是过失之过错，其举证责任又当如何分配，这些在后文会详细分析。

此外，应当区分公司的正常经营风险行为和职权滥用行为。公司商业决策存在风险，如果上市公司实际控制人的行为与经营决策行为是基于正常的商业判断，但其执行的效果却是失败的，给公司以及中小股东和其他利益相关者带来一定的经济损失。在这种情况下仅能体现公司实际控制人的经营决策存在过错，有一定过错性，但并不存在违法性，过错性与违法性并不是一致出现的。在现行《公司法》中，实际控制人的违法性是指违反了法律和法规的禁止性规定，例如，挪用公司资金、超越公司的授权为他人担保、泄露公司秘密等行为。其次，这些违法性包括违反公司的章程和股东会、股东大会决议时，即实际控制人的行为违反了明示的授权安排或者与章程、股东会的决议相冲突。❶ 按照现行《公司法》关于违信责任归责原则的理解，立法似乎将违法性作为公司实际控制人承担违信责任的前提。但笔者认为这是不全面的，理由在于，公司实际控制人违信责任发生的情形有时难以确定其行为是否具有违法性，而且法律也不可能穷尽所有上市公司实际控制人，更不可能对所有违法行为都用立法加以明确规定。故单纯以违法性作为实际控制人违信责任归责标准，不能解决上市公司中

❶ 徐福荃．董事信义义务与违信责任问题研究［D］．兰州：兰州大学，2010.

出现的各类控制权滥用问题，必须进行深入探讨。

综合以上分析，根据我国法律和公司发展的实际情况，笔者认为，国内外公司法律的相关规定及实践情况，对上市公司实际控制人违信责任的归责原则应当以过错性为基础，采取过错推定原则。这里的过错性是指由于实际控制人的故意或者过失，未履行合理的信义义务，损害公司及其他中小股东的情形。如果公司实际控制人在实际交易过程中不存在过错，已尽到了合理的注意与忠实义务，即使客观造成了对上市公司及其他股东的损害，也属正常的商业风险，其不应承担违信责任。如果将上市公司实际控制人的信义义务规定为无过错责任原则，显然较为严苛，会损害投资人的投资积极性，也不利于作为市场经济最主要主体——公司的发展。故，我国的《公司法》对上市公司信义义务的规定，应当借鉴与学习德国的立法模式，选择过错责任中的过错推定原则，在宽松的自由放纵和严苛的规制中寻找好平衡点。

过错推定归责原则的含义是指：上市公司实际控制人因其过错行为对公司造成损害的，应承担违信责任；当实际控制人不能证明其已履行了合理的信义义务且不存在过错时，推定其存在过错。实际控制人的行为违法，其过错当然构成，但如果其行为在形式上并不违法，就要分析判断实际控制人的行为是否存在过错，以及过错的程度。在过错推定原则的举证责任分配问题上，表现为当对上市公司实际控制人的诉讼被提起时，公司实际控制人负有证明交易是客观、公平和公正的，最大限度地维护了公司和股东利益的义务，否则其将承担举证不能的不利后果。过错推定责任原则的本质仍然是过错责任，只是在举证责任的分配上，要求实际控制人承担更重的责任。因此，举证责任的倒置有利于保护处于弱势地位的中小法人股东，符合我国的立法价值取向。在司法实践中，拥有优势地位的实际控制人滥用其优势地位伤害弱势的其他股东的情形十分常见，两者的实际地位不平等，于是需要法律在举证责任上进行重新地分配以实现相对的公平，这是我国立法上需要考虑的一个重要问题。[1] 采用过错推定原则对实际控制人作为信义义务违反的归责原则，能够更好地化解实践中出现的实际控制人以强欺弱的现象，因为中小股东往往无法掌握足够的证据来对抗实际控

[1] 徐福荃．董事信义义务与违信责任问题研究［D］．兰州：兰州大学，2010.

制人，无法举出有效证据来证明实际控制人行为具有过错性，故采取过错推定的归责原则，不仅合理地维护了处于弱势地位的中小股东的合法权益，而且也是对弱势股东倾斜保护的立法理念的题中应有之义。

（二）上市公司实际控制人违信责任的判断标准

上市公司实际控制人滥用控制权，违反信义义务的主要行为包括：关联交易、内部交易、侵吞公司财产、排挤其他股东、恶意转让控制权等，以上行为都可以归结为公司实际控制人滥用权利损害公司及中小股东合法权益的行为。[1] 为了规避和控制上述实际控制人滥用权利的行为，需要构建其信义义务和违信责任，因为滥用控制权的行为势必会严重损害公司、中小股东以及其他利益相关者的合法权益。为了规避上市公司实际控制人控制权滥用现象的发生，必须落实公司实际控制人的信义义务，并追究其相应的违信责任。落实的方法必须通过法律、法规规定一个切实可行的信义义务内容和衡量标准，即将各种信义义务和违信责任类型化和细化，以此来指导和服务于公司法的司法实践。

检索各国的立法实例，我们可以发现衡量上市公司实际控制人违反信义义务的原则主要有以下四种，即“欺诈”规则、“商事判断规则”、“合法程序”规则以及“利益损害”规则。这其中的前两个规则，即“欺诈”规则和“商事判断规则”属于主观方面，而后两者的“合法程序”规则和“利益损害”规则则属于客观标准。下面笔者对这四种判断上市公司实际控制人是否违反了信义义务、是否应承担违信责任的标准进行深入探讨与分析。

1. “欺诈”规则

判断上市公司实际控制人是否构成“欺诈”，是从其主观方面来判断的，具体是指上市公司实际控制人在控制权的行使过程中，主观上具有欺诈的主观动机，以此为原则作为认定实际控制人违反信义义务，应承担违信责任。[2]“欺诈”规则是要探寻上市公司实际控制人主观上真实的意思表

[1] 徐福荃．董事信义义务与违信责任问题研究［D］．兰州：兰州大学，2010.

[2] 周华锋．论控制股东的信义义务及违信责任——以控制股权转让为视角［D］．长春：吉林大学，2010.

示，以其具有主观上的违法故意来判断实际控制人是否应承担违信责任。这种判断标准虽然有一定合理之处，但在公司实务操作过程中也面临一定的适用困难，其主要表现在举证责任的分配上。就我国目前《公司法》立法来看，在涉及上市公司重大利益的关联交易中，如果关联交易的一方是公司的实际控制人，一旦中小股东对交易的公平公正性产生了合理的怀疑，就必须向法院提供充分且合理的证据证明实际控制人的主观欺诈故意，这样才能得到法院对自己权益的保护。中小股东依据“谁主张谁举证”的原则要证明上市公司实际控制人主观上具有“欺诈”之故意，而这种举证责任的分配无疑对处于信息不对称的弱势地位的中小股东而言是不利的，而且主观上的恶意本来就很难举出证据加以证明。由于举证证明“欺诈”故意的难度较大，“欺诈”原则在实际操作中可行性不高，其效果不甚理想。

2. “商事判断”规则

美国商事法对上市公司实际控制人的信义义务及违信责任采用的是一套商事判断规则。该规则从消极方面规定了上市公司在何种情况下算履行了信义义务而不用承担违信责任。该规则认为，当上市公司实际控制人从公司整体利益出发，善意地进行商业决策时，即可满足其履行了信义义务的客观要求，在这种善意的情况下即使其作出的商业决策损害了公司及其他股东的权益，也可依据“商事判断规则”免于承担违信责任。对于如何认定“善意地进行商业决策”可以从以下几方面加以考察：

①上市公司实际控制人与其所进行的商业决策事项不存在利害关系，即该项交易与实际控制人的自身利益并不存在关联性。

②上市公司实际控制人的商业决策是在充分了解了具体情况后并基于理性的合理判断作出的。

③上市公司实际控制人合理地相信其作出的商业决策符合公司的最佳利益，能给公司及其股东带来利益最大化。

“商事判断规则”的实质是判断信义义务的履行从而免除上市公司实际控制人承担违信责任的保护措施。只要上市公司实际控制人基于合理的商业目的而进行理性的经营活动，并且相信其所作出的经营决策能够带给公司利益最大化，如此即使实际控制人的决策失败并给公司带来了损失，其也可以依据“商事判断规则”免于承担违信责任。公司法理论与实务的发展使得这一规则的适用主体从公司董事、高管扩展到了实际控制人，这一点在前文也有所分析。如果一个公司的股东，通过协议、投资等各种方式，直接控制了公司的经营决策权，能够对公司的董事、高级管理人员产生支配的影响地位，那么该股东实际上已经是公司的实际控制人。如果其经营决策造成了公司的亏损，但已满足前述三个条件，履行了信义义务，其同样可以援引商事判断规则来免除责任的承担。但若控股股东不能证明自己已尽了合理的信义义务，则可以反推实际控制人因为未尽信义义务所以应当承担违信责任。❶

虽然“商事判断标准”作为违信责任的豁免规则有一定进步意义，但其也存在不足之处。理由在于，上市公司实际控制人的信义义务包括忠实义务和注意义务两方面。商事判断规则重点研究了注意义务的履行外部表象和豁免原则，但是对忠实义务的履行即豁免却未做规定，无法包含完整的信义义务。所以，商事判断规则虽然有一定的进步性，但由于其片面性，因此不能完全解决实务操作中遇到的实际控制人违反信义义务的各类情况。

3. “合法程序”规则

“合法程序”规则是指在判断上市公司实际控制人是否尽到了信义义务时，以其是否遵守了法定的程序作为判断标准，若违反了相应的程序，则应当认为构成控制权的滥用，违反了信义义务，并需承担相应的违约责任。但该判断标准忽视了一个重要情况：即在资本多数决的原则下，实际控制人通过合法形式掩盖非法目的的行为。实际控制人通过各种手段，控制了决策表决权，其外在表现都是完全合法、合规的，但其目的并不是公司的利益，而是自身利益的最大化。在程序合法的外衣下，实际控制人往往利用其享有的绝对多数股权压榨中小股东，漠视中小股东的话语权，直接支配股东大会决策，直接影响公司经营管理。这种内部异化至少在决策过程中的外在形式是完全合法的，但究其实质而言，这种表面合法的外衣下实质上损害了公司与中小股东的合法权益。❷ 因此，“合法程序”不应当作为判断实际控制人是否履行义务的标准，其自身有着不足与缺陷，因为程序的正义与实质的正义并不等同，我们的立法者应多挖掘掩藏在表面合法下

❶ 周华锋．论控制股东的信义义务及违信责任——以控制股权转让为视角［D］．长春：吉林大学，2010.

❷ 周华锋．论控制股东的信义义务及违信责任——以控制股权转让为视角［D］．长春：吉林大学，2010.

的内在不合理现实，更多地关注实质正义。

4.“利益损害”规则

“利益损害”规则是指如果上市公司实际控制人利用其控制权作出的行为最终造成了公司及中小股东等利益的损害，那么则可认为该行为违反了信义义务，应当承担违信责任。“利益损害”规则是一条客观判断规则，其关注的不是行为滥用的过程而是行为滥用的损害结果，避开了实际控制人主观意图的判断和举证责任。对公司实际控制人提起的诉讼中，中小股东等无需再证明实际控制人行为时的主观恶意，只需要举证证明由于实际控制人的行为在客观上对原告的权益造成了损害即可。对于这一标准的合理性及不足之处笔者在后文会详细加以阐释。

（三）我国关于上市公司实际控制人违信责任的判断标准

通过上文的分析，我们可以发现，前两种主观标准，即“欺诈”规则和“商事判断”规则，由于当事人主观意愿的举证责任难度较大，适用性不强。而“程序合法”规则无法解决在资本多数决情况下通过表决权的控制以合法形式掩盖非法目的的行为，混淆了程序正义与实质正义。因此，纵观以上四种判断标准，笔者认为加以改进和完善的“利益损害”规则作为上市公司实际控制人违反信义义务和承担违信责任的判断标准最为合适，并在具体情形下对该原则的适用例外加以细化。原因在于：一是“利益损害”规则是一个客观标准，克服了主观上的随意和难以举证性，在实践中操作起来更明确和易于把握。二是“利益损害”规则本身就包含了主观恶意的前提，虽然切入点是客观，但也未忽视主观方面的要求，具有包容性。三是违反信义义务的结果是承担违信责任，如果有损害结果，违信责任的界定与承担更有目标和针对性，避免了赔偿上的主观和随意。四是各国司法实践中已普遍采纳“利益损害”规则，起到了良好的实践和示范作用。

再进一步分析，什么是改进和完善过后的“利益损害”规则？需要在哪些具体情形下对该原则的适用例外加以细化？“利益损害”标准虽遵循客观原则，但也无法解决公司实务中出现的一些特殊例外情形，将其定性为凡是有损害就有责任的判断标准难免有“一刀切”之嫌。目前有些国家已逐渐向“折中主义”的标准转变，比如英国就根据上市公司实际控制人所处的不同地位，将“主观主义”和“客观主义”相结合的判断标准，就很值得我们借鉴与参考。“折中主义”的核心观点是引入“在类似情形下的合理人”作为判断标准，若“类似情形下的合理人”在当时的情境下也会作出同样的判断，就认为是履行了信义义务。但是紧接着的问题是：如何选择“在类似情形下的合理人”呢？一些国家针对不同的对象对“在类似情形下的合理人”统一标准做一些个别化的完善，演变为更为严格的“专家标准”。在通常的情况下，仅以普通正常理性的一般知识和智力作为判断标准，但如果实际控制人具有某方面的专业技能、专业知识，则应当认为其决策判断相较于普通人应当更为专业，此时应当对这种特殊的实际控制人适用“专家标准”。由于此时的实际控制人并不是普通的管理者，其具备普通管理人所不具备的专业知识，因此就应以专业化的角度来判断其在作出某项商业决策或行使某种公司职权时，是否与其所具备的专业化知识相背，若其他一般人无法预见的商业风险在“专家”这里是应当可以预见的，则此时该实际控制人也应承担一定的违信责任。❶ 在判断公司实际控制人是否达到违反信义义务标准时，应当根据公司实际控制人作出商业决策时，所能够合理获取的适当信息来判断，将其作为承担违信责任的标准。

此外，在某些特殊情况下，公司实际控制人也可能免于承担严苛的“专家义务”，比如当公司的一般股东由于其投资或协议关系，成为实际控制人，若对其要求和董事、高级管理人员一样，按“专家标准”来履行义务，未免过于苛刻且不现实。因为当公司控股股东作为实际控制人时，他们对公司实际经营状况及交易情况并不如公司董事、高管那样充分了解，可能也缺乏必要的商业经验，他们只是处于实际控制人的地位，但并不代表他们完全掌握了公司的经营运作情况，因而让他们承担“通常交易上的信义义务”而不是严格意义之上的“专家义务”更为合理。在美国，上市公司的业务性质决定着公司实际控制人信义义务的范围和程度。对一般的非银行商事公司而言，若让所有公司实际控制人无论其是经营实际控制人还是非经营实际控制人，都科以严格的信义义务，注意公司的财务报表以及公司的财务状况，这一点对于非实际经营的实际控制人而言无疑过于苛刻。也就是说，公司实际控制人信义义务的具体内容应该根据公司的经营

❶ 周华锋．论控制股东的信义义务及违信责任——以控制股权转让为视角［D］．长春：吉林大学，2010.

范围、宗旨、公司的治理结构、业务执行方法、实际控制人所处地位的不同而加以区别对待，此外，在实务中还应当考虑某些特殊情况，如涉案公司性质及社会影响力大小、实际控制人行为性质及其能力大小等，具体问题具体分析。因此，笔者认为，在坚持“利益损害”标准作为客观一般性判断标准的同时，也要结合不同的特殊情况加以具体类别化规定，这种“折中主义”的理念也值得我国在公司立法中予以借鉴。

三、上市公司实际控制人违信责任的构成要件

信义义务虽有约定义务之性质，但更多的是属于法定义务，因为其直接源于法律的明文规定，因而上市公司实际控制人违反信义义务所导致的违信责任，实际上就是侵权责任在公司法上的具体体现和运用。在此意义上，上市公司实际控制人违反信义义务所应承担的民事责任与侵权法上的侵权责任并没有什么不同。一般的侵权责任的构成要件包括违法行为、主观过错、损害后果、因果联系四部分，因此上市公司实际控制人的违信责任同样需要由实际控制人的违信行为、其所造成的损害后果、违信行为与损害后果之间因果联系、以及实际控制人的主观过错四部分构成。但是，上市公司实际控制人的违信责任与一般侵权责任的构成要件有所不同，其主要体现在以下几个方面。

（一）违法行为

上市公司实际控制人违反信义义务的行为要件，是指实际控制人实施了可能违反信义义务的相关行为。总体上讲，上市公司实际控制人的信义义务大致可以分成决策义务和监督义务两类。决策义务指实际控制人应当积极、合理地对公司事务进行有效的管理并作出科学的决策，如制定公司经营方案，参加股东大会并行使表决权等。监督义务是指公司实际控制人应谨慎、负责地对公司事务施加注意并予以监督，如审查公司董事会与股东会的会议纪要，熟悉公司的财务会计报表，以及监督公司运营状况等。相应地，上市公司实际控制人违反信义义务的行为也可以分为两类：作为和不作为。作为，是指实际控制人采取主动的行为使得公司及其他股东利益受损，如进行不正当的关联交易、内幕交易损害公司利益等行为；不作

为，是指因实际控制人疏于监管，或在重大事件发生后没有及时进行必要的调查并采取合理的措施防止损失的产生或扩大，从而给公司或其他股东的权益带来损害的情形，如在明知公司利益可能遭受不必要的损失时，实际控制人没有及时采取有效措施防止损害的发生，使公司及中小股东的利益遭受不必要的损失。

就违信行为而言，上市公司实际控制人违反信义义务的行为，主要体现为违反注意义务的行为以及违反忠实义务的行为。注意义务是指上市公司实际控制人在作为上市公司经营管理者，在处理公司事务时要以公司利益最大化为出发点，善意地考虑公司的实际情况并作出理性的经营决策行为。忠实义务是指公司实际控制人对公司应当忠实，不得为有损于公司和其他股东利益的行为，实际控制人在行使控制权时应以公平为原则，当自身利益与公司利益发生冲突时，不得滥用其控制权力，应当以公司利益为第一出发点。

如前所述，上市公司实际控制人违反信义义务的行为主要包括排挤与压榨行为、不公平的关联交易、不正当的内幕交易、篡夺公司机会、恶意转让控制权和侵吞公司财产等六大类行为。下面笔者具体分析一下这六类行为。

1. 排挤与压榨行为

上市公司实际控制人的排挤与压榨行为，主要指上市公司实际控制人利用其强势地位迫使中小股东出售其所持股份，从而使中小股东丧失股东地位，或以其他方式稀释中小股东股权的不正当行为。这种排挤与压榨行为主要表现为：一是剥夺中小股东的股份，利用其控制权力迫使中小股东以不合理的低价转让其股份，从而丧失原本的股东地位；二是稀释中小股东的股份，通过恶意竞争、威胁、强迫等手段，使中小股东无法认购新的股份，达到稀释小股东股份、集中控制权的目的；三是掌握人事任免权。通过恶意手段阻挠中小股东行使选举董事、公司高级管理人员的权利，从而使公司重要机构人员均代表实际控制人的意志。以上这些行为，都是公司实际控制人排挤与压榨公司其他中小股东的违信行为的具体表现。

2. 不公平关联交易行为

从已经披露的众多上市公司实际控制人滥用控制权的案件来看，不公正关联交易已成为公司实际控制人套取公司资金、侵害公司权益、损害中小股东利益的主要方式。关联交易主要是指，上市公司实际控制人为谋取自身利益，与其所在的公司之间进行的有关联性的交易行为。由于关联交易在公司经营实务中常常发生，绝对禁止这种交易行为不切实际，而且并非所有关联交易都会损害公司利益。在一般情况下，通过某些关联资源的运用及发挥确实可以有效减少谈判成本，并且确实可能给公司利益带来最大化，因此对关联交易行为不能一概而论。对此，笔者认为，法律要禁止的应仅是不正当的损害公司及其他股东利益的关联交易行为，而并非对具有合法性且能给公司带来盈利的关联交易行为加以禁止。目前各国立法均侧重审查关联交易行为的公平性，从而再判断实际控制人交易行为的法律效力，而不是全面否定其法律效力。美国判例强调公司实际控制人与公司之间的交易行为必须对所有的利害关系人都要公平公正，要履行及时告知义务及非关联股东特殊表决机制之后，才能通过实施交易行为。

由于在上市公司经营运作过程中，关联交易行为普遍存在，其对公司的经营发展有着重要影响，因而应全面有效地规范上市公司实际控制人关联交易行为。我国现行《公司法》第 21 条第 1 款就给不正当关联交易行为作出了明确的禁止性规定："公司控股股东、实际控制人、董事以及高级管理人员，不得利用其自身的关联关系损害公司的利益"。这一强制性规定，体现了《公司法》对关联交易行为的基本立法态度，即对不公正的关联交易行为予以明确地禁止。我国公司立法对关联交易的规定，是在充分衡量了关联交易存在的合理性，以及不正当关联交易行为的危害性之后，作出的一种切合实际的合理性制度选择。

在判断某项交易行为是否为关联交易的问题上，笔者认为，首先要判断相关经济主体之间是否存在关联关系，其次是要重点调查关联主体之间的交易行为是否具有不正当目的，以及是否对公司及其他相关方的利益造成了损害。目前我国《公司法》对确定关联交易中的关联关系作出了基本界定："关联关系，是指公司控股股东、实际控制人、董事、监事、高级管理人员与其直接或者间接控制的企业之间的关系，以及可能导致公司利益转移的其他关系。"这一明确规定有利于我们在实务中去判断哪些关系属于关联关系，哪些不属于。要使禁止不正当关联交易行为得以有效的遵守，具体的法律规则及制度设计是必不可少的，这也是相关法律法规具有可操作性的前提条件。对于在实务中如何规制关联交易行为，现行《公司法》规定了表决权限制，如在董事会召开时，与关联关系相关的董事不得行使投票表决权，无关联关系的董事过半数通过才算决议有效，若无关联董事的人数不到三人，则提交股东会审议。条款的具体规定使得在上市公司实务中，规制实际控制人的关联交易行为富有可操作性，也为防止实际控制人不正的关联交易行为提供了具体法律规则指引。

3. 内幕交易行为

内幕交易行为是指，知悉公司内幕信息的特定人员和以不正当手段获取公司内幕信息的其他人员，违反法律、法规的规定泄露内幕信息，或根据内幕信息买卖证券以及向他人提出买卖证券建议的行为。上市公司实际控制人为达到获取利益或规避损失的目的，利用其特殊优势地位获取上市公司内幕信息，并加以利用从而谋取非法利益。笔者认为，此种行为违反了证券市场上公开、公平、公正的“三公”原则，严重侵犯了公众投资者平等的知情权与合法的财产权益。当前国内上市公司因实际控制人进行内幕交易而爆发的丑闻不断，极大地打击了众多中小投资者对我国资本市场的投资信心，严重影响了我国证券市场优化资本配置功能的正常发挥，同时也阻碍了上市公司的健康稳定发展。

在证券市场上，重大内幕信息公开与否会对上市公司的股价造成重大影响，这些内幕情报通常会被投资者拿来当作是否进行投资行为的重要信息参考。我们将容易获取并利用这些内幕信息的公司董事、高管、监事、控股股东等公司内部人员称为“内幕人”。“内幕人”通过自己的地位和职务优势，获取尚未公开的重大内幕信息，利用这些信息为取得买卖差价或为规避投资损失而进行股份交易，其行为的后果是使“内幕人”获取非正当利益，而让广大中小股东的利益受损，违反了公平正义原则。上市公司实际控制人由于其身份的特殊性，一般而言是公司重大内幕信息及商业机密的掌控者，若公司实际控制人通过自己的实际控制地位，获取尚未公开的重大内幕信息，利用这些信息为取得买卖差价或为规避投资损失而进行股份交易，无形间将投资损失转嫁给了其他股东，破坏了证券市场的交易秩序，是实际控制人较为严重的违信行为。

4. 篡夺公司机会

篡夺公司机会是指上市公司实际控制人利用其控制地位，抢夺原本属于公司的商业机会归自己或自己控制的公司所有，从而造成对公司利益的损害行为。这种行为同样构成公司实际控制人对信义义务的违反。目前，在我国的媒体报道中经常可以看到上市公司实际控制人利用自身的优势地位篡夺公司商业机会的案例，这一行为不得不引起立法者的重视。禁止篡夺公司机会的立法精神首先出现在英国，英国通过判例形成禁止公司董事、高级管理人员利用职务之便，侵占公司商业机会据为己有的规定。我国《公司法》在修订时也借鉴了英美判例法关于禁止篡夺公司机会的相关规定，具体体现为第148条第（5）项："未经股东会或者股东大会同意，禁止利用职务便利为自己或者他人谋取属于公司的商业机会，自营或者为他人经营与所任职公司同类的业务"。这一规定体现了我国公司法对篡夺公司机会这一违信行为的法律规制。

篡夺公司机会认定的前提是判断一个商业机会是否属于公司机会。根据理论和实践界的研究，目前判断公司机会的标准主要有以下三个：其一，既得或期待利益标准。如果该机会涉及公司的既得利益，或者公司对该机会虽未有既得利益，但享有合理的期待利益，则应当认为是公司机会。其二，经营范围标准。此以公司的客观经营范围为限，若该商业机会与属于公司的经营范围或者与公司的经营范围紧密相连，则认为是公司机会。其三，公正标准，即如果按照公平正义的价值，公司实际控制人利用某商业机会对公司时不公正的，则认为该机会原本属于公司的机会。在国外的司法实践中，多采用的是经营范围标准和公平标准相结合的原则，如果一个商业机会既符合公司的经营范围，又违反了公平的原则，则就构成公司机会。先判断某一机会是否与公司经营活动密切相关，再判断公司实际控制人是否利用这一机会损害了公司利益，如果以上二者均成立，则可认定实际控制人篡夺的是公司机会，以此确定其违反了信义义务，应承担一定的违信责任。

我国的《公司法》并没有明确地指出何为公司机会，但其在第148条作出了"利用职务便利为自己或者他人谋取属于公司的商业机会"的相类似规定，可见，我国的立法者认定公司机会的关键是利用职务上的便利而获取的机会，并未采用英美判例中有关既得利益和期待利益的学说，也未考虑实际控制人是否造成了对公司的不公正等问题。我国立法仅采取"是否利用职务之便"的标准，笔者认为该标准表面上看虽然较为单一，但结合我国实际情况而言，是具有一定的合理性的，理由如下：第一，美国公司法上的三个标准制定得比较模糊，这在判例法适用的大环境下问题不大，可以由法官进行自由裁量，但相对于成文法的我国而言，较为模糊的判断标准不利于我国的司法实践。第二，职务便利说在一定程度上恰当地体现了公司机会的实质，即这种商业机会的获取并不是源于实际控制人的私人身份，而是源于其在上市公司之中所任的特殊职务，能够获取此种商业机会也是因为公司的原因而非自身资源，通过此种便利取得的商业机会应当归公司所有而不是职务便利的本人私有。第三，我国公司立法对利用职务之便获取的商业机会也不是绝对的禁止，其合理地规定了只要经过公司股东会或股东大会的同意和认可，实际控制人也可以对此种商业机会加以利用，这一利用的前提建立在经过了股东会的同意以及不损害公司及其他股东的合法权益。如此弹性的规定可以在一定程度上灵活地解决公司实务中的各类篡夺公司机会具体问题。

5. 恶意转让控制权

上市公司实际控制人恶意转让控制权的行为，是指上市公司实际控制人在明知受让人属于恶意收购的情况下，仍利用自己的优势地位，以获取在通常交易中无法获得的额外收入为目的，恶意出售控制股权给收购者，而置公司与中小股东的利益于不顾的违信行为。我们认为，上市公司是资合性公司，其股份具有财产权的性质，在符合法律规定的情形下，股东有权自由处分其持有的股份，此转让与一般财产权的处分并没有什么区别。但需要注意的是，上市公司实际控制人转让其所持股份的行为，其中涉及的不仅是公司财产权的转移，更是公司控制权的转移，控制权转让后或许会对整个公司的经营方针与经营理念发生重大颠覆。在实务中，不少受让人以霸占公司资产、抢占公司资源为目的，恶意以高价收购上市公司的控制权，而公司实际控制人则可能为了追求自身利益的最大化而置公司与其他股东的利益于不顾，强行将其所持股份转让给动机不良的受让方，给公司及其他股东带来巨大损失。因此，西方国家上市公司实际控制人信义义务之规制范围，已不仅仅局限于实际控制人对公司业务事项之影响，而是将其规制范围扩展至实际控制人与公司控制权有关的各项交易之上。如果上市公司实际控制人未经股东大会同意，以不合理的价格出售其持有的公司股份，并且此种出售会对公司带来不利，就应当将此种行为界定为公司实际控制人恶意转让控制权的行为，属于实际控制人对信义义务的违反，也应承担相应的违信责任。

6. 侵吞公司财产

上市公司实际控制人侵吞公司财产是最为常见、性质最为恶劣的违反信义义务的行为。有学者将公司实际控制人侵占公司财产的行为形象地归纳为“截”“挪”“垫”三种方式。公司实际控制人肆意侵占上市公司的财产，使得上市公司逐步沦为了实际控制人的“提款机”。根据《公司法》修订后的规定，在此种情况下，符合一定条件的中小股东可以对公司实际控制人提起股东代表诉讼，以自己的名义为公司的利益而进行诉讼，要求实际控制人返还侵占的公司财产，并承担相应的违信责任。

（二）主观过错

和传统侵权责任一样，上市公司实际控制人承担违信责任同样需要以过错为构成要件。公司实际控制人承担违信责任的前提是其主观上存在过错，这里所说的过错应当包括故意和过失。如果上市公司实际控制人违反信义义务是出于故意，其理应承担违信责任。但在对公司实际控制人过失问题的认定上，有主观主义与客观主义两种标准，对于这两种判断标准的利弊笔者在前文已做了一定分析，我国公司立法在认定公司实际控制人违信责任时更倾向于客观标准，并结合具体的特殊情况作出个别化调整。信义义务包括注意义务与忠实义务，在判断上市公司实际控制人是否违反注意义务时，采用的是“理性人”的注意标准，即实际控制人应尽一般理性人的注意与谨慎义务；而在判断公司实际控制人是否违反忠实义务时，采用的是“违法行为”标准，即法律以列举的方式对实际控制人应承担的义务加以明文规定，只要行为人违反了法律具体规定义务，即需承担违信责任。

对于主观过失的程度认定，传统英美公司法认为，公司实际控制人并不对其一般过失行为所产生的损害后果承担违信责任，而仅仅对因其重大过失行为所导致的损害后果才承担违信责任。20 世纪 80 年代以来，英美公司法尤其是美国公司法逐渐放弃了公司实际控制人仅就其重大过失或严重过错才承担违信责任的理论。该理论认为，上市公司实际控制人作为公司中最重要的一员，其对公司的发展运作与利益维护有着举足轻重的作用，因此公司的实际控制人至少要对公司所从事的商事活动有一个全面的了解，且对公司的经营事项及各类商业决策应当是熟悉并充分掌握的。作为一般性原则，要求公司实际控制人达到一般人的合理注意义务，因此，在实务中上市公司实际控制人不得以其欠缺某方面一般注意义务所要求的知识或经验，作为自己免于承担违信责任的抗辩理由，此即为“一般过失理论”。笔者认为，“一般过失理论”更有利于强化上市公司实际控制人的违信责任的具体落实，同时也有利于加强对公司及中小股东合法权益的保护。目前，大多数国家比较一致的做法是，将公司实际控制人主观过失的认定标准规定为“一般过失标准”，并将其标准的认定方式客观化，以此作为判断公司实际控制人的行为是否违反信义义务的标准。

在坚持一般过失标准的大前提下，公司实际控制人是否要对公司的一切过失都承担责任呢？这就要区分情况讨论，具体问题具体分析，对此笔者认为，当股东通过投资行为作为公司实际控制人时，在其通过行使表决权的方式影响公司事务，即间接影响公司经营决策的情况下，此时控股股东行使的只是作为一般股东的股东权，其与其他中小股东并没有实质的区别。由于其并不一定像公司董事、高管那样享有经营管理及对外决策方面的权利，是故并不要求其具备类似于专家的知识和经验，因而当控股股东作为公司实际控制人时，不必要求其承担和公司董事、高管一样高的信义义务标准，故在一般过失的情况下可以免责，但重大过失就难辞其咎了，出现重大过失时仍应承担相应的违信责任。但是如果股东并不是以表决权控制公司，而是通过其在公司强大的影响力来控制公司经营决策权时，即在控股股东作为公司实际控制人直接决定公司经营决策的情况下，此时控股股东虽然名为股东，但实际上行使的却是和董事、高管一样的经营管理及决策权，此时公司的董事、高管不过只是控股股东行为的外部傀儡，因而在此种情况下，控股股东作为公司实际控制人也应遵循与公司董事一样的信义义务标准，即承担一般过失责任。

（三）损害后果

根据前文所分析的“利益损害”标准，我们可以得知损害后果的发生是公司实际控制人承担违信责任的必要条件，如果没有实际损失的发生，则即使上市公司实际控制人滥用控制权作出了某种违信行为，但因为其并没有对公司及其他股东的权益造成实际损害，故也不应当承担违信责任。上市公司实际控制人违反信义义务所造成的损害与一般侵权责任法上的损害有所不同，其主要表现为一种财产上的损失，而不会产生人身损害的后果，这是公司实际控制人的违信责任与一般侵权责任损害后果的一个重大区别。因为上市公司实际控制人的信义义务是其对公司和其他中小股东的义务，这种义务的内容是背负着中小股东的信赖，因此必须合理地行使权利，尽可能地维护公司的财产安全和中小股东的合法股权收益，而不是侵占挪用公司财产，损害公司和中小股东的权益。因此，上市公司实际控制人违反信义义务所造成的损害是财产方面的损害，赔偿也仅限于财产损害赔偿责任，并不涉及人身损害赔偿的问题。

对于构成上市公司实际控制人违反信义义务的责任要件之一的损失要件，笔者认为，这里的损失范围应当既包括公司因实际控制人违反信义义务而遭受到直接的实际已产生的财产损失，也应包括公司因其违信行为而丧失的可得利益的损失，即预期损失。如某公司在某一经营活动中本来可以获取200万元的利润，但是由于其公司实际控制人违反信义义务而作出错误决策，使得公司最终只获得100万元的利润，预期合理利益的减少这也是公司遭受损失的一种情形。至于如何在公司实务中评估这种预期利益，需要结合实际情况进行合理性判断，也不宜将预期利益估计过高，那样会挫伤实际控制人决策的积极性，让其承担超出其能力范围内的违信责任，故二者之间应寻求一个公正合理的平衡点。

（四）因果关系

在侵权责任的构成要件中，因果关系指的是，侵权行为与损害后果之间要存在一定的联系，即损害结果的发生是由于其侵权行为所致，侵权责任才能成立。在上市公司实际控制人违信责任的构成要件上，同样要求违信行为与实际损害后果之间存在某种因果联系，而且一般认为，这种违反信义义务的行为还必须是损害后果发生的近因，违信责任才能成立。违信责任构成要件中对因果关系的要求，与侵权责任法中对因果关系的要求大致是相同的。在举证责任的分配上，中小股东若认为自己的合法权利受损而请求法院判令公司实际控制人赔偿损失时，中小股东对公司实际控制人的违信行为是否为该损害产生的近因负有举证责任。但这一原则在适用上也并非绝对，正如美国有判例认为，在某些中小股东举证困难的情形下，法院并不要求不具备举证能力的中小股东去证明因果关系的存在，而是依照“一般理性人”的视角去判断实际控制人的违信行为与中小股东所受损失之间是否有直接联系，进而判断违信责任是否应当成立。故在因果关系的举证上，要结合实际情况采取灵活变通的方式，以维护法律之公平公正。

在对因果关系的界定问题上，普遍存在“相当因果关系说”与“必然因果关系说”两类。在英美法系国家中，通常对此采取的是“相当因果关系说”，即认为当实际控制人的违信行为与损害结果之间存在一定的联系时，即可判定因果关系的存在。与上述英美法国家断定因果关系所采取的标准不同，我国法学界关于因果关系的认定普遍采取的是“必然因果关系说”，即只有当实际控制人的违信行为与损害后果之间存在内在的、本质的、必然的联系时，才具有法律意义上的因果关系，才能断定因果关系的存在。[1] 近几年来，也有不少学者对“必然因果关系说”提出了质疑，并引进了一些新的学说加以辅之，笔者亦认为，“必然因果关系说”对因果关系的认定标准要求较高，在公司法实务操作中存在较大的缺陷。在实务中认定上市公司实际控制人的违信行为与损害后果之间是否存在因果关系时，不宜机械地采纳标准较高的“必然因果关系说”，因为实际控制人的违信行为在实务中形式隐蔽、多样、多变，有时难以找出确切证据来证明因果关系的存在，若以必然说作为认定标准，无疑加大了受害者的举证困难，让实力强大的实际控制人游离于违信责任的法律规制之外，这是不符合公平正义的法理理念的。因而笔者认为，我国在司法实务中也应在一定程度上借鉴“相当因果关系说”理论，来辅助认定因果关系是否存在。首先，可用“若无，则不”的标准来判断是否存在因果关系，即若上市公司实际控制人没有违反信义义务，则公司及其他股东就不会遭受利益损失，那么就可以判定公司实际控制人违反信义义务的行为与公司及其他股东损失之间存在因果关系，因而公司实际控制人就应承担法律上的违信责任。其次，在此基础之上，再以因果关系的相当性来判断上市公司实际控制人应在多大范围内承担违信责任，若这种因果联系是必然的、本质的、直接的，则实际控制人就应完全承担违信责任所造成的实际损害后果；若这种因果联

[1] 徐福荃．董事信义义务与违信责任研究［D］兰州：兰州大学，2010.

系不是必然的，是间接的，且举证也较困难，但依据一般常理可以断定该违信行为与损害后果之间确实存在一定的联系，则也可断定因果关系的存在，只是在违信责任的承担上较必然的因果联系应有所减轻。此种将“必然因果关系说”与“相当因果关系说”相结合的适用模式是符合我国实际情况的，也体现出针对实务中具体情况的个别化调整，其对各方利益做了一个权衡，也体现出对弱势股东权益的维护。

四、上市公司实际控制人违信责任的承担方式

法学上，公司是企业法人，是拟制的法律主体，也是随着社会经济的不断发展而产生的。然而，由于公司内部各个主体的利益诉求不同，导致公司内部存在不同的利益偏离和冲突，“其中最主要的利益冲突有两个：一个是公司股东和公司管理层之间由于所有权和管理权的分离而导致的利益冲突；另一个是公司不同股东之间，特别是控股股东和非控股股东之间的利益冲突。”[1] 在股权分布分散的上市公司中，控股股东与非控股股东之间的利益冲突不及股东与管理层之间的利益冲突，但是在股权分布较为集中的上市公司中，控股股东对上市公司的经营决策拥有绝对的影响力和贡献力，能够决定上市公司的管理层组成，控股股东和非控股股东之间的利益冲突显得尤为突出。

在我国，上市公司的股权分布较为集中，普遍存在“一股独大”的现象，同时，上市公司的实际控制人通常为上市公司的控股股东或者控股股东的控股股东。因而上市公司的实际控制人对上市公司的经营决策和公司治理结构拥有绝对的影响力和贡献力，并担任上市公司的董事长或者总经理，亦能够决定上市公司管理层的组成。因此，我国上市公司实际控制人与少数股东之间存在利益冲突。那么，如何保护上市公司及其少数股东的利益成为《公司法》需要解决的核心问题之一。

如前所述，实际控制人的信义义务要求实际控制人除履行担任上市公司董事和高级管理人员应当履行的忠实义务和勤勉义务之外，还应当积极

[1] 黄辉．现代公司法比较研究——国际经验及对中国的启示［M］．北京：清华大学出版社，2010：243.

履行上市公司信息披露中的信义义务和再融资中的信义义务。如果上市公司实际控制人利用其实际控制的地位违反信义义务而致使上市公司及其少数股东的权益遭受损失，则应当向上市公司及其少数股东承担违信责任，而上市公司及其少数股东亦有权要求实际控制人承担违信责任。

对于实际控制人的违信责任，我国《公司法》尚无明确的规定，仅对实际控制人担任董事和高级管理人员而应当履行忠实义务和勤勉义务进行规定，即若实际控制人不履行忠实义务和勤勉义务而导致上市公司遭受损失或者获取利益，上市公司及其少数股东有权要求实际控制人承担损害赔偿责任或者没收所得。因此，上市公司实际控制人违信责任的承担是通过实际控制人担任上市公司董事或者高级管理人员实现的。但是，赔偿损失和没收所得的法律实践效果能否达到公司法规定的法律效果以及公司法规定的违信责任承担方式能否促使上市公司实际控制人履行信义义务是值得思考的问题。

（一）《民法通则》中承担民事责任的方式

民法中的民事责任承担方式是民事权利的救济途径。我国《民法通则》第134条对民事责任的承担方式进行了明确规定，[1] 包括停止侵害、排除妨碍、消除危险、返还财产、恢复原状、修理、重作、更换、赔偿损失、支付违约金、消除影响、恢复名誉、赔礼道歉等。该等民事责任承担的方式是我国民事责任体系的重要组成部分，也是具体民事法律部门追究相关责任主体的法律责任的概括规定。因此，上市公司实际控制人的违信责任承担方式应当以民事责任的承担方式为基础，结合上市公司的经营实际，逐步进行完善。

（二）我国《公司法》对违信责任承担方式的规定及评析

我国《公司法》虽然尚未明确地规定实际控制人的违信责任承担方式，但是《公司法》第20条、第21条对股东滥用股东权利或者利用关联关系导致公司或者其他股东的利益遭受损失而应承担损害赔偿责任进行了规

[1] 参见《中华人民共和国民法通则》第134条之规定。

定。[1] 同时，上市公司实际控制人因其能够决定上市公司的管理层而担任上市公司的董事长或者总经理，因而实际控制人在担任上市公司董事或者高级管理人员时还应当按照《公司法》的规定履行忠实义务和勤勉义务，若不履行前述法律规定的义务则应当承担相应的责任。这些责任承担方式都是民事责任在公司法律部门中的具体体现。但是，这些责任承担方式在实践中能否较好地保护上市公司及其少数股东的利益是值得考究和思考的问题。因此，在分析公司法既定的违信责任承担方式的基础上，结合我国现时违信责任承担方式的实践情况，逐步完善我国公司法对违信责任承担方式的规定。

1. 我国《公司法》对违信责任承担方式的规定

如前所述，我国《公司法》对违信责任的承担方式尚未明确规定，但是从公司法对股东滥用股东权利情形的规定可以看出，上市公司的实际控制人滥用股东权利导致上市公司或者其他股东的利益遭受损失而应当承担损害赔偿责任。由于我国上市公司股权分布较为集中，实际控制人能够支配公司的经营管理，因而股东滥用股东权利包括利用其持有上市公司多数股份而通过不分配公司利润、对外担保或者投资的决议等相关情形。同时，实际控制人担任上市公司的董事或者高级管理人员应当履行董事或者高级管理人的忠实义务和勤勉义务，若不履行而导致公司及其少数股东的利益受损则应当承担损害赔偿责任或者没收所得，而忠实义务和勤勉义务亦称为信义义务。因此，从法律条文的实际含义论证，我国公司法对上市公司实际控制人违信责任的承担方式进行了规定。

（1）损害赔偿责任

损害赔偿责任是民事责任承担方式赔偿损失责任在公司法中的具体体现，是指行为人因自己行为而导致他人合法权益遭受损失而应当承担的责任。我国公司法将损害赔偿责任作为上市公司实际控制人违信责任承担方式，要求上市公司实际控制人应当承担因其滥用股东权利或者担任董事或者高级管理人员不履行忠实义务和勤勉义务而侵害上市公司及其少数股东利益的责任。

---

[1] 参见《公司法》第20条、第21条之规定。

对此，《公司法》第20条、第21条及第150条对此进行了明确规定，[1]即公司股东滥用股东权利，或者公司控股股东、实际控制人、董事、监事、高级管理人员利用其关联关系，或者公司董事、监事及高级管理人员违反忠实义务和勤勉义务导致公司及其股东的利益遭受损失的，应当承担损害赔偿责任。“这里需要解释的是，就公司股东的违信责任而言，主要针对的是给公司造成损失的情形，如果股东滥用股东权利给其他股东造成损失，一般而言，属于股东的直接侵权行为，应当对其他股东承担损害赔偿责任，不属于违信责任的范畴，但是，在国外的判例中，亦有少数情形使股东对其他股东承担违信责任。”[2]

①股东滥用股东权利时承担的损害赔偿责任。上市公司的股东包括控股股东和少数股东，滥用股东权利导致其他股东或者上市公司的利益遭受损失应当承担损害赔偿责任。如前所述，股东滥用股东权利侵害其他股东或者上市公司的权益属于股东直接侵权行为，但是，在我国上市公司的实践中，股权分布较为集中所体现的“一股独大”现象较为普遍。因此，上市公司实际控制人除利用其关联关系而导致上市公司及其少数股东的利益受损而应当承担损害赔偿责任外，违反信义义务及滥用股东权利而导致上市公司及其少数股东的利益受损也应当承担损害赔偿责任。

由于上市公司实际控制人对上市公司的经营决策和管理有绝对的决定权，那么上市公司的经营管理信息的公开披露程度是有限的。同时，由于实际控制人持有上市公司多数股份，利于实际控制人利益而损害上市公司及其少数股东权益的议案形成股东大会决议较为容易。以万福生科（湖南）农业开发股份有限公司（以下简称“万福生科”）为例，万福生科的共同实际控制人为龚永福、杨荣华，在万福生科改制上市过程中，共同实际控制人明知公司财务存在造假行为而仍然坚持改制上市，使万福生科顺利在深圳证券交易所创业板挂牌上市；上市后，万福生科实际控制人明知公司财务存在造假行为而仍然披露公司盈利，最终导致公司及少数股东的利益遭受严重的损失。

可见，上市公司实际控制人利用其控制地位而不履行信息披露义务，

[1] 参见《公司法》第20条、第21条、第150条之规定。

[2] 施天涛．公司法论［M］．北京：法律出版社，2006：396.

并滥用股东权利，导致上市公司及其少数股东权益遭受巨大损失。因此，《公司法》关于股东滥用股东权利导致上市公司及其少数股东的权益遭受损失而应承担损害赔偿责任的规定适用于上市公司实际控制人，是上市公司实际控制人违信责任的承担方式之一。

②股东担任董事及高级管理人员时的损害赔偿责任。如前所述，现实中，由于上市公司实际控制人能够决定上市公司的管理层，因而上市公司实际控制人通常担任上市公司的董事长及总经理。根据《公司法》的相关规定，上市公司的董事及高级管理人员应当履行忠实义务和勤勉义务。因而，上市公司实际控制人在担任董事及高级管理人员时应当履行忠实义务和勤勉义务，若不履行忠实义务和勤勉义务而导致上市公司及少数股东的权益遭受损失，则应当承担损害赔偿责任。对此，上市公司及其少数股东可以按照公司法的规定向实际控制人或者控股股东提起股东代表诉讼，要求实际控制人承担损害赔偿责任。

因此，对于上市公司实际控制人担任上市公司董事及高级管理人员的现状，上市公司及其少数股东通过股东代表诉讼要求实际控制人承担损害赔偿责任是我国公司法要求上市公司实际控制人承担损害赔偿责任的又一规定。但是，若上市公司实际控制人未担任上市公司的董事及高级管理人员，而实际控制人对上市公司的经营管理决策拥有决定权，那么，上市公司实际控制人的违信责任如何承担是保护上市公司及其少数股东利益亟待解决的核心问题之一。

（2）没收所得

没收所得是《公司法》规定的上市公司董事及高级管理人员因不履行忠实义务和勤勉义务导致上市公司利益遭受损失而应当承担的责任，[1] 是民事责任承担方式中返还财产的具体体现，亦称为“归入权”。如前所述，上市公司实际控制人若担任上市公司的董事及高级管理人员，那么实际控制人不履行公司法和公司章程规定的忠实义务和勤勉义务而导致上市公司及少数股东的利益遭受损失时，实际控制人应当将本属于上市公司的利益归还上市公司。

因此，对于我国上市公司的经营管理现状，没收上市公司实际控制人

[1] 参见《公司法》第147条、第148条之规定。

利用其控制地位所得本属于上市公司的利益成为上市公司实际控制人承担违信责任的又一种方式。但是，上市公司实际控制人违信责任的这种承担方式的前提是担任上市公司的董事及高级管理人员，那么，这种责任承担方式体现出固有的局限性和前述所面临的问题，即若上市公司实际控制人未担任董事及高级管理人员，而其对上市公司的经营管理拥有绝对的控制权时，实际控制人的违信责任如何承担。

2. 上市公司实际控制人违信责任承担方式的评析

我国《公司法》虽然尚未明确地规定上市公司实际控制人的违信责任承担方式，但是通过对相关条文的分析，上市公司实际控制人的违信责任承担方式为损害赔偿和没收所得。同时，上市公司实际控制人违信责任的承担仅为实际控制人滥用股东权利或者因担任上市公司董事或者高级管理人员。因此，公司法规定的上市公司实际控制人违信责任的承担方式未能较好地约束上市公司实际控制人的行为，存在一定的局限性。那么，如何完善上市公司实际控制人的违信责任承担方式成为保护上市公司及其少数股东权益的重要内容，而要保护前述主体的利益，完善和分析相关法律法规的规定成为必要。

(1) 违信责任承担方式缺乏可操作性

上市公司实际控制人违信责任是因实际控制人不履行信义义务而应当承担的一种责任。对此，《上市公司治理准则》第 19 条明确规定，[1] 上市公司的控股股东对上市公司及其少数股东负有诚信义务，不得滥用其股东权利损害上市公司及其少数股东的合法权益。同时，我国公司法对此亦作出明确规定。但是，法律法规或者规章对于上市公司实际控制人因不履行信义义务或者诚信义务应当如何承担责任未作出明确的规定。因此，我国相关法律法规或者规章对此作出明确规定，但是这些规定的实践操作却存在一定的局限性。

目前，要求有限公司控股股东或者实际控制人承担违信责任的诉讼较多，而上市公司及其少数股东要求实际控制人承担违信责任的诉讼较少。同时，最高人民法院于 2002 年 1 月 15 日出台的《关于受理证券市场因虚假陈述引发的民事侵权纠纷案件有关问题的通知》着重规制证券市场中的

---

[1] 参见《上市公司治理准则》第 19 条之规定。

虚假陈述侵权纠纷，虽然该规定能够追究上市公司实际控制人的违信责任，但是该规定的原则性较强，[1] 不具有可操作性，并且该规定仅仅适用于证券市场的虚假陈述。

实践中，基于我国相关法律法规或者规章对上市公司实际控制人违信责任承担方式的原则化规定，直接导致上市公司及其少数股东的利益难以通过诉讼等相关自力救济途径予以解决，而多数侵权纠纷则主要通过行政干预的途径予以解决，万福生科等众多案例便是如此。具体而言，我国公司法规定股东不得滥用股东权利，那么滥用股东权利如何进行界定，同时，公司法要求滥用股东权利而导致其他股东及上市公司遭受损失的股东应当承担损害赔偿责任，而该损害赔偿的计算标准应如何确定，这些我国公司法都未能明确规定，进而导致上市公司及其少数股东的合法权益难以获得法律的保护。

“事实上，司法权对证券市场民事纠纷的合理介入越深，市场各方的权利、义务就更明确，投资者对市场就更有信心，这就相应推动证券市场在发展中不断规范，在规范中不断发展。”[2] 因此，上市公司及其少数股东的利益要得到法律的保护，应明确上市公司实际控制人的违信责任承担方式，更应当明确责任承担方式的具体内容，而我国相关法律法规或者规章存在这方面的缺陷。

（2）违信责任承担方式形式化

立法中，公司法是民事和商事法律领域中重要的法律部门，其规范多为任意性规范，因而上市公司及其少数股东要求实际控制人承担违信责任应当属于民事纠纷，应当通过法院以民事诉讼的方式予以解决。但是，当前法院审理上市公司实际控制人不履行信义义务而导致的纠纷案件显得较少，上市公司及其少数股东要求实际控制人承担违信责任主要依赖于证券监督管理机构的行政命令。该等现象的产生主要基于以下两方面：一方面，上市公司及其少数股东通过民事诉讼的途径要求实际控制人承担违信责任的经济成本和胜诉风险较大，并且，司法救济途径的时间成本和执行程度亦存在较大问题；另一方面，证券监督管理机构的行政命令能够得到有效

[1] 刘俊海．现代证券法［M］．北京：法律出版社，2011：581.

[2] 刘俊海．现代证券法［M］．北京：法律出版社，2011：581.

的执行，经济成本和时间成本相对较低。

目前，上市公司及其少数股东未能通过司法途径要求实际控制人承担违信责任，而多数是通过证券监督管理机构进行协调解决，万福生科、绿大地等案件是为证券监督管理机构以行政命令方式要求实际控制人承担违信责任的典型案例。因此，上市公司及其少数股东基于自身利益和风险成本的考究，导致公司法所规定的上市公司实际控制人违信责任承担方式在一定程度上存在形式化，该等规定亦不能被上市公司及其少数股东有效地应用。

(3) 实际控制人违信责任的承担方式未能明确规定

当前，我国公司法仅在总则对实际控制人违信责任承担方式进行规定，并且该等规定存在一定的局限性，即实际控制人作为上市公司股东滥用股东权利导致上市公司及其少数股东的权益遭受损失而应当承担责任。依据该等规定，上市公司及其少数股东若要求实际控制人承担违信责任，其前提是实际控制人滥用股东权利，如果实际控制人依照相关法律法规或者公司章程的规定而行使股东权利，但是未能履行信义义务导致上市公司及其少数股东的权益遭受损害时，实际控制人是否应当承担违信责任则尚未规定，其承担方式亦未明确规定。

同时，公司法明确规定上市公司董事及高级管理人员应当履行忠实义务和勤勉义务，若不履行前述义务而导致上市公司及其少数股东的利益遭受损失，则应当承担损害赔偿责任。可见，公司法仅对上市公司实际控制人担任董事或者高级管理人员时违反信义义务的违信责任承担方式进行明确规定。那么，如果上市公司的实际控制人未能担任上市公司的董事或高级管理人员时，其未能履行信义义务而导致上市公司及其少数股东的利益遭受损失时，该等违信责任应当如何承担，承担责任的方式是什么，公司法对此未能明确规定。

(三) 违信责任承担方式的完善与建议

如前所述，上市公司实际控制人违信责任承担方式为赔偿损失和没收所得，但这两种责任承担方式的前提条件却存在一定的缺陷，公司法亦未能明确地规定上市公司实际控制人违信责任的承担方式。同时，在实践中存在上市公司实际控制人违信责任的承担方式亦未能有效地应用与执行以及以证券监督管理机构的行政命令为主要追责方式的现实。这导致上市公司及其少数股东要求实际控制人承担违信责任成为形式。那么，如何保障上市公司及其少数股东的利益以及减少行政干预的程度成为追究实际控制人违信责任的核心问题之一，而完善实际控制人违信责任的承担方式，建立多元化的违信责任承担方式成为必要。

1. 继续完善公司法既有规定的责任承担方式

我国公司法明确规定上市公司实际控制人滥用股东权利导致上市公司及其少数股东遭受损失而应当承担损害赔偿责任，同时，对上市公司实际控制人担任董事或者高级管理人员时因不履行信义义务导致上市公司及其少数股东遭受损失而应当承担损害赔偿责任和没收所得亦进行规定。因此，赔偿损失和没收所得是在一定程度上为当前我国公司法规定的上市公司实际控制人违信责任承担方式，但是，这两种方式作为上市公司实际控制人违信责任的承担方式却存在一定的缺陷和可操作性。例如，赔偿损失的计算方式和行使主体，没收所得的举证方式，等等。因此，完善违信责任的承担方式必须继续完善赔偿损失和没收所得两种承担方式。

（1）赔偿损失和没收所得的专门化规定

目前，我国法院追究实际控制人的违信责任主要存在于有限责任公司，而上市公司实际控制人违信责任的追究则显得较少。一方面，这主要基于我国公司法对上市公司实际控制人违信责任的模糊规定，另一方面，这也是基于上市公司及其少数股东诉讼成本与风险的考究。此外，公司法规定的实际控制人违信责任承担方式是以股东滥用股东权利或者担任上市公司的董事或者高级管理人员为前提的。因此，基于上市公司公众性及特殊性等特征，上市公司实际控制人违信责任的承担方式应当进行专门规定。

首先，明确规定上市公司实际控制人承担违信责任的条件。实际控制人承担违信责任需明确其承担的信义义务内容，只有明确实际控制人信义义务内容，才能明确实际控制人违信责任。因此，公司法应当在上市公司特殊规定一章对上市公司实际控制人应当履行的信义义务进行明确规定，厘定信义义务所包含的内容和履行信义义务的条件，将上市公司实际控制人的信义义务的相关内容法律化，为违信责任的承担方式提供法律依据。

其次，明确赔偿损失和没收所得的具体内容。当前上市公司及其少数股东通过司法救济途径追究实际控制人的违信责任较少的原因主要在于赔偿损失和没收所得两种责任承担方式的规定较为原则化。我国立法机关或者司法机关可以立法解释或者司法解释的模式对这两种责任承担方式的具体内容予以规定，包括赔偿主体、赔偿金额的计算方式、因果关系等相关内容。同时，在实践中，证券监督管理机构因上市公司实际控制人不履行信义义务而处罚上市公司或者责令上市公司向少数股东作出利益赔偿，但是这不符合民法要求的责任自负原则，应当追究上市公司实际控制人的责任。对此，相关法律法规应当厘清赔偿主体，防止上市公司实际控制人以上市公司的资产进行赔偿。

最后，完善赔偿损失和没收所得的责任追究机制。要使上市公司及其少数股东通过司法途径解决其与实际控制人之间的利益纠纷，相关法律法规应当对责任追究机制进行完善，即应当按照当前我国司法救济途径中的相关程序性规定，结合我国上市公司经营管理的现状和证券市场的实际，逐步制定出适合上市公司及其少数股东要求的实际控制人承担违信责任的追究机制，保证赔偿损失和没收所得两种承担方式能够得到有效地实施执行。

（2）没收所得的合理利用

上市公司实际控制人因违反信义义务而获得利益应当归属于上市公司。但如果实际控制人拒不归还所获得的利益，那么公司应当行使何种保护措施？这时就需要没收实际控制人的非法所得。可以说，没收所得对于上市公司而言，直接保护了上市公司的利益，上市公司获得利益之后，少数股东才能得到利益。因此，没收所得是保护上市公司少数股东权益的间接措施。

没收所得主要基于上市公司实际控制人侵占上市公司的商业机会而获得利益，可以说没收所得也是赔偿损失的一种，因为实际控制人将本属于上市公司的商业机会留给自己或者自己参与的其他公司而获得利润，该部分利益应当属于上市公司，实际控制人的此种行为已经损害了上市公司的利益。因此上市公司的利益追偿制度实质上只有赔偿损失。另外，没收所得应当合理利用，这主要基于没收所得的举证困难。因此，对于没收所得这种违信责任承担方式，应当从举证责任方面着手，要求实际控制人证明其行为未能导致上市公司的利益受到损害，或者证明其行为是上市公司的经营决策。

2. 构建停止侵害的损失控制方式

停止侵害是民事责任承担方式之一，受害者当发现侵权行为人的行为侵害自己合法权益时，可以要求侵权人立即停止侵害的责任承担方式。上市公司实际控制人通过自己的经营决策行为控制上市公司的经营决策，该经营决策具有持续性。对此，上市公司及其少数股东可以要求实际控制人立即停止实施前述经营决策，保证上市公司及其少数股东的利益不受持续性侵害。

上市公司实际控制人实施的经营决策应当向上市公司的少数股东公开，但是当少数股东发现实际控制人实施的经营决策有损上市公司及其自身的合法权益时，有权要求实际控制人立即停止实施。但是，停止侵害的实施需要以法院判决的形式作出，因此停止侵害的责任承担具有滞后性。因此，我国应当通过相关法律法规对上市公司及其少数股东实施停止侵害的请求权予以提前，即上市公司及其少数股东可以不通过法院判决的形式予以确认，而直接由法律法规直接确认，上市公司及其少数股东有权要求实际控制人停止实施损害上市公司及其少数股东利益的经营决策或者行为。如果实际控制人在接到上市公司及其少数股东的请求时，仍然未停止实施前述经营决策和行为，上市公司及其少数股东可以要求法院采取法院禁令的形式要求实际控制人停止实施前述经营决策或者侵权行为，同时，上市公司及其少数股东可以要求实际控制人承担损害赔偿责任。

3. 支付违约金——基于公司契约的思考

支付违约金是民事责任承担方式，是基于行为人双方意思自治达成的契约而应当承担的责任。根据公司契约理论，公司股东与管理层是委托代理机制，其表现形式为股东与管理层之间达成的契约。因此，公司的管理层应当对股东履行忠实义务和勤勉义务，保证公司的持续经营与盈利能力。同时，公司股东与股东之间基于公司章程的约定，相互之间应当履行约定义务和法定义务。因此，上市公司的实际控制人作为股东或者股东的控股股东应当对其他股东履行约定义务。

股东可以在公司章程中约定，公司的实际控制人未能履行其信义义务而致使上市公司及其少数股东的利益受到损害，应当按照公司章程的规定对上市公司及其少数股东承担违信责任。同时，这种基于公司章程约定的义务，是合同责任的一种，实际控制人应当向上市公司及其少数股东承担违约责任。同时，基于发起人协议，实际控制人应当向其他发起人支付违约金。因此，如果发起人协议约定了支付违约金的违约责任，则少数股东可以按照发起人协议要求实际控制人支付违约金；同时，基于公司章程的约定，上市公司的实际控制人也应当向上市公司承担损害赔偿责任。

4. 明确实际控制人是违信责任的承担主体

由于公司实际控制人对上市公司的持续经营和日常管理发挥着重要作用，所以对上市公司拥有绝对控制权。如果实际控制人不履行信义义务而导致上市公司及其少数股东的权益遭受损失，实际控制人应当承担损害赔偿责任。但是，实践中，上市公司的实际控制人因自己违反信义义务而导致上市公司的利益受到损害时，往往是由上市公司承诺向少数股东承担损害赔偿责任，这就形成了上市公司为实际控制人的行为负责的局面，同时，上市公司的这种行为也导致了上市公司的利益遭到减损，容易导致上市公司的持续经营能力和盈利能力降低，进而损害少数股东的权益。

基于目前我国上市公司实际控制人承担违信责任的现状，并根据责任自负原则，上市公司的实际控制人应当为自身不履行信义义务而出现的损害后果承担责任，而不是由上市公司单方出具赔偿损失的承诺。因此，上市公司实际控制人违信责任的承担应当予以纠正。首先，从程序方面讲，上市公司对实际控制人造成的损失进行决议时，上市公司实际控制人应当对此进行回避，由其他股东对此进行决议。其次，作为上市公司及其少数股东，如果实际控制人滥用权利损害到其合法利益时应当要求实际控制人承担责任，而非将上市公司作为追偿的主体。再次，上市公司实际控制人欲通过其对上市公司的控制而让上市公司偿付这种损失时，上市公司及其少数股东应当按照公司法规定的程序向实际控制人提起股东代表诉讼，要求实际控制人偿付上市公司所遭受的损失。最后，证券市场的监管者应当明确责任承担主体，若实际控制人以上市公司作为赔偿主体，则可以要求实际控制人偿付上市公司的损失，并可以此对实际控制人作出终身进入证券市场和罚款的行政处罚。

五、上市公司实际控制人违信责任的追究机制

（一）股东提起派生诉讼

1. 派生诉讼的内涵

派生诉讼是与直接诉讼相对应的概念，西方公司法认为派生诉讼是公司的权利在受到侵害时，公司怠于行使诉讼的权利，股东便以自己的名义起诉，所获得的赔偿归属于公司的一种诉讼形态。派生诉讼制度起源于英国，是通过判例法的形式确立起来的，但在美国得到发展。我国在 2005 年的《公司法》正式引入了该制度，立法主要包括以下几方面的内容：股东的身份限定、适用的具体情形、诉讼的前置程序、诉讼的法律后果。具体表现为：派生诉讼的原告是具备法定条件的股东，并非任何股东都可以提起诉讼，上市公司作为股份有限公司，必须是连续 180 日以上单独或者合计持有公司 1%以上股份才有诉讼权；派生诉讼的被告是违法侵犯公司权益的人，其可以是公司内部人，也可以是公司外部人。诉讼的前置程序是董事会、监事会不积极履行提起诉讼的义务，接到股东的书面请求后不按时答复、拒绝诉讼，或者在紧急情况下不提起诉讼将严重危及公司的利益；派生诉讼的股东以自己的名义起诉，但是为了公司的利益，所得到的赔偿归属于公司。

派生诉讼与直接诉讼的区别体现在：①诉因不同。直接诉讼是原告基于其自身权益受到直接损害，当然地以自己的名义进行的起诉。派生诉讼则不是公司股东利益的直接受损，而是公司利益的直接受损从而影响到股东利益的间接受损，是一种间接诉讼。如果公司作为直接的受损害人未进行维权诉讼，股东作为间接受害人有权提起诉讼，在保护公司直接利益的同时间接保护了股东自身的利益。②诉讼的目的不同。直接诉讼的目的是保护自己直接受损的利益，是“自益权”的体现。派生诉讼的目的是通过保护公司的利益来达到间接保护自身利益的结果。虽然也维护了股东自身的利益，无论从名义上说还是从本质看，更多的是为了捍卫公司的利益；③诉讼中适用不同的程序。直接诉讼适用的是普通的民事诉讼法和民事诉讼程序，股东派生诉讼则是根据商法的规定，按照特别法由于一般法的原

则，先适用公司法或者商法的特别规定。④股东在诉讼的法律地位和效果不同。直接诉讼中，股东不仅是诉讼的原告，还是诉讼争议权利义务的直接承受者。而在股东派生诉讼中，股东仅是诉讼程序中的原告，并不享有裁判中确定的权利义务，股东不会因为提起诉讼而直接获得赔偿，公司才是最终的承担者。

股东有权提起派生诉讼的依据在于：一是股东基于公司所有者的身份，二是股东可以作为公司代表人的地位。股东对公司的投资关系决定了股东和公司共同利益的基本一致性。但公司本身作为独立的主体，有自己的特殊利益牵连，公司的利益并不必然代表股东的利益，公司还要处理除股东外的相关群体的利益，这可能出现即使有人损害了公司的权利，但基于某些方面的考虑，公司并不起诉的情形，因而这一制度的意义在于，赋予股东起诉相关特定人员的权利，特别是开辟了一条维护中小股东自身利益的通道，当中小股东及公司的权益受到董事、高级管理人员或控股股东的侵害时，其可通过提起派生诉讼，寻求司法帮助，通过民事诉讼程序而获得经济补偿，不仅能挽回公司的损失，同时也间接使自身的合法权益得到保护，还能够监督公司的治理运作，规范公司的治理结构。

2. 派生诉讼制度的完善

(1) 原告资格

拥有独立的人格是法人最本质的特征之一，这意味着法人要以自己的财产对外承担责任，而法人的成员只以出资额为限承担有限责任。作为上市公司来说，股东一旦完成了出资就算履行了义务，享有股东权，承担有限责任，而公司则以其全部财产承担无限责任，公司的权益受到侵害时，公司作为独立法人应当由自身提起诉讼。但派生诉讼的产生就是为了应对公司怠于诉讼时的局面，这时原告就是提起诉讼的股东，而不是公司。为了防止股东诉权的滥用，原告股东在各国规定派生诉讼的制度中都有严格的条件约束，这些条件主要集中在持股的时间和持股的数量上。在英美法国家中，立法普遍采用的是“当时股份持有原则”[1]，即派生诉讼的原告需在拥有公司股份的时期内进行起诉，起诉在该时期内对公司发生侵害的行为，而不能对在其成为股东前的时间内发生的侵害事件进行起诉。而大陆

[1] 李爱欣，朱强．论股东派生诉讼制度［J］．河北法学，2004，22（2）：2.

法系普遍采用“持股期限”原则，即要求股东持有公司的股份一段时间后，才有资格对侵犯公司的行为提起诉讼。我国公司法中的相关规定即基于这一原则：股东要连续180日单独和合计持有该公司的股份。笔者以为，“当时持股原则”更为符合中国国情，简便易行，适于指导实际，有利于维护公司利益免受他人和原告股东联合侵害，也有利于防止为了进行投机诉讼而出现的后继股份购买现象，也有利于保护购买者合法权益，有利于防止有人投机购买公司的股份只为获得起诉权的事件出现。

公司法虽然赋予了股东派生诉讼的权利，但对具体规则并没有做详细的规定，无法解决司法实践中的问题，如对于具有起诉资格的股东如何加入一个已经开始的派生诉讼中；对于一个股东已经提起派生诉讼的案件，公司又要求对此提起诉讼的，股东此时处于什么地位等。美国和日本对第一个问题采取截然不同的态度，美国把未参加诉讼的股东看作集团诉讼中的成员，其有权参加诉讼，但在具体的个案中是否可以参加，由法官综合考虑诉讼的成本和效率后，判断诉讼中其参与的合理性；特别是提起申请要求参与诉讼的股东，法官是不会批准其权益已经由参与人充分代表的申请人参加。日本《商法典》第268条第2款在本国股东派生诉讼规定中指出：为了防止原告股东和被告董事通过诉讼中的串通来谋取利益，原告股东一经提起诉讼，其他股东就不得再针对同一理由再度提起对董事会的诉讼，其他股东可通过参加原告股东提起的诉讼的方式来维护公司和自己的权益。但如果参加起诉有不适当地拖延时间、加重法院负担之嫌疑，不在此限。结合我国的实际，我国法律不应禁止其他股东参加诉讼，适格股东有派生诉讼的法定诉权，但是其起诉应有时间上的控制，如以第一次开庭为限，在第一次开庭审理之前，不应当拒绝其他股东所提出的参与诉讼的要求，因为扩大股东参与范围有利于案件真相的尽快查出，同时减少原告的诉讼风险，使得股东的权益得到更加完善的保护。从程序上讲，法院一般不应准许其他股东第一次开庭审理已经完结的情况下再加入诉讼。因为第一次开庭审理完结后，其结果已经直接影响到原告股东和其他股东的实际利益，对其他股东具有一定的既判力的影响，原告股东与其他股东不存在共同诉讼当事人关系，对于案件的审理不会因为其他股东是否参加而受到影响。在我国，法院为了避免无理拖延诉讼时间或者额外增加诉讼成本，不应主动地把其他股东作为共同原告或者作为有独立请求权的第三人。对于第二个问题，依据诉讼法理，由于公司是诉讼的利益最终获得者而非股东，公司作为正当当事人，与诉讼的结果具有直接利害关系。股东则与诉讼结果存在间接利害关系，理应为间接利害关系人。在没有公司这一直接受害人的情形下，股东为了公司的利益担当原告是正当的。在公司已经作为原告的情形下，股东就不需要而且也不再合适作为正当原告出现。即使在股东已经提起诉讼的情况下，如果公司愿意提起诉讼，此时也应当将原告由股东改为公司，诉讼继续进行。另外，从《公司法》的条文来看，原告股东必须达到规定的持股时间和数额，但实际中存在的是在情况紧急下实际控制人已经严重损害了公司和其他股东的利益，但是欲提起派生诉讼的股东持有的股份不够或者在时间上也不符合法律的规定，那么是不是就剥夺他们的诉权呢？如果此时公司由于与实际控制人之间的利益纠葛难以提出诉讼，而有意愿诉讼的股东因资格不符合被排斥在司法大门之外，那么就没有人来维护公司和其他股东及众多的投资者的权利了，也给滥用控制权的人一个畅通放心的规避责任的渠道。所以，笔者认为对原告的条件不能太苛刻，毕竟他们是因权利受损无法获得内部救济时才寻求的司法救助，而司法是公民权利的最后一道保障线，本应该给予公民最大的自由和最好的选择，而不是设置种种障碍使投门无望。上市公司牵涉的利益面广泛，股权结构分散，面对的投资者众多，特别是对于广大的中小股东来说，他们本身因所持份额少，没有机会进入公司的决策层面，大部分股东几乎从未参与公司的治理，不熟悉公司的财务和运作状况，很容易被控制股东忽略甚至成为他们的牺牲品，赋予这部分的股东有派生诉讼的权利，也是对他们最后的一道保护。也就是说，当公司怠于诉讼或者紧急情况下不诉讼将严重损害公司利益时，只要有股东提出派生诉讼，法院就应该受理，然后再审查实际控制人取得控制权的基础和控制的方式，看是否构成对信义义务的违反。

（2）被告资格

被告应当是对公司利益造成侵害的人，包括公司的董事、监事、高级管理人员以及其他危害公司利益的人。那么，在诉讼中，公司的地位又如何呢？笔者认为，应当根据公司参与诉讼的态度积极与否判断将公司定性为原告或视为无独立请求权的第三人：若公司提出自己独立的诉讼请求，应该将公司列为原告，承担程序上和实体上的权利义务；若公司在派生诉讼开始后，并没有积极参与诉讼的态度，将其作为无独立请求权第三人较为合适。因为公司与派生诉讼股东有共同的利益，因其怠于诉讼而失去对诉讼标的的独立请求权，成为无独立请求权第三人。在作为无独立请求权的第三人时，公司可以不依附诉讼中的任何一方，但对判决的结果应享有上诉权、申请再审和申请执行的权利。我国现行公司法规定的被告范围较为狭窄，不能全面地规制所有侵害公司利益的人。笔者建议要扩大追究人员的范围，包括实际控制人，由于我国现行法律对实际控制人的法律界定原则而模糊，范围狭窄，不能适应实践中责任追究的需要，因而笔者认为要对这一概念进行扩大化的解释，不能以股东身份、持股比例或其他地位的存在与否来判断，而是看其控制权的主要来源和控制的方式。控股与控制是不同的法律概念，控股不一定带来控制。直接股权控制是最传统、最基本、最原始的控制手段，以股东所有权为基础，而实际控制是指除去这种直接控制方式以外的其他控制公司的方式。上市公司控制权的取得主要是通过兼并、要约收购、协议收购、直接购买股票或代理投票权竞争等各种手段收集具有控制权地位的股权或表决权，以获得对从属公司的控制权，在一定程度上体现了所有权与控制权的分离。概括来说，实际控制人是除了公司控股股东以外能够积极主导公司自由意志的人，但是在通常情况下，达到控股的形式标准即可推定为控制，除非控股股东能提供有效的抗辩证明自己没有对公司经营管理实施控制，但在具体的案件中，法官必须进行实质审查，不考虑是否持股或股权比例的多少，而是看是否存在控制和从属的关联关系，控制人是否对从属公司施加了持续而广泛的支配性影响，从而主导从属公司的经营管理和财务决策，据此认定是否存在实际控制。

综上，实际控制人有可能不是公司的董事、监事、高级管理人员等内部人，但是能够对公司的经营决策施加决定性的影响，很可能为了自身的利益而与公司管理层、决策层联合起来侵害中小股东的利益，因此中小股东应该有权利追究实际控制人违法行为，一切损害公司利益的人员都应该成为被告，不应将被告局限于董事、监事、高级管理人员的范围。实际控制人因违反信义义务而需承担违信责任，这种信义义务包括忠实义务和注意义务。实际控制人若没有履行下列义务即是提起派生诉讼的法律基础：禁止与公司有利益冲突的交易、禁止从事与公司相同的业务、不得从事内部交易或者泄露公司的商业秘密、不得抢占属于公司的商业机会和剥夺公司财产、禁止操纵从属公司证券的发行价格、利润分配、信息披露、人事安排等方面的经营决策、保证从属公司的独立性、未怀着善意的心态和理性的人具有的谨慎态度以一个经营管理者的身份处理公司事务、未从公司的最大利益出发来考虑问题、未在与从属公司的关联关系中，秉承“公平交易”的原则，及时进行信息披露，损害上市公司和其他股东的利益。

(3) 诉讼的前置程序——穷尽内部救济原则

股东提起派生诉讼以穷尽内部救济手段为原则。股东发现有董事侵害公司利益时，应当首先书面要求监事会提起诉讼；当监事会有侵害公司合法权益时，应当首先书面要求董事会提起诉讼。只有在董事会和监事会收到书面请求后三十日仍未提起诉讼的，股东才有权以自己的名义代为提起诉讼。但在出现紧急情况，不立即起诉会使公司的权益受到无法弥补的损害时，可以有例外，由股东不经以上前置程序直接提起派生诉讼。法律作出这种限制的目的主要是尊重公司的自主经营权，公司充分享有意思自治的自由，对于权利受损是否寻求救济这种私人事务，应该完全由公司自主决定处理方式，所以股东不得直接越过公司起诉。但同时公司由一大群成员组成，形成紧密相连的利益连接体，存在一致的共益权，也有个益权，股东的利益和公司的利益虽然在大多情况下一致，但也不完全吻合，公司代表的是全体股东的利益，追求的是全体股东利益的最大化，但公司与单个的股东是不同的个体，在特定情况下必然会有冲突，所以为了防止公司损害股东利益，尤其是实际控制人利用控制权侵害中小股东利益，要给予股东以法律的救济渠道，派生诉讼就应运而生了。

(4) 派生诉讼中的举证责任分配

处于弱势地位的股东通常是提起派生诉讼的原告，因为他们持有的股份数额较少，没有多少的参与决策权，对侵害公司和自身利益行为的信息和环节步骤无从知晓，也无法证明，仅仅能够证实自己的合法权利受损的事实。如果严格按照“谁主张谁举证”的规则，原告明显败诉的风险很大，违背了派生诉讼的初衷。因此，应该采用“举证责任倒置”的规则，即由原告股东仅需证明公司的利益受损，而作为被告的侵权人则需证明自己无过错，或者其损害行为与后果之间无因果关系，否则将承担败诉的后果。

（5）派生诉讼的法律后果

在派生诉讼中，股东的目的是维护公司的利益，从而间接保护自己的权利，股东即使作为原告，也不能获得诉讼上的赔偿，所获的利益归属于公司。由于股东不能得到任何的好处，反而要承担一些先前的费用，如交通费、诉讼费的预交及败诉时费用的承担等，因而会抑制他们诉讼的积极性，很多股东便有搭便车的心理，使得即使公司遭受很大的损害，股东也不愿意派生诉讼。因而，应改变股东的尴尬处境，提高股东诉讼的积极性，减轻诉讼的负担。这方面可以借鉴美国的做法，想法减少股东的诉讼成本，对诉讼起到正向的激励作用，如实行无论胜诉败诉，诉讼双方各自承担自己的诉讼费用的规则，这样即使原告败诉，被告的诉讼成本也不会转嫁到其身上。此外，可以设立专门针对股东派生诉讼的“共同基金”，[1] 使原告即使在股东没有获得金钱赔偿时，法院也可以基于“实质性获利标准”，通过判决或者和解的方式给予原告律师经济补偿，而且一般来讲，律师的收费额可高达获得赔偿额的20%～30%。[2] 在这种制度下，一方面律师的收入有了较高的保障，律师为了扩展业务、获取高额回报，会加大对股东的游说，劝其进行派生诉讼。且风险代理以诉讼胜诉为前提，律师也会发挥法律特长，寻找一切有力证据，竭尽所能为原告赢取诉讼机会。另一方面，此笔费用不由未得到实质赔偿的原告股东承担，因此其不必担心自己为获得实质利益而需承担大额诉讼律师费的尴尬结果，减少了原告股东的诉讼成本，使其本身更有动力也更愿意开展派生诉讼。

（二）公司人格否认

1. 公司人格否认制度的内涵与特征

所谓公司人格否认，又被称为“揭开公司的面纱”，是指当公司滥用其独立法人地位和有限责任，损害公司债权人利益和社会公众利益时，在该特定事实中否认公司的独立法人资格和有限责任，由公司股东承担最终的

---

[1] 朱芸阳．论股东派生诉讼的实现——以“理性经济人”为假设的法经济学解释［J］．清华法学，2012（6）：6.

[2] See M. J. Loewenstein, Shareholder Derivative Litigation and Corporate Governance, 24 Del. Corp. L. J, 1999, P. 14.

法律责任，对公司债权人等公众利益进行赔偿的一种法律制度。[1]

公司的独立法人地位和股东的有限责任是现代公司法的基石，由于股东投资的风险具有了可预测性和限定性，极大地促进了他们的投资热情，推动了公司的繁荣发展。但任何一项制度都不是完美无缺的，法人人格否认制度在发挥巨大作用的同时也逐渐暴露了它的弊端，主要是股东滥用法人独立人格的现象层出不穷，通过虚假出资、抽逃出资、转移财产、逃避义务等手段损害公司和债权人利益。股东在公司经营中，受到有限责任的保护，与公司债权人分隔，不直接发生债权债务关系，由公司作为独立主体对外承担责任。即使债权人主张债权，股东也能借助公司的有限责任这一保护伞，仅以出资范围为限承担有限责任，债权人超过股东出资范围的受损利益无法从股东那里得到满足。在公司发生经营困难或者资不抵债的情况下，部分债权人的债权甚至根本无法得到实现，加剧了债权人的风险，也违背了法律维持公平和正义的初衷。公司法人人格否认制度克服了以上的固有缺陷，是对它的一种矫正和完善，平衡公司、股东、债权人之间的利益，实现公平和诚实信用的法律价值。

公司人格否认制度具有下列特征：①它不是对公司独立人格的否定，而是在承认其独立人格的基础上在个别特定情况下的否定。若没有公司的独立人格，又何来滥用之嫌。②人格否认制度适用于个案中，针对的是具体的法律关系。公司法人人格独立，这是公司法赋予公司的法定权利，也是公司固有的特性，具有普遍性。而公司人格否认制度是在股东以公司为保护伞而滥用有限责任的情况下的适用，属于个别情况下对公司独立人格这一常态制度的补充和修正。它仅仅适用于个案，并不是一般性适用，也仅适用于一个公司的某一次特定行为，该公司的其他行为依然遵循公司独立法人人格制度；③该制度规制的对象是股东，一般是对公司具有控股能力的股东。股东利用了其控制地位，滥用了公司的独立人格和有限责任，如果这种情况下依旧根据有限责任规则免除股东的义务，则无法对滥用权利的股东起到惩戒的作用，违反了法律遵循的实质公平正义。股东人格否认制度要求股东也应承担相应的责任，股东的行为受到法律的规制，突破有限责任的保护，不仅起到保护债权人利益的目的，也促使公司的股东特

[1] 朱慈蕴．公司法人格否认法理研究［M］．北京：法律出版社，1998：75.

别是实际控制人能够增强自身行为的合规性。此外，公司人格否认制度只适用于公司的股东，而不适用于公司的董事、监事、高级管理人员；④法人人格否认制度是对法人人格被滥用的一种事后补救与调整。该制度通过确定的立法对业已受损利益进行事后的平衡，直索滥用法人独立人格的股东的责任，使其与公司承担连带责任，有力地维护了债权人的权益。如果说法人人格独立和股东有限责任是法律对公平正义的首次分配，属于分配正义，那么当公司独立人格和股东有限责任被滥用时，法人人格否认制度则是对造成的损失的弥补和调整，重新达到正义的标准，属于矫正正义。分配正义与矫正正义相辅相成，彰显公司法的法律形式正义与实质正义的价值。

2. 公司人格否认的法律后果

公司人格否认制度的前提是需要滥用法人人格的行为造成了其他当事人权益的现实损害，这是该理论适用的结果要件。如果没有实际损害的发生，法人人格否认制度无启动的动机和必要。只有当债权人受损害的利益在有限责任下无法得到全部满足时，才会追究躲在公司法人人格之后的股东的责任，实现对自身债权的维护。我国《公司法》对该结果要件，只是概括性地规定需要“严重损害债权人的利益”，但何为严重，如何掌握和判断损害的严重性，是司法实践中的难点与重点。对于是否严重损害债权人的利益，可以从两方面来考量：一是看债权人的受损程度，多数的受损程度可以通过金钱数额予以衡量，如果受损数额较大，则可认为程度是严重的。还应注意，在计算损失数额时，应当以直接损失为准，间接损失不应当计算在内。第二，可以考虑公司未来的偿债能力和发展潜力。如果受损的数额虽然较大，但公司的发展较好，能够在可预期的未来内偿还债权人的损失，目前无法偿还只是由于暂时性的资金周转困难或者阶段性的惨淡经营，在这种情况下，法院不适宜适用法人人格否认制度。只有股东确实滥用了公司的法人人格，滥用了股东的有限责任，造成了债权人等的巨大损失，且在未来可预见的相当一段时间内无法偿还债务时才有必要引入公司人格否认制度，让股东为公司买单。

公司人格否认的法律后果是在特定的案件中，股东不再以出资额为限，对公司的行为承担有限责任，而是打破有限责任的界限，让股东为自身的违法违规行为承担责任，股东与公司一起作为被告承担连带责任。笔者认为，为了更好地保护债权人的利益，维护交易的安全，应该承担的是共同连带责任，而不是补充连带责任。共同连带责任赋予了债权人选择谁承担责任的权利，股东与公司在责任承担上并无顺序的限制，债权人可以先要求公司承担，公司无力偿还的部分要求股东承担，也可以直接要求股东承担，这样，债权人的利益有了双重保障，体现出人格否认的立法宗旨。若界定为补充连带责任，则股东享有先诉抗辩权，债权人只能先起诉公司，当公司无力偿债或者有其他不能实现债权的情形时，才能起诉股东，请求股东承担责任，这无疑加大了债权人的追索成本，也给利益的实现带来障碍，很可能使得补充连带责任的目的落空。

3. 公司人格否认制度的完善措施

我国《公司法》引入了法人人格否认制度，这是立法的一大进步，但是由于规定得比较原则、概括，不仅规制的对象单一，没有具体明确否认公司人格的司法审查标准，而且也没有详细列举应当认定为滥用公司独立法人地位和股东优先责任的具体情形，在实践中难以掌握具体统一的标准，导致实用性不强，容易造成判决中的混乱现象。所以应对该制度加以完善，由法律进一步作出具体规定或由最高人民法院在司法解释中进一步细化，为判决提供清晰的指引。需要强调的是，公司法人人格否认制度仅适用于公司股东，并不适用于公司的董事、监事和高级管理人或者其他人。如实际控制人，即使有股东那样的行为，也只能通过合同法或者侵权法的原理追究他们的违约或侵权责任，而不适用人格否认理论。然而在实践中，上市公司的实际控制人在相当的程度上会滥用法人独立人格损害债权人利益，但仅因为并非是股东，依据法理，不能以该制度来追索实际控制人的责任，显然是不合情理和对债权人不利的。因此，揭开公司“面纱”后追索的不仅是作为出资人的股东的责任，还应包括其他实际上控制公司并以公司“面纱”为掩护、在管理公司事务中进行不正当行为从而侵害债权人利益的其他人，应该把实际控制人纳入到规制的对象中，凡是可能通过某种关系控制公司并且滥用公司人格的人都应该对自己的行为承担连带责任。实际控制人承担责任的基础是对于从属公司控制权的不正当行使，使得从属公司丧失了独立的法律人格，实际控制人往往通过表决权信托和人事连锁的方式操纵公司的股东大会决议和经营管理，从而使从属公司丧失独立的意志；其次，实际控制人往往通过关联交易、重大担保、利润上缴合同等方式享有公司的资产利益，甚至直接侵占公司的资产，从而使从属公司丧失独立的财产。因此，当实际控制人利用其控制力操纵公司，导致公司丧失独立法人的主体资格时，法律也应当揭开实际控制人与公司之间的“面纱”，将责任追溯到公司背后的实际控制人，进而责令控制人对从属公司的债务承担责任。

通常认为，当控制人对从属公司的控制达到令从属公司完全丧失或基本丧失自主权，即控制人对从属公司实施了过度控制，使从属公司完全失去独立的法律人格，这时法院就要揭开公司的“面纱”，责令控制人对从属公司的债务承担责任。如果控制人在交易中以不公平的行为操纵从属公司使自己取得利益而从属公司受到损失，或从属公司持续地表现为控制人的一个部门且缺乏必要的公司形式，或控制人与从属公司的交易行为没有明确区分时，控制人通过支配性影响力使公司为诈欺或不正当的行为，以及控制人的支配行为与债权人所受利益侵害之间具有因果关系等条件，满足实际控制人对于公司债权人的责任构成条件，实际控制人就应该承担责任。[1] 这是因为，一般来说，控制股东、实际控制人因在公司中有某种程度的决定权，才有机会有能力把自己的意志强加在公司流通交易的环节中，从而滥用法人人格。尤其在上市公司中，股份的流通性和开放性强，股东数量庞大，很多的中小股东特别是小股东只是因为很少的出资持有股份而获得股东身份，但大部分不能也不愿意参与公司的治理，他们基本没有发言表决权，还因为某种原因，不敢维护自己的权利，便普遍存在“搭便车”的心理，他们只图最终能取得一定的股利分配即可，不会关心公司的经济往来和发展进程，不可能对公司产生实质性的影响，便很难影响债权人的利益。因此，公司人格否认制度的规制对象界定为实际控制人才是实践的迫切和现实需要。具体的制度设计步骤如下：

第一，立法要具体界定人格否认制度的适用情形、判断标准，采取列举和概括相结合的方式立法，既满足了成文法所需要的统一性，也能够应对实践中错综变换的情形。在确立法人人格否认制度具体适用范围和适用条件方面可以通过列举的方式，对滥用公司独立人格和股东有限责任中典型的、危害较大的情形进行列举分析确定。如此，既在维护相关权利主体

---

[1] 何苗．上市公司实际控制人的界定及责任［D］．上海：复旦大学，2007.

的诉讼权益时有法可依，也使人民法院在立案和审理时有客观的判断标准，防止滥用自由裁量权，将更快地查明案情，真正实现公司法人人格否认制度的功能。另外，立法对股东及实际控制人实施滥用人格的行为的审查应该采用客观的判断方式，根据他们的行为判断其主观心态，作为责任承担的衡量因素。具体来讲，当出现下列情况时，可以认为公司的独立人格受到了滥用，需要适用公司人格否认制度来追究滥用者的责任。

①公司的资产明显不足。公司只有保持足够的资本才能满足经济往来中的资金循环需要，维持正常的商业运转，并树立自己的商业信用，使债权人有意愿与之交往并能确保偿债的能力。如果资本和债务的比例失衡，不仅影响公司的正常交易活动，加大了市场和信誉风险，最终也会把损失转嫁到合同的相对方甚至是上市公司中的众多无辜投资者。此外，公司的趋利本性决定了公司会千方百计事促使对方与之交易，为取得债权人的信任，有时股东或者实际控制人可能在资本不充足的情况下故意制造资本充足的虚假公司状况，导致债权人在获取虚假的交易信息，致使债权人在交易中利益受到损害。还有一些公司注册资本金较少，即便所注册的资本满足了法律规定的最低资本额，但公司所经营的与之资本不符的高风险行业使得债权人一开始便处于面对公司资不抵债风险的漩涡中，应认定公司的资产明显不足。在上述情形下，应该使用公司人格否认制度，揭开该公司的面纱，使背后的真正控制者站在法律和道义的前台承担责任，维护债权人和公众的利益。一般来说，应当以特定法律关系成立的时间点为界点来认定资产是否显著不足，只要公司资产在法律关系成立之时是充足的，即使后来由于经营不善等问题导致资本减少，在当时也不能认定为资产不足。

②借用公司名义逃避合同义务的履行。具体是指，股东或者实际控制人的目的是利用公司的独立人格，以公司名义与第三人交易，逃避履行合同义务。这种行为：一方面，把风险转移给公司，另一方面，将合同对方当事人陷于不公平的境地，从而使得个人受益而使公司利益受损。主要体现在：a. 股东或者实际控制人以抽逃出资等形式掏空公司的资产，再以申请公司破产的形式免除债务。依托原有场所、原班董事会、经理班子和公司职员等组织机构，设立所谓新公司，而经营的业务与原公司基本一样，控制股东又在新公司中以自己的财产出资，或者新公司出资

是通过低价买进甚至无偿取得原公司的资产实现的，从而达到另设新公司避债转资的目的；b. 利用公司人格所具有的独立性，基于交易对手对公司的信任，进行欺诈交易，从中获得高额利润；c. 当事人负有契约上特定不作为义务（如竞业禁止义务），借用新公司或原公司名义逃避义务。

③利用公司规避侵权之债或法律义务。利用公司规避侵权之债是指，公司在日常的经营过程中很可能会因侵权行为而损害到不特定的第三人的利益，但债权人的利益因为公司财产的有限性而得不到足额的赔偿。在这种情况下，债权人为了最大限度地维护自身利益，可以请求法院适用公司人格否认制度，直接追究公司背后的实际行为人与公司的连带责任；利用公司规避法律义务主要指的是为了规避包括公司法在内的法律所规定的法定义务而利用原公司或新公司的人格，人为改变体现社会公共利益的强行性法律规范的适用条件，逃避其应当承担的作为或不作为义务，从而使法律规范设定的原本目的落空。此时，对于隐身于其背后的有责股东应透过公司的行为追究其责任。主要手段有：第一，股东为了达到避税目的，设立新公司，滥用公司人格，在公司之间进行利润转移或对公司恶意破产；或为了实现国际避税，把公司收入从高税区转移到它在海外设立的低税区所在地的子公司中，避免在高税区纳税；或为了满足国家对外企业的优惠条件，通过虚拟国外股东，以中外合资、中外合作、外商独资或者虚构国外出资等形式来达到骗取利益、规避义务的目的；第二，股东为了逃避强制执行，在公司负有债务或即将破产之前，把属于公司的财产转移到个人名下。

④公司人格形骸化。这是指公司虽以公司形式存在，但实质上却沦为股东、实际控制人等个人的傀儡或工具，公司与他们在人格、组织、财产、账目、业务等方面发生混同。表现为：a. 人格混同，即公司与股东、实际控制人之间或与其他公司之间混为一体，共用一套人员或组织机构，或者公司间相互投资形成母子公司的关系，或者名为公司，实由个人完全控制，公司章程、股东大会、董事会、监事会等规范和机构形同虚设；b. 财产混同，即多个公司使用相同的经营地点、相关设备，拥有同一资产，公司与股东之间在利益、账目上没有严格区分，个人支出未经正当的借支手续和批准程序使用公司资产偿付。这样财产混同不符合财产分离原则，将很容

易导致公司资产被隐匿、转移、挪用甚至是私吞；c. 业务混同，即公司在交易行为及交易价格上没有自主权，因股东或其他公司与之存在相同业务，导致公司的资金自由流动度不高甚至无法流通，使一个公司丧失经营自主地位，失去自身意志而完全服务于另一个公司或某一股东、实际控制人，譬如，母公司对子公司过度控制、企业集团内部各个公司之间业务不明晰，使得第三人无法判断自身交易的对象是母公司、子公司还是股东或是实际控制人。“此外，界定公司法人格是否已经形骸化的标准是是否形成了一个实际上没有意思机关或者并无实际运作的空壳公司。”❶

第二，完善人格否认制度诉讼中的程序设置。包括对主体的资格审查，原被告的界定、否认的缘由、举证责任的分配、赔偿责任的性质等。笔者认为，法院对于提起的法人人格否认的案件，首先要审查该公司是否具有独立人格，这是适用的前提；然后原告是权利受到损害的债权人，被告是公司和控股股东、实际控制人，被告滥用了法人人格和股东有限责任，实施了损害债权人利益的行为，给其利益造成了严重的损害；在证明责任的分配上，应采用举证责任倒置原则，债权人的举证内容主要是债权人与公司之间的债权合法成立且到期，公司清偿不主动或者不具备清偿的能力，被告有滥用法人人格避债的行为等。原告的举证责任具体体现在为公司注册资本的真实性提供证明，保证他们不存在抽逃出资的问题、保证公司拥有独立的财产权、保证公司能够形成独立意志、保证其参与的公司管理均遵守公司章程和相关法律规定、他们从公司获得的报酬或分取的红利均为合法收入、未通过关联交易的方式获取高额利益等；在责任的最终承担上，原告与公司是共同连带责任，没有先后顺序之分。在适用人格否认的案件中，最重要的程序是对实际控制人的控制权基础的审查，即他们是通过何种方式取得了控制权从而利用优势地位为自己谋利，损害了他人利益。除了通过直接或间接持有上市公司大量的股份，通过转投资、相互持股手段取得控制权外，还可能是基于法律授权的规定、合同安排及委托投票的方式取得的，如法律直接规定某些主体对于公司经营管理的控制，例如行政机构、司法机关在特定情形下对公司的控制；通过盈余转移合同、经营租赁合同、利益输送合同等控制合同形成控制与从属关系；通过代理投票权

❶ 朱慈蕴．公司法人格否认制度理论与研究［M］．北京：人民法院出版社，2009：148.

的征集达到对从属公司的控制。还可能由于股东自身股权的行使在法律上或事实上受到他人的限制和支配，如由第三人（如股票经纪、保管人、受托人等）代为持有股份的人士，或在股权信托或准信托关系中以自身资产安排成立信托并且可以影响受托人行使权利的人士，或使得他人在行使自身股份权利时惯于听从或被期望按照其意思行事的人士，当这种影响力达到支配程度时即构成实际控制；[1] 又如在股权质押关系中，质押权人也可能对质押人的股权行使进行操控从而成为公司的实际控制人。此外，如果一方与另一方的董事、经理、高管人员、主要股东在相当程度上重合，或者双方的管理层身份交叉，或者一方能够操纵另一方过半数的董事会成员或者经理层的人选，则可以结合其他因素如经营决策中的影响力推定该一方是另一方的实际控制人。对认定实际控制人要坚持的原则是，初步审查是基础，实质审查是关键，不论他们是通过何种方式或安排，只要能够在事实上直接或间接地影响公司的经营管理决策和运作方向，有能力将个人的意志转化为公司的积极意志和外在行为的人，均可能被认定为实际控制人，继而裁量能否以人格否认追究真正责任人的责任。

第三，最高人民法院可以通过司法解释的形式对公司法人人格否认制度的适用作出规定。应当对司法实践中已经出现的典型的公司法人人格否认案例加以汇编，并定期公布有关公司人格否认的指导性判例。在我国《公司法》对公司法人人格否认制度只作出原则性规定的情况下，要想更好地在司法实践中适用该制度，充分保护公司债权人利益和社会公共利益，最高人民法院应尽快出台司法解释，对滥用公司独立人格和股东有限责任的行为作出类型化概括和具体的列举再辅之以兜底性的条款，以便下级人民法院在司法实务中得心应手。

（三）其他的责任追究方式

除此之外，还可以引入仲裁、调解、和解的方式追究实际控制人的赔

---

[1] 根据香港地区《证券及期货条例》第310条、第311条、第322等条文的规定，凡对上市公司表决权股份拥有任何种类权益的人都将被视为公司权益人，其中包括代为持股、股权信托或者“受托人必须取得某人同意方可行使对上市公司股份的有关酌情权，或该受托人行使该种权利时惯于按照或被期望按照某人的意愿行事”等情形。见：李霖．完善境内上市公司实际控制人披露监管的建议［J］．证券市场导报，2005（4）．

偿责任问题。

仲裁的前提是具有有效的仲裁协议，或者当事人事后已经形成了一致的书面仲裁条款。公司的章程中可以对争议的解决方式作出约定，如规定股东、董事、监事、高级管理人员对公司或其他人的权益造成损害的，由公司住所地的仲裁机构管辖；或当事先没有约定仲裁时，纠纷发生后双方也可以协商约定仲裁，达成书面的仲裁协议条款。仲裁的优势在于简便快捷，一裁终局，使受害者的权利得到更快的保护。

调解也是争议解决的重要方式之一，包括民间组织的调解和司法调解。由于上市公司面对众多的投资者，股东和公司内部的阶层及与债权人之间的利益关系错综复杂，不同的利益主体因追逐利益产生纠纷的情况屡见不鲜，如若每一个争议都要诉讼，将会花费巨大的成本，对任何一方都是沉重的压力，而且可能背负败诉的风险。调解在某种程度上克服了诉讼的缺陷，它抛开了诉讼的严格的程式限制，引入第三人从中调和矛盾，降低损害，促使当事人达成调解协议。特别是在法院主持下的调解中，以调解书的形式结案，当事人取得了具有与判决书同等法律效力的执行依据，不仅比诉讼花费的时间少、成本低，在取得相同效果的同时，还减少了双方间的对立与冲突。调解的内容包括承担责任的主体、赔偿的数额、赔偿的时间、方式等，当事人可以自由处分自己的私权，只要不对他人的利益造成损害即可，如可以要求致害者中的一个或几个赔偿；可以以金钱的形式或者把实物估值后折价赔偿；可以要求在调解达成后立即赔偿，也可以约定一定的时限，如一个月内；调解协议中甚至还可以约定不履行调解协议义务的违约责任。

和解是当事人之间直接达成协议的方式，可以发生在立案前，也可以发生在立案后、执行前的任何一个阶段。具体是指在派生诉讼中，原告股东和被告实际控制人、董事、监事、高级管理人员、第三人之间对争议经过磋商，平衡各种利益后选择的一种最佳的方案。这里主要讨论的是进入诉讼程序后的和解。立案后至执行前，当事人都可以自行和解，在当事人达成和解协议后，可以申请法院根据协议制作调解书，在一方不履行义务时，对方依据生效的调解书申请执行。

当事人依据和解协议而向法院申请撤诉，一般情况下法院应该允许，但是要审查撤诉的理由，对于故意撤诉而损害他人利益和公众利益的，不予允许。执行开始后不再允许和解，因为一方面执行是依据已经生效的法律文书作出的，具有确定性和不可更改性，否则司法就失去了权威，另一方面是为了保护弱者的利益，执行后的和解很可能不是自愿的，因为执行前本来有很多的机会可以和解，但并没有达成，此时和解难免有强势者的胁迫和操纵的嫌疑，况且执行已经开始履行，还要进行执行回转也是对司法资源的极大浪费。

此外，西方国家的“深石原则”也是一种较好的对实际控制人进行法律规制的方式。深石原则，是刺破公司面纱制度在公司破产时的延伸和进一步发展，即实际控制人如果操纵从属公司（多数存在于母子公司之间），干预其正常经营和独立意志，使被控制的公司名存实亡，一旦从属公司出现支付不能或破产的状况，那么控制人就没有与其他债权人一起参与破产财产分配的权利，或者只有等待其他所有债权人分配后才能对其进行分配财产。深石原则仍然建立在公司独立的法律人格基础上，即使在个案中，也未否认被控公司的独立法律人格，也没有剥夺控制人的求偿权，使得控制人与从属公司其他债权人处于形式上平等的地位，这符合有限责任的理念。但是当控制人对于从属公司的经营管理存在不合理的控制且双方之间的资金往来违背公平交易原则时，控制人的债权有条件地居次于其他债权人的债权，在其他债权人的债权得到清偿以后再得到满足，实质上是基于公平的考量而对控制人区别对待。因为在大多数情况下，即使控制人有求偿权，但在公司破产后，并不能满足所有债权，而控制人居于最后的顺位，理所当然要冒债权落空的风险，这也算是对其滥用控制权的一种经济上的惩戒。

故无论采用何种责任追究方式，最重要的是要建立一套责任承担的机制，真正能落到实处。首先《公司法》或者相关的法律要在实施规范中明确实际控制人违反信义义务的具体情形及将带来的法律后果，依据控制的程度和环节及造成的影响范围设置处罚的力度，如警告、通报批评、罚款、削减持股比例、冻结股票、限制表决权、市场禁入等；其次，要规定违法行为承担责任的方式，主要是赔偿损失，赔偿损失的范围包括直接损失以及诸如使公司丧失交易机会的信赖利益损失，这一点可以借鉴《合同法》的相关规定，但只能是物质性的赔偿；再次，规定实际控制人有申请申诉和复议的权利，法律只有平衡各个主体的权利义务，才能使市场走得更久。因此，实际控制人如果认为监管或者司法部门的处罚措施不当（一般我们认为上市公司因要发行证券，归证监会监管），可以在接到处罚的书面决定之日起 30 日内向证监会提出申诉或复议，证监会必须在 7 日内作出书面的答复，申诉复议期间不停止执行。维持决定的，由原作出决定的监管部门督导执行，撤销或改变原决定的，根据新的决定执行。如上文所述的股东派生诉讼，若因为实际控制人违规控制行为给其带来巨大的损失，其可以提起民事诉讼，裁判的效力也适用于所有的遭受损失但未提出诉讼的股东。

第六章

上市公司实际控制人信义义务的法律体系构建

一、上市公司实际控制人信义义务法律体系构建的目标

实际控制人由于在公司资本、治理结构等因素上占据优势地位，对于公司经营方针与投资计划往往起着决定性作用。在上市公司中实际控制人的客观存在性促使其在现代公司中占据不可小觑的一席之位。在上市公司中，实际控制人的存在是一个普遍现象，当前我国对于实际控制人的规制可以从相关法律、法规、部门规章、规范性文件等处循迹到指引规范。这些指引规范从结构上来看处于一个层级衔接到位的状态，然而只要仔细推究，有关上市公司实际控制人的规范机制则处于一个零星、混乱的状况，各个行为规范均有涉及实际控制人的规制，但是并未形成统一的法律体系。不论上市公司实际控制人运用什么方式对公司进行影响，但其权力的行使不得以损害他人之利益为原则。孟德斯鸠曾言："一切不受约束的权力必然腐败"，诚然，上市公司实际控制人权力的行使必然科以相应的义务。所以，对上市公司实际控制人科以信义义务符合公司发展目标、符合上市公司社会责任内容践行、符合整个市场经济发展规律。上市公司实际控制人

信义义务的体系构建应树立一杆旗帜指引前行道路，俗语说“没有目标就没有方向”，因此，上市公司实际控制人信义义务法律体系的构建的目标应在遵循市场经济一般规律的基础上，以保护股东权益、公司权益及公司其他利益相关者权益为宗旨。

（一）保护股东权益

上市公司实际控制人信义义务的法律体系构建首先应当明确其以保护股东权益为首要目标，所以应当对上市公司实际控制人、股东的概念进行详细理解。对于实际控制人的概念，依照我国《公司法》第216条第（3）项规定为：“实际控制人，是指虽不是公司股东，但通过投资关系、协议或者其他安排，能够实际支配公司行为的人。”而上市公司股东概念可简单概括为，持有在证券交易所上市的股份制公司股份的出资人。公司作为市场经济中主要的市场主体，是指全部资本由股东出资并以营利为目标而设立的一种组织形式。由于公司的全部资本是股东所有，由股东出资设立的，所以追求股东利益最大化即为公司主要目的。如若按照人民主权思想的推演，公司权力源于股东（from the shareholders），公司的权力为了股东利益而行使（for the shareholders），公司的权力由股东来行使（by the shareholders）。[1] 依照上述上市公司实际控制人与公司股东定义可以明晰上市公司实际控制人是与股东相区别的一个法律主体，再加之对于上市公司概念理解可以分析得出这样一个简单的结论，即我国公司设立的宗旨主要是以实现公司股东利益而并非以实现公司实际控制人的利益。所以，上市公司实际控制人信义义务的构建应当从上市公司设立之宗旨出发，以保护公司股东权益为宗旨。实际控制人信义义务的体系构建，实现保护股东权益的目标，从其作用来看有利于构建资本市场股权文化、有利于推动资本市场和谐发展、有利于推进资本市场法治建设。

1. 有利于构建资本市场股权文化

对上市公司实际控制人科以信义义务，其落脚点在于保护股东权益，其出发点在于构建资本市场股权文化。我国股权文化建设是一个体系化的工程，主要体现为尊重和保护股东权利，落实股东与公司其他利益相关者

---

[1] 刘俊海．现代证券法［M］．北京：法律出版社，2011：500.

和谐相处的主流价值观，内容基本涵盖：股东主权思想、股东平等、向弱势股东适度倾斜、股东民主、股东诚信和股东与利益相关者和谐相处等六项。

构建资本市场股权文化，核心在于股东主权思想的建立。[1] 由于我国长期受重农抑商思想影响，我国公司相关法律制度建立相对缓慢，公司制度一度成为国家单方设计、有意强加的，[2] 受这一立法指导思想的影响，严重导致我国股东主权思想的匮乏。改革开放以来，我国为去除这一指导思想之诟病，提升市场投资热情、树立股东主权思想、推动市场经济和谐发展，中国共产党制定多项政策寻求有效途径，对有关公司制度立法思想从源头上予以改变。要构建一项有效的法律体系制度，有益的指导思想是关键。继党的十七大报告中首次提出“创造条件让更多群众拥有财产性收入”以来，党的十八大报告中创新提出“多渠道增加居民财产性收入”的良好政策。针对有关我国公民财产权的利好保护性政策相继出台，有利于我国在公司法律制度创设的建设过程中转变观念，树立股东主权思想。在党的利好政策指引下，为建立我国股东主权思想形成资本市场的股权文化，我国立法机构积极响应党的号召，对我国《公司法》《证券法》《物权法》等法律相继进行颁布与修改，为引导健康向上的和谐股权文化提供了法律制度保障。所以，要打造一个投资友好型的法治社会，需要上市公司实际控制人严格履行信义义务、落实党的各项利好政策、落实国家各项法律法规等规范性文件，最终有利于推动股东主权思想的建立，实现我国资本市场股权文化的建立，实现我国资本市场的和谐发展。

上市公司实际控制人信义义务的履行，应当树立股权平等理念，有利于实现资本市场股权文化建设。按照我国《公司法》之规定，股权平等包含股份内容平等和股权比例平等两层含义。这就要求上市公司实际控制人在对公司进行控制之时，在股票发行期间应履行信义义务，对其发行的每一类股份保证其内容相同；对内容与数量相同的股份应当保证持有人享有同等的待遇。在具体公司运行环节中，实际控制人应遵循股权平等原则，妥善处理股东之间利益关系，搭建大股东与小股东之间和谐相处的利益平

---

[1] 刘俊海．现代证券法［M］．北京：法律出版社，2011：498.

[2] 蔡立东．论公司制度生成的建构主义路径依赖［J］．法制与社会发展，2002（6）.

台，纠正大股东以强凌弱、小股东以小讹大等不平等现象。当然，股权文化所内含的股权平等意指的是实质平等，这就需要上市公司实际控制人在行使支配权力之时要审时度势在具体法律关系中向弱势股东给予适度倾斜，以实现真正的平等。对于经济实力较差、信息占有不足等情况之下的弱势股东，有时也包括所谓的大股东，实际控制人应当以信义义务的履行对弱势股东予以帮助，使各股东受到平等待遇，树立股权平等的理念。此外，要在上市公司中真正实现股权平等、实现股东民主、实现股东当家作主，必须科以上市公司实际控制人信义义务，要求上市公司实际控制人尽最大努力挖掘股东相关制度资源，实现股权的实质平等、实现维护股东共同之利益的目标。在上市公司中，实际控制人可以依照法律规定的内容与程序，从保护股东权益出发，构建股权文化。例如，上市公司实际控制人可以运用资本多数决作为上市公司中股东民主之游戏规则、鼓励中小股东单独或者共同行使提案权、激活股东大会制度等公司民主手段，在行使支配权力的时候以信义义务的履行实现股东权利的程序严谨性和内容合法性，从而推动建立股东主权思想、构建股东主权文化。在实现实质平等理念，发挥股东民主机制的基础之上，上市公司实际控制人信义义务的履行，有利于督促、落实股东诚信理念，促使诚信原则在公司各主体、各领域得以发挥指引作用，指导一切市场主体的一切市场行为。上市公司实际控制人理性、审慎履行信义义务可以满足预防其权力滥用、防范道德风险的需要，有利于实现保护股东权益的目标；上市公司实际控制人信义义务的履行能够促使股东与公司及其利益相关者和谐相处，形成股东民主、股权实质平等的良好公司环境；上市公司实际控制人信义义务的履行，有利于切实保障和改善我国股权文化的建设。所以，科以上市公司实际控制人信义义务，始终坚持股东权力至上，始终坚持以股东主权思想为指导方针，有利于保护上市公司股东合法权益，提升上市公司投资者热情，推动资本市场股权文化的建立。

2. 有利于推动资本市场和谐发展

股权分置改革后，我国资本市场境况得以明显改善。但是，资本市场中股东权益的保护工作仍旧不充分，股东权益仍旧经常受到损害。上市公司对社会影响重大，若股东权益得不到法律保护，将直接降低投资者热情，从而反作用于社会经济发展。上市公司中，股东权益频繁受到虚假陈述、内幕交易、操纵市场等法律禁止性行为侵害，上市公司实际控制人违规操作、滥用权力之现象屡禁不止，所以推动资本市场和谐发展任重道远。再加上对上市公司权力控制者现有的规制机制不健全，更是加深了资本市场和谐发展之阻碍。因此，对实际控制人科以信义义务，督促其权力的正确行使，以实现保护上市公司股东权益之目标，有利于推动资本市场和谐发展。上市公司作为资本市场最主要的主体之一，对整个市场走向与持续发展起着极其重要的作用。上市公司实际控制人信义义务的履行以保护股东权益为首要宗旨，其原因在于股东作为上市公司资本供给者，其最终决定着上市公司的创设、变更与解散。作为上市公司血液输送者，公司股东输入的“血液”可以说是整个资本市场的物质基础，由此股东的意志影响着整个资本市场的繁荣兴衰，资本市场的和谐发展有赖于股东的“血液”输送。所以，上市公司实际控制人以投资者利益作为其行动指南，有利于资本市场的持续发展，有利于推动资本市场和谐发展。此外实践证明，在资本市场不健全的国家或地区，股东的各项投资活动困难重重，难以顺利实施，不和谐发展的资本市场难以使股东普遍拥有安全感、正义感和幸福感，如若再加上实际控制人的损害行为，更是打击投资者热情，导致上市公司不能良性运营，阻碍资本市场向前发展。上市公司作为资本市场经济增长的助推器，是引领国民经济又好又快发展的火车头。科以实际控制人信义义务，以期在上市公司运行各环节、各领域中将该项义务予以完全渗透以实现保护股东权益的目标，有利于推动资本市场的和谐发展。

3. 有利于推进资本市场法治建设

对于法治的定义，英国宪法学家戴雪给出了三要素的结论：第一，人民唯独受法律治理；第二，人民在法律面前平等；第三，个人的权利是宪法赖以建立的基础。[1] 戴雪对于法律三要素的总结之所以能够对西方资本主义国家影响重大，主要在于其对于法治概念定义的精确性，并牢牢抓住了法治的核心内涵。由此，我们可以得出这样的观点，即并非法律赋予权利，而是法律来自于权利的要求、是对权利的确认。根据对法治要素的理解与认识，对于资本市场的法治建设而言，则主要就在于对资本市场主体的权

---

[1] 戴雪. 英宪精义 [M]. 雷宾南，译. 北京：中国法制出版社，2001：244.

利确认，对主体权利要求的表达。要推进资本市场法治建设，就必须从最基本层面出发对各类市场投资者的权利进行确认，这当然包括对于上市公司各股东权益进行确认，对于上市公司股东权利之要求给予适当表达。只有在对上市公司股东权益进行确认、充分表达的基础之上，才能实现建立在正当性价值之上的资本市场法治建设，最终实现维护上市公司股东权利和利益的目标。对上市公司实际控制人科以信义义务，实现保护股东权益的目标，有利于推进资本市场法治建设。根据法治的三要素定义，资本市场法治建设其实质应当是一种依照法律治理市场的治理思想和治理方式，并以期最终实现理想的市场秩序。市场经济就应当是一种法治经济，通过法治的基础平台将市场资源通过市场交易形式予以合理配置。要实现资本市场的法治化，首先应当落实诚实信用价值观念的渗入，从而形成诚信市场、法治市场，为全面落实与保护股东权益，对上市公司实际控制人科以信义义务，有利于实现推进资本市场法治建设。现代公司尤其是上市公司对于资本市场而言可谓中流砥柱，已经成为推动资本市场向前发展的助推器。要继续保持这一中流砥柱继续发光发热就不得不让法律这束光芒照进资本市场的主体领域，实现资本市场法制建设的民主与公平。长期以来，依法治国一直是党领导人民治理国家的基本方略，实现资本市场的法治建设，促使上市公司推动我国社会主义市场经济的发展，就要求上市公司实际控制人履行信义义务，在资本市场法治建设过程中必须树立依法治国之思想。

具体而言，首先，保护股东权益，履行信义义务有利于健全资本市场法制建设，推动资本市场有法可依、有法必依。维护投资者合法权益，是推动资本市场继续发展的不竭动力，只有可靠、安全的市场投资环境才会受到越来越多的投资者青睐。为健全股东权益保护机制，我国的法制建设已先行，回顾我国资本市场的发展历程，也就是我国资本市场法制建设的变革历程。以 2006 年新修订的《公司法》与《证券法》为例，两部法律的同步施行不仅仅是资本市场发展的内在需求，更是广大投资者呼吁要求加强权益保护力度的体现。伴随这两项国家法律的施行，相应的配套性法规项目更是硕果累累，相关部委、交易机构更是在保护股东权益机制建设方面大做文章创设、修订多项部门规章、规范性文件以及一些自律规则体系。这些资本市场法律、法规等制度的相继出台，为实现有法可依、推进依法治国战略提供可靠的制度保障。据中国证监会统计，截至2007年7月1日，新修订的《公司法》和《证券法》施行一年多的时间以来，有关的配套性法律文件就已经高达87件之多。[1] 其次，上市公司实际控制人信义义务的履行，有利于保护股东权益，有利于实现执法必严、违法必究的依法治国要求。执法必严、违法必究是我国依法治国战略的基本要求，也是其最低要求。执法必严，是指国家机关在执行法律的过程中，必须切实依照法律规定的内容、精神和程序办事，维护法律的尊严和权威。违法必究则是强调对于违反法律的行为都必须予以平等追究与制裁。[2] 为切实做到保护股东权益，提高投资者热情，在资本市场法治建设中就应该特别注意各市场主体的法制教育，实现执法必严、违法必究的依法治国战略，从而有利于安定、有序的市场秩序得以维护与实现。杜绝上市公司实际控制人权力滥用损害股东权益，对有损害发生的案件予以严格惩治，推动严格执法，真正做到执法必严、违法必究。对于公司股东的关怀不仅在于确认其股东之应有权利，做到有法可依、有法必依；更需要关注对于侵犯股东权利者之责任追究，实现执法必严、违法必究。所以，对于上市公司实际控制人科以信义义务，能够有效保护股东合法权益，有利于资本市场贯彻落实依法治国战略，有利于推进资本市场法治建设。

（二）保护公司权益

保护公司权益是上市公司实际控制人履行信义义务的另一目标。在市场经济中，公司作为独立的法人，享有权利、承担义务。作为民事主体之一，公司有其独立的财产权益区别于其股东的财产权利。要对上市公司实际控制人科以信义义务保护公司权益，首先关注的是在公司财产权益方面禁止实际控制人权力滥用侵占公司合法财产权益；其次，在公司治理结构方面强调尊重公司的独立治理结构，防止不规范的人事任免等；最后，在上市公司经营战略方面要避免上市公司实际控制人通过关联交易、同业竞争、公司担保等行为损害上市公司合法权益。

---

[1] 中国证券监督管理委员会：http://www.csrc.gov.cn/pub/newsite/bgt/xwdd/200707/t20070718_68510.htm.

[2] 付子堂．法理学初阶［M］．北京：法律出版社，2009：210-211.

1. 防止侵占公司合法财产

在上市公司中实际控制人滥用控制权侵占公司合法财产的情形已不少见，其中最明显的是多数实际控制人通过权力的独霸行使侵占上市公司的资金。这样的将公司所有的财产和资源漏出的行为极大地影响了上市公司正常的、持续的经营，对整个公司的继续发展十分不利，甚至会将一些本来运作良好、潜力极大的上市公司送入生存困境。从商事活动领域的公平原则、诚实信用原则等正义价值出发，对于上市公司实际控制人侵占公司财产的行为必须应该受到法律的严格管制，这就有必要、也必须对实际控制人科以信义义务，敦促其在掌握上市公司控制权力的时候从保护公司权益出发，禁止权力滥用行为侵占公司合法所有的资金等财产权益。要实现保护公司权益的目标，避免上市公司实际控制人侵占公司合法财产权益，将这一损害行为纳入商事法律的有效规制范围之中才能从根本上保证上市公司独立性，才能从根本上保证上市公司享有独立的法人财产权。反过来，只有在确保上市公司独立财产权的基础之上才能保证公司在市场经济中的法人主体地位，这正是维系现代市场经济和股权经济得以发展的根本性基础保障。所以，上市公司实际控制人信义义务的法律体系构建，应当防止实际控制人侵占公司合法财产权益，保障上市公司得以享有不竭的资金流，从而提高上市公司资源整合与市场竞争的能力，并使得上市公司资本在确定、维持、不变的原则之下，实现保护上市公司权益之目标；实现维系资本市场的持续发展的目的；实现振兴整个市场经济的繁荣的宗旨。

2. 尊重公司独立治理结构

上市公司独立的治理结构是公司有效运转的有效保障，所以保持独立的治理结构也是法律对上市公司规定的一项重要义务。上市公司实际控制人对于公司的治理结构影响一般来看都是通过对公司内部治理结构进行影响从而得以控制的，其中包括对公司权力机构、执行机构、监督机构施加影响从而获得控制人地位。

（1）对权力机构的控制

按照公司法基本思路，本书中上市公司权力机构是指公司股东大会。在公司中对于股东的权力设计，股东参与公司治理是理所应当的一个问题。

犹如美国公司法教授 Richard Buxbaum 所言："所有人参与公司治理是必要的，也是适当的。"❶ 所以，依照股东作为所有人的思路，上市公司股东当然拥有参与公司决策的权利。基于所有人享有上市公司决策权力的考虑，上市公司实际控制人往往也会倾向于对公司股东及其权力施加影响，由此通过对公司股东及其权利的控制从而损害公司权益。上市公司实际控制人对于股东的控制一般是通过投资关系来进行操作，以实现安排投资者对上市公司进行投资来实现对公司的支配。对上市公司股东权利的支配，鉴于在股东所享有的众多权利之中，因为股东表决权是股东最重要的权利，是股东参与公司决策的基本手段，是公司治理监督机制的重要组成部分。❷ 所以股东的表决权往往成为上市公司实际控制人最想施加影响并得以控制的权利。如此重要的股东表决权，其得以行使的载体是上市公司股东大会，所以股东大会的议事规则和决策程序对于表决权的行使就显得十分重要。由此，上市公司实际控制人履行信义义务，应当以确保股东大会议事规则和决策程序的公开、真实性原则；应当保障股东实质性参与股东大会；应当保障股东表决权的最终实现。在上市公司具体经营结构中，公司实际控制人信义义务的履行要从保护公司权益的目标出发，健全股东大会制度，积极推进上市公司股东大会在召集、提案、投票等议事规则和决策程序方面的公开、公平与公正。尊重公司权力机构的独立性，符合现行法律的规定，上市公司实际控制人滥用权力对公司权力机构进行非法控制的情形，应当严格受到法律规制。对于非法操控上市公司权力机构的实际控制人，不仅要受到法律的惩处，而因该行为受到损害的股东、公司及其利益相关者可以依法通过多重途径与方式进行维权、获得赔偿，包括赋予上市公司股东、公司及其他利益相关者相应的诉讼权利，矫正实际控制人信义义务的不履行、不完全履行等危害行为。上市公司实际控制人信义义务的法律体系构建要求上市公司实际控制人对公司权力机构进行支配之时，应尊重权力机构的独立性，合理配置各主体权利义务，对滥用权力实施损害行为的实际控制人予以严厉惩处，造成损害的由其承担赔偿责任。

---

❶ Richard M. Buxbaum. The Internal Division of Powers in Corporate Governance, 73 California Law Review 1671. 1672 (1985).

❷ See Shleifer & Vishny, A Survey of Corporate Governance, at 750-751.

(2) 对执行机构的控制

上市公司董事会、公司高管等机构作为公司执行机构，对于公司经营方针与投资计划有重大影响。所以，上市公司实际控制人也倾向于对上市公司董事会、高管予以控制从而控制整个上市公司，进而得以实施损害公司权益之行为。对执行机构的控制，上市公司实际控制人一般通过不合理的人事任免予以实现。在上市公司中，所有权与控制权相分离的框架下，公司执行机构的治理问题可谓已经成为公司治理结构的中枢所在。有学者声称，董事会制度乃是公司治理领域最伟大的组织创新。[1] 由于上市公司一般通过股东选举董事产生董事会，董事选举经理经营公司业务，所以在上市公司执行机构的人事任免中，实际控制人就应该从保护公司权益目标出发，以实现上市公司执行机构有效运转，公开、公平和公正地进行人事任免。执行机构的人事任免固然对于上市公司治理结构非常重要，上市公司实际控制人对于执行机构的控制不单单从人事任免的方式进行，其有可能就是该上市公司执行机构成员而获得公司控制权。所以，不管上市公司执行机构人员组成如何、人事任免情形如何，上市公司实际控制人都应当以信义义务的履行实现公司中执行机构的具体职能与权限的合理配置。上市公司实际控制人严格履行信义义务，应当对执行机构的控制从为上市公司增加生存与发展机会出发，以期实现降低所有权与控制权相分离而产生的代理成本、以期实现为上市公司提供各种功能性资源、以期实现减少上市公司面临的不确定性因素等合理目标。尊重公司执行机构的独立性，不得滥用权力进行破坏，达到完善的公司治理结构的目的，最终实现保护公司权益之目标。

(3) 对监督机构的控制

上市公司实际控制人要对公司施加影响还可以通过对公司监督机构进行控制得以实现。上市公司监督机构主要表现为公司的监事会及公司的独立董事。与对公司执行机构施加影响方式类似，上市公司实际控制人要对监督机构进行控制往往也是通过担任监事会成员或者人事任免得以实现的。所以上市公司实际控制人必须严格履行信义义务，不管是自身担任监督机

[1] See J. Wang, H. Dewhirst and Dudley, Boards of Directors and Stakeholder Orientation, 11 Journal of Business Ethics, 115-123 (1992).

构其中的成员还是通过人事任免途径对监督机构进行控制，都必须尊重监督机构的独立性。上市公司实际控制人对监督机构进行控制而支配公司之时，应当履行其信义义务，保护公司的权益。在对公司监督机构进行控制之时确保该类监督有益于公司继续发展，包括对公司财务进行有效检查，对公司执行机构执行职务的违法、违章行为予以纠正，对大股东损害小股东之行为予以监督、纠正等等。充分尊重上市公司监督机构的监督权限应在法律、公司章程规定的范围之内，充分保证监督的内容应当是公司权力机构、执行机构行为的适法性，即是否符合法律和公司章程之规定，并不包括权力机构、执行机构行为的适当性监督。上市公司实际控制人信义义务的法律体系构建应当对公司监督机构独立性给予尊重，从而维护独立的公司治理结构，实现保护公司权益的目标。

3. 避免损害公司经营战略

当前的市场经济中企业之间的相互竞争可谓是愈加热烈，如何在市场竞争中获得一席之位乃是众多上市公司首要攻克的问题。在参与市场运作中，完善公司经营战略可以促使一个上市公司处于竞争之优势地位。完善公司经营战略，可以保证公司的经营能力、人力资源等投入到上市公司主营业务中去，保证公司经营方针与投资计划的实践与实现；完善公司经营战略，可以强化上市公司创新能力、科研能力，满足市场消费需求，扩展市场份额；完善公司经营战略，可以提升上市公司市场竞争力，从而壮大公司整体实力，以期实现保护公司权益的目的。所以，上市公司实际控制人在对公司进行支配之时，应自觉践行信义义务，避免损坏公司经营战略，禁止利用其关联关系损害公司利益，如若有违反规定并给公司造成损失的，应担负起赔偿的责任。此外，现行法律为防止上市公司实际控制人滥用控制权，损害公司经营战略，以法律条款的形式对公司担保作出强制性规定。如，依照我国《公司法》第 104 条的关于上市公司担保的规定可以得知，上市公司实际控制人要以公司名义进行担保的，只要担保金额超过公司资产总额 30% 的，应当由出席股东大会的股东所持表决权三分之二以上通过，才能进行担保。所以，完善公司经营战略要求上市公司实际控制人在对公司进行支配时要履行信义义务，严格按照法律要求内容与程序进行支配。避免损害公司经营战略，促使上市公司在市场经济中始终作出符合商业规则的经营方针，对于上市公司来讲意义重大，而对于上市公司实际控制人来讲更是其必须严格履行的一项义务。上市公司实际控制人信义义务的法律体系构建，要求上市公司实际控制人禁止实施一切有损上市公司合法权益的行为，包括但不限于一般所认为的抢夺公司经营机会的关联交易、违规担保、同业竞争等损害行为。所以，完善公司经营战略是上市公司实际控制人信义义务的应有之义，只有在此前提下才能充分保证公司治理结构的合理性，实现公司权益的保护。

（三）保护公司其他利益相关者权益

上市公司实际控制人信义义务的履行不仅要以实现保护股东权益、保护公司权益为目标，还需要以实现保护公司其他利益相关者权益为目标。这是因为，伴随以人为本价值观念的深入，公司已经不再是只追逐股东、公司权益的工具，它的目标已经开始对公司利益相关者给予适当关注。笔者认为，上市公司其他利益相关者包括公司债权人、职工、消费者、竞争者以及所在地区与环境。所以，上市公司实际控制人信义义务的法律体系构建除以保护股东、公司权益为目标外，还应当关怀上述这些市场经济主体的合法权益。由于这些公司利益相关者的权益保护并非通过直接享有参与公司治理之权利得以实现，所以对于他们的权益保护主要集中在上市公司信息披露制度的建立上。只有在信息平等的基础上，有关上市公司的债权人、职工、消费者等利益相关者才有平等的机会，通过自我判断与分析得出其权益是否受到公司及其实际控制人的合理保护等合理结论。如若上市公司实际控制人违背信义义务，未披露或者未充分披露相关信息导致公司其他利益相关者权益遭受损害的，则受损害者可以要求在信息平等的基础上寻求多种途径以实现损害赔偿救济。

信息披露是法律对于上市公司所规定的一项强制性义务，该项任务贯穿于上市公司始终，包括发行前的披露，也包括持续的信息公开。真实、准确、完整的信息能够促使上市公司在公开、公平、公正的市场环境下阳光发展，能够吸引众多公司利益相关者直接、间接参与进行投资，从而壮大公司实力，促使优秀的上市公司得以继续存在与发展。所以，健全信息披露制度是保护公司其他利益相关者权益的重要途径，它能够通过减少信息不畅、信息不对称等因素带来的不利影响，实现资源合理配置，推动经营业绩较好的上市公司持续发展。由于上市公司实际控制人的存在，直接导致公司信息由其牢牢掌握，再加之行政部门基于市场经济发展的要求对于上市公司监管力度的减弱，得以促使上市公司实际控制人有机会对上市公司的信息披露进行控制。在这样的情形下，上市公司实际控制人就应该从严格履行信义义务出发，真实、准确、完整的公开法律规定的应当予以披露的信息，甚至可以从有利于公司发展的角度思考，披露一些法律未强制规定的信息于上市公司其他利益相关者等公众；对于上市公司实际控制人不履行或不完全履行信义义务的，通过虚假陈述、欺诈等行为损害公司其他利益相关者权益的情形，则应该保持严厉打击的态度，通过严格执法予以矫正。所以，健全信息披露制度，要求上市公司实际控制人按照信义义务履行职责，足以实现保护公司其他利益相关者权益之宗旨，达到降低市场风险之效果，最终实现市场的自我发展与调控机制。

二、上市公司实际控制人信义义务法律体系构建的原则

（一）公平原则

法律规定本身具有储存价值的功能，这些价值构成法律的原则，是指导法律规范的标准。❶ 对于法律价值问题的研究、论证、批判，历来是众多法学家的主要活动。美国法学家庞德曾指出：“价值问题虽然是一个困难的问题，它是法律科学所不能回避的。即使是最粗糙的、最草率的或最反复无常的关系调整或行为安排，在其背后总有对各种互相冲突和互相重叠的利益进行评价的某种准则。”❷ 对于法律价值的真谛，众多法学家较为统一的认识是将公平、正义、幸福和秩序作为法律的基本价值。在众多法律基本价值中，公平价值经过历史考验与沉淀已经成为民商法律的最高层次价值准则之一，演变成为民商法律的一项基本原则。公平作为一种法律价值，本是一种道德情操，有关其概念、内容等标准本身就具有不确定性，在司法实践中更是具有很强的弹性。在民商法领域，公平原则一般是作为一项平衡当事人之间利益而得以运用的原则，所以从这个层面出发公平原则的

❶ 龙卫球．民法总论［M］．北京：中国法制出版社，2002：48.

❷ 庞德．通过法律的社会控制·法律的任务［M］．沈宗灵，董世忠，译．北京：商务印书馆，1984：55.

含义可以包括三个方面：第一，要求人们对利益或损害的分配在主观心理上应持公平的态度，即“于利益不自取过多，而与人过少；于损害不自取过少，而与人过多”。第二，要求民事交往特别是财产交往遵循价值规律，等价有偿，反对暴利。第三，要求民事案件的处理结果，应当符合公平、正义的要求，法院在法律缺乏具体规定时，也应循着公平的精神作出判决，以期产生良好的社会效果。[1] 再从利益平衡的观点理解公平的含义，可以直截了当地发现在构建上市公司实际控制人信义义务的法律体系之时，以公平原则为价值观念平衡上市公司相关利益主体之权益具有十分重要的现实意义。公平原则作为上市公司实际控制人信义义务的法律体系构建的伦理基础，对其有特别的内涵、作用与要求。

1. 公平原则于上市公司实际控制人信义义务的内涵

上市公司实际控制人信义义务的构建，主要是为了平衡上市公司各利益相关者的权益。从上市公司实际控制人信义义务的法律体系构建目标进行分析，实际控制人信义义务的构建是为了平衡上市公司股东、公司及公司其他利益相关者（主要包括上市公司债权人、职工、消费者）的权益。所以，科以上市公司实际控制人信义义务，是为了构建利益平衡机制，实现各主体权益均得到有效保护，这样的体系构建本身就蕴含了法律的公平价值，该体系构建理应受公平原则指导。公平原则于上市公司实际控制人信义义务的内涵概括来讲可以表述为，任何一个上市公司利益相关者在有关上市公司各类活动中，都能够在同等的法律条件下，实现建立在公平价值之上的利益平衡。

具体参照一般公平原则之含义，上市公司实际控制人信义义务的法律体系构建的公平原则主要包含以下内涵：首先，要求上市公司实际控制人对利益或损害的分配在主观心理上应持公平的态度。在实际控制人对上市公司进行控制，对公司进行支配、决策的过程中，始终要坚持以保护上市公司股东权益、公司权益以及公司其他利益相关者权益为目标，严格履行信义义务，在主观心理上抱有公平的态度，防止利用其处于实际控制人的地位而以强凌弱获得不公平的利益。其次，一定程度通过限制上市公司实际控制人的意思自治，实现等价有偿，遵循价值规律。意思自治本身是民

[1] 张玉敏．民法［M］．北京：高等教育出版社，2007：32.

法的一项基本原则，是民事主体参与民事活动的重要保障，而在构建上市公司实际控制人信义义务体系之时，只有通过对其意思自治予以限制才能遵循价值规律，实现等价有偿，最终从结果上实现公平价值。杜绝上市公司实际控制人关联交易、违规担保、虚假陈述、欺诈等行为，对其肆意的权力滥用现象予以管制，才能打造一个公开、公平、公正的投资环境，最终推助该上市公司阳光发展。最后，在案件处理上，公平原则要求对上市公司实际控制人的判决应从公平精神出发进行。对于上市公司实际控制人不履行或不完全履行信义义务的情形，需要构建合法的规制机制，对于损害股东、公司或其他利益相关者权益的行为应当给予严厉处罚，造成损害的应当给予合理赔偿。对于法律尚未规定而上市公司实际控制人在实践中有违信义义务的行为之时，更应从公平原则的精神出发对实际控制人进行判决，以期产生良好的社会效果，提升良好的投资风气与环境。综上，对于上市公司实际控制人信义义务的法律体系构建应当将公平原则贯彻始终，促使上市公司各利益主体都能在同等的法律条件下实现利益平衡，得到公平的保护。

2. 公平原则于上市公司实际控制人信义义务的作用

公平原则作为民商法律的一项基本原则，对上市公司实际控制人信义义务的法律体系构建具有重要作用。主观方面，公平原则为上市公司实际控制人信义义务的法律体系构建在利益平衡上所持的态度方面提出了要求；客观方面，公平原则为上市公司实际控制人信义义务的法律体系构建在利益平衡方面判断上提供了一套标准。此外，从公平原则对于上市公司实际控制人信义义务的法律体系构建现实意义来讲也具有十分重要的意义。一方面，公平理念深入人心，有利于形成防止上市公司实际控制人滥用权力、损害他人权益的良好市场经济风气。只有发自内心的反省，将公平价值理念深层次影响实际控制人，才能从根本上保障实际控制人自觉履行信义义务，保护股东、公司及其他利益相关者权利。另一方面，公平原则的引导，有利于上市公司实际控制人信义义务的法律体系构建过程中制定一些符合公平精神的具体规定。此外，公平原则的指引，有利于司法机关正确处理有关上市公司实际控制人信义义务的具体案件，对于违背信义义务的案件处理，遵循公平精神，以期达到理想的判决结果。最后，公平原则的贯彻，有利于整个资本市场树立公平意识。只有当资本市场形成一个人人以“于利益不自取过多，而与人过少，于损害不自取过少，而与人过多”的状态下，才真正能够杜绝实际控制人权力滥用现象，实现上市公司股东、公司及其他利益相关者的权益保护。

3. 公平原则于上市公司实际控制人信义义务的要求

公平原则于上市公司实际控制人信义义务的要求主要是以实际控制人严格履行信义义务为内容的。对于上市公司实际控制人信义义务的履行，一方面应符合权责一致的准则。通常说权利的行使必然带来责任的承担，因为权利与责任总是相关联的，所以法律对控制股东予以规制是符合权责一致准则的体现。那么，法律对于上市公司实际控制人予以规制则更符合权责一致准则的体现，这是因为在上市公司中享有多数表决权的控制股东并不必然能够对公司进行支配，而对公司进行控制的则是通过投资、协议或者其他安排能够支配公司行为的人。正是因为该实际控制人通过控制权对公司进行支配，所以其权力的享有必然应当以相对应的责任承担为条件。犹如美国的RothschildvMemphis&CRCo一案中的法官就认为，持有多数表决权并不必然带来义务，该义务的来源是通过对公司进行实际控制而产生的。[1] 由于实际控制人在上市公司中享有的控制地位，就将产生实际控制人实质上凌驾于公司权力机构、执行机构、监督机构等的权利之上的绝对“权力”，如若实际控制人将这种权力予以滥用，则势必直接影响公司股东、公司及其他利益相关者的合法权益。所以，既然上市公司实际控制人掌握着公司的控制权，并能够享有这项绝对权力所带来的利益，那么他就应该承担相应的责任，这是符合权责一致标准准则的。权利的行使不能在一个没有约束机制的前提下运行，要享有权利所带来的利益，就必须科以实际控制人信义义务，保障其责任的履行，只有在一个权责相一致的标准准则下，才能杜绝实际控制人滥用权力，实现保护上市公司股东、公司及其他利益相关者的合法权益的目标，实现上市公司相关利益主体利益平衡，实现法律的公平价值。

另一方面，对于上市公司实际控制人信义义务的履行，应贯彻平等交易的准则。公平原则要求上市公司实际控制人履行信义义务，还体现为平等交易准则的贯彻。在上市公司实际控制人信义义务的法律体系构建中的

[1] 何美欢．公众公司与股权证券［M］．北京：北京大学出版社，1999：823.

平等交易准则，主要是指上市公司实际控制人与公司其他利益主体之间的地位平等。在上市公司中，实际控制人不能凭借其优越的控制地位而自然认为在公司领域具有优越于其他利益相关者的地位，上市公司的有效运转需要实际控制人通过平等协商的方式与公司利益相关者建立法律关系。禁止实际控制人滥用权力以使自己凌驾于公司其他相关主体之上对公司进行不合理支配，破坏公司股权文化建设、独立公司治理结构，最终损害其他利益相关者合法权益。所以，上市公司实际控制人信义义务的构建，必须以公平原则贯彻始终，以平等交易准则的贯彻消除实际控制人权力滥用而产生的不公平现象。

公平原则于上市公司实际控制人信义义务的要求除体现权责一致准则、贯彻平等交易准则之外，还需要上市公司实际控制人在履行信义义务时要对权利义务进行合理的配置，并对一些不公平的现象以确立特殊规则予以消除。此外，在构建上市公司实际控制人信义义务的法律体系之时始终强调、贯穿的公平原则，还需要以正当的差别待遇来实现真正的公平。这就需要上市公司实际控制人在履行信义义务之时具体情况具体分析，对于一些弱势股东、债权人、消费者等处于不利地位的主体给予适当的倾斜和一定比例的补偿与救济。

（二）正义原则

正义是人类普遍公认的崇高价值，素来在道德领域被给予极高的评价。而作为法律基本价值之正义，在各法学大家的眼中则有更独到的见解与看法，如美国法学家庞德就曾认为：“在法学上，我们所讲的执行正义是指在政治上有组织的社会中，通过这一社会的法律来调整人与人之间的关系及安排人们的行为。”❶ 而在亚里士多德眼里，正义就被区分为分配正义与矫正正义，这也是历史上有关正义之概念提出的最为经典、意义深远的理论。其中分配正义是指根据每个人的实际活动来分配权力和荣誉；矫正正义则是不考虑当事人的地位，只要一个人对另一个人造成了损害，就必须弥补该损害，不管好人犯法还是坏人犯法，都应该受到惩罚。❷ 正义是法律一项

---

❶ 庞德．通过法律的社会控制·法律的任务［M］．沈宗灵，董世忠，译．北京：商务印书馆，1984：55.

❷ 付子堂．法理学进阶［M］．北京：法律出版社，2009：76.

基本价值，被民商法领域誉为基本原则之一，在各私法领域其精神可谓影响深远。在构建上市公司实际控制人信义义务的法律体系之时就应该以该原则为指导，深入贯彻正义之精神，在体系构建中以植入的正义精神反过来实现市场经济中人们普遍认同的正义。

1. 通过正义实现上市公司实际控制人信义义务的法律体系构建

正义作为一种主观评价尺度和价值判断标准，本身是难以给予明确定义的，只有人们在参与各类法律活动之中才能被主观感受所感知。在构建上市公司实际控制人信义义务法律体系之时，以正义原则为导向可谓达到事半功倍的效果。首先，正义为实现上市公司实际控制人信义义务的法律体系构建提供价值目标。在政治社会中正义往往是其价值体系所欲追求的最高目标，所以，上市公司实际控制人信义义务的法律体系构建要作为一种权威、规范和有效的体系受到市场经济各主体自觉、普遍遵守，自然应当将实现正义作为其追求的最高目标。其次，正义是衡量上市公司实际控制人信义义务的法律体系优劣的尺度和标准。在政治生活中，正义虽然是难以一言概括之概念，但人们习惯将其与公平、公正、平等主观价值结合起来对人们行为的优劣进行评价。所以，作为一种评价尺度和标准，在法律生活中，通过正义可以实现对上市公司实际控制人信义义务法律体系构建的优劣进行评价。恰恰是因为正义在历史上往往具有一个比较稳定的内涵，所以其对法律进行的衡量能够得到人们普遍认同。在上市公司实际控制人信义义务的法律体系构建中，不仅要将正义观念作为指导该体系构建的标准，也要使上市公司实际控制人树立正义之观念严格履行信义义务。最后，正义可以推动上市公司实际控制人信义义务的法律体系构建。由于市场经济瞬息万变，所以在构建上市公司实际控制人信义义务之时为保持该制度的不竭规范动力，不同时代的正义观可以促成该法律体系的进化与革新。例如，对上市公司实际控制人信义义务的法律体系构建而言，单纯关注该法律体系构建的实体正义已经不能满足市场主体呼吁的正义观，市场经济主体在追求实体正义的同时更是积极地呼吁与寻求程序正义，以实现实体正义与程序正义为真正的正义。从这些层面上可以得出这一共识，通过正义可以实现上市公司实际控制人信义义务的法律体系构建。

2. 通过上市公司实际控制人信义义务的法律体系构建实现正义

在法律生活中，正义总是作为其最高价值目标。通过上市公司实际控制人信义义务的法律体系构建可以实现正义价值。首先，在上市公司实际控制人信义义务的法律体系构建中应合理分配权利义务。权利义务的合理分配可以促使在上市公司实际控制人信义义务的法律体系构建中将正义以法律形式予以确立。通过立法的形式将正义原则法律化、制度化，以细化为具体的权利与义务，可以实现成文性的正义得到市场经济主体的有效遵守与践行。其次，在上市公司实际控制人信义义务的法律体系构建中以惩罚非正义的行为来实现与恢复正义。通过科以上市公司实际控制人信义义务，实现有效避免其权利义务不对等之法律规制漏洞，对滥用权力违背信义义务者予以严格惩戒，实现维护上市公司正常的经营管理秩序、实现市场经济持续运转之社会状态。依靠法律体系的构建，对有损上市公司股东、公司及其他利益相关者权益的非正义行为给予惩罚为各受害者提供权利救济保障。最后，通过上市公司实际控制人信义义务的法律体系构建建立损害赔偿机制实现正义。要构建一个为市场主体所信服的实际控制人信义义务法律体系，就必须考虑因上市公司实际控制人信义义务的不履行而遭受损害者给予赔偿，建立长期损害赔偿机制实现正义。一个良性的法律体系不仅要合理分配权利义务、惩戒非正义行为，还需要向受损害者提供赔偿机制，这不仅仅是构建该法律体系的出发点，更是实现整个社会正义价值的出发点。总之，通过上市公司实际控制人信义义务的法律体系构建可以实现社会正义价值，也正是该法律体系构建中所拥有的法律特性使得其成为维护与实现正义之有效保障。

三、上市公司实际控制人信义义务法律体系构建的局限

（一）实际控制人法律概念界定不统一

上市公司实际控制人信义义务的法律体系构建，首先要明确该体系构建之目的是在于科以上市公司实际控制人信义义务，而现行实施的相关规范性文件中对于实际控制人的法律概念并没有形成统一认识。有关实际控制人的概念在法律、法规以及其他一些规范性文件中均由表述。在法律层面，我国《公司法》与《证券法》均有有关实际控制人之条款，我国《公司法》第216条第（3）项规定：“实际控制人，是指虽不是公司的股东，

但通过投资关系、协议或者其他安排，能够实际支配公司行为的人。”❶ 我国《证券法》对于实际控制人却没有以条款形式给出明确定义。在部门法规层面，证监会发布的《首次公开发行股票并上市管理办法》第 12 条包含有对于实际控制人之规定，但是由于该条款在理解与适用上均存有分歧，所以证监会于 2007 年制定了《〈首次公开发行股票并上市管理办法〉第 12 条“实际控制人没有发生变更”的理解和适用——证券期货法律适用意见第 1 号》(以下简称《证券期货法律适用意见第 1 号》)。在《证券期货法律适用意见第 1 号》文件中，虽然没有明确条款对于实际控制人进行定义，但是该条款对于实际控制权有明确的界定，即实际控制权的实质是对公司的股权投资关系，可以说，实际控制权能够对股东大会决议具有重大影响或者对公司行为能够实际支配。在规范性文件层面，主要是指深、沪两大交易所所发布的管理规定。《深圳证券交易所股票上市规则》(2008 年修订）第 18.1 条以及《上海证券交易所股票上市规则》(2012 年修订）第 18.1 条关于实际控制人之定义与《公司法》完全相同。《上海证券交易所上市公司控股股东、实际控制人行为指引》第 6.3 条将实际控制人界定为：是指虽不是公司股东，但通过投资关系、协议或者其他安排，能够实际控制、影响公司行为的人。《深圳证券交易所创业板股票上市规则》(2012 年修订）第 17.1 条规定：实际控制人，指虽不是公司的控股股东，但通过投资关系、协议或者其他安排，能够实际支配公司行为的人。

根据以上不同层级的相关规定，可以看出有关实际控制人的概念界定可以分为三个类别：第一，实际控制人概念界定并不包含公司股东，以《公司法》为首，包含《深圳证券交易所股票上市规则》《上海证券交易所股票上市规则》以及《上交所指引》配套规范性文件；第二，实际控制人范围包括将控股股东排除在外的股东，《深圳证券交易所创业板股票上市规则》(2012 年修订）就是如此作规定的；第三，实际控制人范围包括掌握支配公司行为权力的人，《证券期货法律适用意见第 1 号》文件就是将实际控制人之范围囊括股东在内，而且其并未区分控股股东与非控股股东。关于实际控制人之概念就出现以上三种不同定义，这无疑对实际控制人信义义务的法律体系构建提出了现实难题，对于要履行信义义务的实际控制人，

❶ 见我国《公司法》第 216 条。

在法律概念界定都难以达成统一共识的情况下，直接加剧了该法律体系构建的困难程度。

（二）实际控制人权利义务配置不完善

权利的行使意味着应当履行对等的义务，这符合公平正义的社会基本价值。对于上市公司中权力机构、执行机构与监督机构我国法律法规均有完善的权利义务配置，这是符合权责一致原则的，而对因投资关系、协议或者其他方式能够支配公司行为的实际控制人的权利义务配置却并没有形成完善体系。有关实际控制人的权利义务条款主要集中于我国的《公司法》与《证券法》之中，而这两部法律又数《证券法》对实际控制人权利义务规定较多。我国《公司法》关于实际控制人的规定体现为第 16 条和第 21 条。其中，第 16 条规定的是公司为实际控制人提供担保也应当经过股东或者股东大会决议程序；第 21 条规定的是实际控制人有不得利用其关联关系损害公司利益的义务，违反该义务而给公司带来损失则应当承担赔偿责任。可见，我国《公司法》对于实际控制人条款的设置主要集中于科以实际控制人义务，对于其权利的配置则没有条款予以规定。我国《证券法》关于实际控制人权利义务条款则主要集中围绕上市公司实际控制人的义务设置，具体可以归纳为：第一，维护上市公司股东和公司权益的义务，如第 189 条就规定，发行人不符合发行条件发行证券的要处以高额罚款，而对于指使从事该行为的实际控制人，也会根据该条款给予处罚。第 74 条将实际控制人纳入内幕信息知情人员的范围，而第 73 条就明确规定禁止从事内幕交易。第二，信息披露的义务，第 54 条将实际控制人纳入签订上市协议的公司应当公告的事项；第 66 条关于上市公司的年度报告、第 67 条关于上市公司临时报告均将实际控制人及其变动情况纳入公告范围。所以，从我国《公司法》与《证券法》有关实际控制人的条款创设来看，均是规定实际控制人义务的条款，而对于实际控制人的权利却并没有提及，这样的权利义务配置难以让实际控制人感受到权责统一原则之精神。一味地科以义务而不赋予权利是难以实现法律之正义与公平的，也正是这未创设权利保护条款的法律规定导致了现实经济活动中实际控制人控制权滥用而对上市公司实施掏空行为，从而攫取私利损害上市公司股东、公司、债权人等的合法权益的现象频繁发生。再进一步来看，有关实际控制人的义务构建现行法律也是不完善的。对于有权实际支配公司行为的人，我国法律一般以信义义务的履行来要求该类控制权主体行使权利，最典型的就是科以公司董事以信义义务，并随之延伸的公司控股股东的信义义务。然而，再回顾上市公司实际控制人的义务体系，则主要集中于依法发行证券、进行信息披露等义务，这些义务的设置都一定程度体现了应急性特征，并没有充分考量对实际控制人义务应该更加全面，应当以信义义务的承担为核心来进行设置与构建。

（三）实际控制人信义义务法律体系不健全

1. 相关规定形式化，导致规避的可能性

我国法律、法规以及一些规范性文件虽然都有关于实际控制人义务条款的规定，但是这些条款所规定的义务并未对上市公司实际控制人形成实质性的规制。例如，在上市公司中，实际控制人通过投资关系、协议或者其他安排对公司进行实际支配，他很可能通过这些方式隐藏在上市公司股东、董事或者监事之后对公司实现终极控制，而往往终极控制者由于其极强的隐蔽性很难被公开披露，所以这些终极控制人可以通过多种方式与公司进行关联交易、违规担保等损害股东、公司的行为，而从表面上看这是很难以实际控制人义务条款对其进行约束的，由此通过这种终极控制规避法律规定。此外，由于我国相关法律对于实际控制人之义务条款规定有限，并以应急性特点僵化规定某些义务，并未创设一般义务作为实际控制人最基本之义务条款规定，导致上市公司实际控制人利用这些僵化规定逃避现行法律规定之义务成为可能。

2. 配套规范的不足，导致法规漏洞存在

构建上市公司实际控制人信义义务，需要形成一套基础法律明晰、相关法律层级分明的完善体系。从法律层级上纵观我国相关法律、法规以及一些规范文件，有关实际控制人的义务规定都比较分散。有关实际控制人之概念虽然以《公司法》的法律形式予以规定，但是在实务操作中又出现与其概念界定不相同的做法；然后有关其义务之规定虽然《证券法》有多条法律条款予以规制，但是设定之义务都有应急性特征，并没有形成一个规范的义务构建机制，更别说在基本法律之外形成配套规范以规制实际控制人的行为；此外，实际控制人的存在在上市公司中已经是一个不可忽视的客观经济现象，而法律制度却并没有对其权利方面予以配置，这样的法律体系构建难以达到理想的规制效果。所以，未将信义义务延伸至实际控制人，对实际控制人法律规范不完整，配套规范不充足的现象，加剧实际控制人权力滥用谋取私利的现象发生，难以避免上市公司实际控制人信义义务的法律体系构建过程中法律、法规漏洞的存在。

3. 法律规定混乱性，导致法律适用困难

对实际控制人的规制，首先应当明确规制的对象、规制的内容以及规制的标准。前面已经述及有关实际控制人的法律概念界定不统一、配套规范的不充分均会导致现实操作中对实际控制人的规制出现混乱，导致法律适用的困难。《公司法》对于实际控制人义务仅仅涉及关联交易、担保两大情形，《证券法》虽然对于实际控制人有较多规制，但是对于实际控制人在上市公司运营过程中的多项权力支配之情形并没有设定义务与责任，而在现实案例中上市公司实际控制人损害股东、公司及其利益相关者权益的行为各式各样，在法律、法规规定之混乱甚至没有作出规定的情况下，对于某些实际控制人实施的损害行为的规制直接产生适用法律困难的弊端。因为没有对上市公司实际控制人科以一个完备的兜底性、全面性的义务，将会导致实际控制人对于现行明文规定之义务进行规避之现象。公司治理结构的规制，主要在于对其控制权行使的规制，而法律对于董事、控股股东等给公司、股东等造成损害的人科以信义义务给予法律惩罚，所以理应将该义务延伸至支配上市公司股东、董事的公司实际控制人。所以，上市公司实际控制人信义义务的法律体系构建应形成一个统一的法律体系，对上市公司实际控制人的义务以信义义务为核心内容进行填充，使得该制度对于上市公司规范持续运作产生系统、全面、成文的制度指引作用。

四、实际控制人信义义务法律体系构建的机制构建

在厘清了上市公司实际控制人信义义务构建的根本目标和基本原则后，就应当以目标和原则指导，进行具体的机制构建。因此，对实际控制人信义义务，应从一般概念条款、具体义务条款和责任追究条款等三个方面来具体完善。

（一）规范实际控制人信义义务的一般概念条款

实际控制人信义义务的构建，出发点在“实际控制人”。如前所述，一直以来，我国对于实际控制人法律概念的界定都不统一，出现了三种不同的概念，给实际控制人具体机制的构建带来了一定的困难。实际控制人概念的确定是建立实际控制人信义义务的基础，要制定实际控制人信义义务机制，首先要明确，在理论与实践中，实际控制人包含哪些人。

前文已经分析了，目前对实际控制人的概念主要分为三类。笔者认为，从理论与实践意义上来讲，第二种概念最适合我国当下的实际，即实际控制人，指排除控股股东之外的，能够通过协议等安排享有公司支配权的自然人或法人。原因有三：首先，实际控制人应当排除控股股东。实际控制人的文意为表面不是控制人、但实质上是控制人；而控股股东其无论在形式上还是在实质上都为控制人，也就没有“实际”一说了。其次，从已有的立法逻辑来看，《公司法》第216条对公司控股股东和公司的实际控制人是分别界定的，即两者为平行的、互不包含与交叉的关系，是不同的两类主体。且在现有的法律规定中，已经对控股股东的权利义务作了明确的规定，因此，不必再通过实际控制人的相关机制来予以规制，实际控制人的概念应当将控股股东排除在外。再次，实际控制人的概念只应当排除控股股东，但控股股东之外的其他中小股东若通过各种形式对上市公司取得了控制权，应当包含在实际控制人的概念之内，否则该概念不是一个全包含的概念，必定会有遗漏，无法涵盖非控股股东通过各种形式实际控制公司的情况。此外，基于实际控制人这一概念的重要性，建议在对该概念进行明确时，采用位阶较高的法律的形式，例如修改公司法中相关的条款，而不是通过法规、规章的形式来明确实际控制人信义义务的一般概念，这样才能为上市公司实际控制人信义义务的构建打下牢固的理论基础。

（二）厘清实际控制人信义义务的具体义务条款

实际控制人信义义务的构建，关键点在“信义义务”。建立上市公司实际控制人的信义义务，首先应当在法条中予以明确实际控制人应当承担信义义务，即可以在法条中明确：“上市公司实际控制人应当遵守法律、行政法规和公司章程，对公司负有忠实义务和勤勉义务。”但仅作此宽泛的表述并不能较好地规范实际控制人的行为，在实践中存在判断的困难和自由裁量权过大的尴尬。为了规范公司实际控制人的行为，提升实际控制人信义义务机制的实用性，还应当在作一般宽泛规定条款后，进一步明确信义义务包含哪些具体的义务，以便更好地对实际控制人是否履行了义务、是否应当承担责任作出更直观、更明确的判断。综上所述，主要可以从以下几方面加以具体规定：

1. 信息披露的义务

上市公司投资者权益保护机制的关键就在于信息的公开透明，因此，信息披露的义务对于上市公司的实际控制人来说，显得尤为重要。在构建实际控制人信义义务的具体机制时，应当明确以下五方面的内容。一是在披露的主体方面，上市公司信息披露的义务不只限于上市公司自身，还要包括上市公司的实际控制人。二是在披露的内容方面，实际控制人应当披露实际控制人的相关主体信息、控制的方式、控制的重大决策的作出、重大文件等等。三是在披露的载体方面，实际控制人可以在公司章程、股东会决议、对外公告等对外公开发布的媒介进行披露。四是在披露的要求方面，实际控制人应当披露对整个公司起重要作用的信息，而不能只公布非关键性信息；要注意公布信息的准确、完整和及时，确保信息的可用性和实用性。五是在披露的责任追究方面，要明确不履行信息披露的义务，就应当承担相应的责任，受到相应的处罚，以增强信息披露的强制性。对于责任追究方面，笔者还会在下一节作专门的论述。

2. 竞业禁止的义务

实际控制人的信义义务要求实际控制人同公司董事和高级管理人一样，尽职尽责地处理上市公司事务，在已经成为上市公司的受托人之后，不得再为自己或者第三人开展同上市公司性质相同的竞争业务，否则会出现利益的冲突。根据对大陆法系和英美法系的研究，“法律所禁止的并非任何与公司有竞争性的行为，而是所从事的恶意的、对公司具有损害性的竞争性行为。”[1] 建议在现行法律制度中，明确上市公司实际控制人的竞业禁止义务，不得从事属于公司经营范围内的事务，防止损害上市公司的利益。与竞业禁止相配套的一是收益归入权制度，明确如果上市公司实际控制从事

---

[1] 张民安．公司法上的利益平衡［M］．北京：北京大学出版社，2003：401.

了竞业禁止的行为，其所获得的收益，无需举证两者之间的因果关系，直接在一定的期限内规定公司可对以上利益行使归入权；二是例外条款。一般情况下，实际控制人不得从事竞业禁止的事项，但经上市公司的股东会或者股东大会同意，实际控制人可以从事以上业务，这是作为对当事人意思自治的尊重而规定的例外条款。

3. 关联交易限制的义务

根据《公司法》的规定，关联关系是指公司控股股东、实际控制人、董事、监事、高级管理人员与其直接或者间接控制的企业之间的关系，以及可能导致公司利益转移的其他关系。但是，国家控股的企业之间不仅因为同受国家控股而具有关联关系。从以上概念可以看出，关联交易的本质是可能导致公司利益的转移。法律并不是禁止所有的关联关系，只对那些违背实质正义，可能损害公司或其他利益相关者利益的关联关系加以禁止。对于实际控制人关联交易的限制，可以借鉴现有的公司法，从表决权限制和损害赔偿请求权两方面加以强制性的规定。

(1) 表决权制度条款完善

我国《公司法》对表决权排除制度有明确的规定，第 124 条规定该制度仅适用于上市公司董事和董事会的关联交易；第 16 条规定该制度又仅适用于关联担保行为。表决权排除制度的适用范围过于狭窄，难以给予关联交易全面调整，应予以修改。具体而言，扩大表决权排除制度的适用包括两个方面：第一，扩大表决权排除制度的适用主体，不仅包括公司股东、董事、监事等，还应当包括可以对前述人员进行支配的实际控制人。第二，扩大表决权排除制度的适用范围，将所有关联关系的交易均纳入表决制度之中，以实现约束违规关联交易的目的。此外，对相互持股的表决权应当受到法律约束。既然法律允许公司转投资以及母子公司相互持股，那么对于这类股份的表决权也应当纳入《公司法》的约束范畴。可以在法律中约定，相互持股公司的表决权不得超过被持股公司已发行有表决权股份总数的一定比例。

(2) 损害赔偿请求权

实际控制人利用关联交易损害公司、股东、债权人利益的，应当承担赔偿责任。对于公司、股东的利益损害，我国《公司法》明确指明了可以派生诉讼方式实现救济的路径，但对于公司债权人的合法权益却没有相关条款提供救济途径。防止实际控制人权利滥用，实现实质正义，有基于此，有必要赋予债权人代为求偿权，但债权人代为求偿权行使的范围应当以不能从上市公司获得清偿范围为限。

4. 自我交易限制的义务

自我交易是指公司的内部人与公司之间进行的直接或间接的交易。对于实际控制人来说，其实际占有了公司大量的资源，再加上信息的不对称，极易出现在其与公司进行交易时，损害了公司的利益以实现私人的利益。在法律上，一直对上市公司的董事、高级管理人员等规定了自我交易禁止的义务，这种交易是利益冲突的最基本形态。出于公平正义和维护交易安全的考虑，对于实际控制人来说，也应当规定自我交易限制的义务。但是对自我交易的限制，并不是一味地否定，而是有条件地进行限制，只限制可能对上市公司造成不公平的自我交易。

（三）明确实际控制人违反信义义务的责任追究条款

法律责任是受害人得到补偿的最后一道救济机制，也是法律强制力和权威性的最重要的体现。构建我国实际控制人的信义义务机制，就要明确实际控制人违反信义义务的责任追究条款。

1. 德国法上的责任追究条款

德国对未履行信义义务的行为，主要规定了三种责任，一是损害赔偿的责任。列举了集中违反忠实、勤勉义务的行为，如果从事了列举行为对公司造成损害的，那么要承担损害赔偿的责任；二是利益归入的责任。《德国股份公司法》规定，如果违反了竞业禁止条款，监事会可以要求进行赔偿，公司也可将该行为视为公司的行为，将其收益归为公司收益或者放弃该收益。该条规定与我国的公司归入权规定相似，但我国的公司归入权制度适用的范围更广泛。三是利益收回的责任。例如德国就规定，如果公司向董事等提供了信用贷款，事前未征得股东会同意，事后又未征得监事会同意的，直接收回该信用贷款。

2. 英美法上的责任追究条款

美国法上违反信义义务的责任主要表现为金钱赔偿，而金钱赔偿又被细化成了三类：金钱损害赔偿、为获得根据法律救济可得到的其他金钱赔偿（如对未经授权使用公司资产的赔偿）、为获得根据衡平法可得到的其他金钱赔偿（如公司利润损失赔偿或者返还公司利益）。[1] 英国公司法上的违信责任则包括赔偿损失、返还收益、返还原物以及以法律判决形式剥夺某些权利等等，分别对应我国的损害赔偿、归入权等责任追究形式。

3. 我国责任追究条款的完善建议

一是建议将可以支配公司股东的实际控制人纳入《公司法》第 20 条的规定之中，即可将该条款修改为“公司股东以及可以对公司股东支配的实际控制人应当遵守法律、行政法规和公司章程。公司股东以及可对公司股东支配的实际控制人滥用权利应当承担赔偿责任。公司股东以及可对公司股东进行支配的实际控制人滥用公司法人独立地位应当对公司债务承担连带责任。”以进一步明确实际控制人违反相应义务，需要承担责任。

二是建议对于可以支配公司董事、高级管理人员的实际控制人当纳入《公司法》第 148 条的规定之中，即将该条款修改为“董事、高级管理人员以及可对前述人员进行支配的公司实际控制人不得有下列行为。董事、高级管理人员以及可对前述人员进行支配的公司实际控制人违反前款规定所得的收入应当归公司所有。”

三是对于实际控制人的赔偿责任，尤其是对股东、债权人的赔偿责任，可以纳入《公司法》第 21 条的规定之中，并将该条修改为“公司的控股股东、实际控制人不得利用其关联关系损害公司、股东、债权人利益。违反前款规定，给公司、股东、债权人造成损失的，应当承担赔偿责任。”

[1] 参见美国《标准示范公司法》8. 31。

后　记

本书是笔者主持的教育部人文社会科学研究项目的研究成果。历时数载，从拟定大纲、查阅资料到执笔撰写、定稿出版，字斟句酌，赋篇成章，点滴辛苦，实属不易。感谢整个课题组成员的努力付出，在领会课题精神、写作方法与思路的前提下全面搜集资料、整编素材、参与课题研究，做了大量工作。但由于资料讯息、能力见地所限，本书在写作过程中难免顾此失彼、隔靴搔痒，甚至多有疏漏之虞，未能尽如人意。

值得说明的是，上市公司实际控制人的制度研究涉及的经济关系复杂，直接指向实际控制人的立法又较为欠缺，本书虽一再主张完善对其责任的追究机制，但并未一味强调用法律来过度约束实际控制人，而是尊重市场经济的运行规律与活力，正视公司发展和资本逐利性的自然结果，对实际控制人在特定情形下的行为作出适当的法律规制。此理性思考更能有效地规范实际控制人的不当行为，保护各方投资者的利益。

对于上市公司实际控制人的法律制度，本书仅提出了些许粗浅看法，供与同仁商榷；诸多问题，例如，实际控制人的各具体信义义务、义务体系的完善构建等，仍值得后续深入研究。